国家高端智库
NATIONAL HIGH-END THINK TANK

上海社会科学院重要学术成果丛书·专著

上海航运保险业高质量发展的经济学分析

An Economic Analysis of High-Quality Development in Shanghai's Marine Insurance

徐美芳 / 著

上海人民出版社

本书出版受到上海社会科学院重要学术成果出版资助项目的资助

编审委员会

总 序

当今时代,百年变局与大国崛起交织演进,为中国带来新的机遇、挑战与思考。全球科技创新与产业变革以前所未有的速度、强度和深度重塑国际格局,国内新能源、人工智能等产业迅猛发展,深刻更新着国人的思想观念与知识体系。与此同时,全球粮食安全、环境污染、地区冲突等挑战频发,威胁国际安全,中国的发展与世界的稳定前所未有地深度交织,凸显构建人类命运共同体的紧迫性。当前中国,正经历华夏历史上最为广泛而深刻的发展变革,投身人类历史上最为深远宏大的实践创新。这一伟大变革时代,也必然是哲学社会科学深刻变革与创新发展的时代。习近平总书记深刻指出,要"以中国式现代化全面推进强国建设、民族复兴伟业","加快构建中国哲学社会科学自主知识体系",这为全国哲学社会科学的发展指明了科学路径与前进方向。

上海社会科学院作为首批国家高端智库建设试点单位,始终坚持以习近平新时代中国特色社会主义思想为指导,聚焦以中国式现代化全面推进强国建设、民族复兴的重大实践问题开展深度研究,注重以党的创新理论为旗帜引领学术研究和学科建设,将习近平新时代中国特色社会主义思想中重大概念、原创性思想观点、原理性理论成果作为核心元素纳入研究体系,突出"两个结合",深入推进学科发展与智库建设相融合。值"十五五"规划开启之际,上海社会科学院持续实施重要学术成果出版资助计划,推出"上海社会科学院重要学术成果丛书",旨在提升科研水平、扩大学术影响、促进成果转化,更好地服务社会、贡献国家。

该丛书涉及哲学社会科学经典学科、新兴学科及"冷门绝学",包括学术专著、译著、研究报告以及论文集等多种形式,既包含学术理论的深化探索,也涵盖应用实践的开拓创新;既有对世界大势的前瞻研判,也有对中国发展路径的深刻洞察;既注重优秀历史文化脉络的系统阐释,也聚焦新时代伟大变革的深度解析。作者群体中既有经验丰富的资深学者,也有崭露头角的青年才俊,更有成果丰硕的科研骨干。丛书力求从一个侧面展现上海社科院的学术追求与智库水准,持续推进知识、理论、方法创新,致力于出成果、出思想、出影响。

学无止境,术无终极。上海社科院要成为哲学社会科学创新的重要基地和具有国内外重要影响力的高端智库,必须深学笃行习近平总书记关于哲学社会科学的重要论述,牢牢把握正确的政治方向、价值取向和学术导向,聚焦我国经济社会发展中的重大理论和实践问题,为推进中国式现代化、全面建设社会主义现代化国家、加快建成具有世界影响力的社会主义现代化国际大都市提供更高水平的学术支撑与智力支持。我们的使命光荣、责任重大,未来必须踔厉奋发、笃行不怠。

上海社会科学院常务副院长、国家高端智库首席专家

目 录

总　序 1

引　言 1

第一章　绪论 3

　　第一节　研究背景 3

　　第二节　研究意义 6

　　第三节　主要创新点及框架结构 11

第二章　文献综述 16

　　第一节　海上保险起源及作用的相关研究 ... 16

　　第二节　航运保险法律关系的相关研究 ... 24

　　第三节　航运保险经济关系的相关研究 ... 29

　　第四节　航运保险发展趋势的相关研究 ... 36

　　第五节　述评 41

第三章 航运保险主要特征及功能深化 44

第一节 承保对象的主要特征 44

第二节 业务模式的主要特征 54

第三节 航运保险主要功能 68

第四章 航运保险经济学分析框架 79

第一节 航运保险的基本属性 80

第二节 航运保险的价格形成原理及主要影响因素 87

第三节 航运保险的市场供需 93

第四节 航运保险的外部环境 109

第五节 航运保险的市场均衡 115

第五章 上海航运保险发展现状及主要成就 119

第一节 上海航运保险发展简单回顾 119

第二节 上海航运保险发展现状 127

第三节 上海航运保险发展的主要成就 134

第六章 不确定性加剧下的海上风险 146

第一节 风险的种类及特征 146

第二节 风险发生频率及损失程度出现新变化 153

第三节 风险管理技术进一步提升 158

第四节 小结 167

第七章 上海航运保险需求分析 168

第一节 外向型经济与货物运输保险的需求 168

第二节 航运业发展与船舶保险及相关责任保险的需求 174

第三节 中国式现代化建设与高质量航运保险业需求 187

第四节 小结 195

第八章 上海航运保险供给分析 196

第一节 上海航运保险市场承保能力分析 196

第二节 上海保险业经营利润率分析 212

第三节 上海航运保险技术能力分析 214

第四节 上海航运保险承保模式分析 219

第五节 小结 224

第九章 上海航运保险发展的市场环境分析 226

第一节 上海航运保险国内外经济环境分析 226

第二节 上海航运保险政策环境分析 244

第三节 上海航运保险的竞争环境分析 253

第四节 小结 261

第十章 上海航运保险的市场治理分析 263

第一节 航运保险市场监管分析 263

第二节　航运保险协会自律分析　　　　　　　　　　268

第三节　全球航运保险市场治理分析　　　　　　　　273

第四节　小结　　　　　　　　　　　　　　　　　　281

第十一章　展望　　　　　　　　　　　　　　　　283

参考文献　　　　　　　　　　　　　　　　　　288

后记　　　　　　　　　　　　　　　　　　　　291

引　言

党的二十届三中全会《决定》明确提出："提高航运保险承保能力和全球服务水平。"这是航运保险首次被写入中共中央文件，凸显了党中央对航运保险业在推动经济高质量发展和维护国家航运安全中的重要作用的高度关注和认可。

自党的十八大以来，航运保险业实现飞速发展，并被称为"拥有大舞台的小险种"。2024年，中国航运保险保费规模约370亿元人民币（上海航运保险协会统计数据，主要包括船舶保险和货运保险两大险种）。2023年，中国货运保险和船舶保险的保费总量在全球的占比，在全球主要保险市场中均位列第一（根据国际海上保险联盟统计数据。其中，英国的保险市场分为英国和劳合社两大市场。如果英国两大保险市场合计，则中国船舶保险和货运险保费规模占比均位列世界第二）。但中国航运保险承保能力仍有待提高。首先，航运保险水平与中国进出口货物贸易量和水上运输运力的国际地位并不相符。目前，中国集装箱吞吐量约占全球总量的45%，中国海运船队规模占世界船队比重为18.7%，但2023年中国货物保险和船舶保险保费规模在全球的占比分别仅为14.4%和11.5%。其次，中国缺少航运保险业规则制定权，业务结构极度不平衡。例如，现有海上保险相关的国际公约主要由英美发达国家主导，中国能源险和责任险业务发展严重滞后，再保险业务对外依赖度高。上海是中国航运保险的诞生地和重要承载地,上海航运保险业高质量发展,不仅是提升上海高端航运服务业,上海国际航运中心对标伦敦、东京等国际航运中心建设的要求,也是上海肩负率先实现提高航运保险承保能力和全球服务水平的使命担当。

法律法规在航运保险发展中扮演着重要角色。但侧重航运保险法律关系的研究,已不能完全满足全球航运业和贸易业发展对航运保险的需求。部分发展中国家的国际贸易甚至受制于高额的航运保险费。因此,推动上海航运保险业高质量发展,必须坚持系统观点,深化航运保险是法律关系和经济关系相统一的观点。

第一章
绪　论

第一节　研究背景

　　21 世纪以来,世界发生了并仍在继续发生着翻天覆地的变化。航运保险发展环境也日益复杂。

　　首先,航运保险承保的风险类型、风险发生的频率和损失程度发生了显著变化。从风险类型来看,智能、绿色、多元为人类社会发展创造了千载难逢的历史机遇,也给人类带来了巨大挑战,例如,互联网技术推动航运企业数字化的同时,网络安全风险逐渐成为全球航运业的最大风险之一。从风险发生频率来看,尽管科技进步和全球合作显著提升了人类应对海洋风险的能力,但在巨灾风险面前,人类仍显得渺小。气候危机、能源危机以及地缘冲突则进一步增加了世界不确定性。从损失程度来看,严重海运事故次数明显增加。2000 年到 2023 年,海运事故次数整体出现下降的趋势,但全球范围内和六个主要市场(中国[包括内地和香港]、英国、美国、日本和新加坡)严重海运事故次数占比分别从 32% 和 33% 上升到 68% 和 83%。船舶大型化是影响海运事故大小的另一重要因素。20

世纪70年代初,吨位最大的集装箱船舶为2 000 TEU型。目前,吨位最大的集装箱船舶已达20 000 TEU型。船舶大型化势必导致建造费用更高。大型船舶一旦出险,损失金额、救助费用、打捞费用等也相应更高。风险的这种新趋势必然对航运保险供需产生巨大影响。一方面,单次海运损失金额上升,将推动保险供给成本提高。而海运损失的概率降低,将导致航运保险需求减少。这种供需变化,无疑不利于航运保险业的持续发展,不利于航运保险功能发挥。如何应对这种航运风险新趋势,并为国际贸易和海上运输提供更便捷的风险管理服务,是21世纪全球航运保险业必须回答的时代之问。

其次,航运保险对一国(地区)经济社会发展的战略意义更加突出。例如,为保险人提供船舶油污保险或其他保赔责任险是远洋运输活动的必要环节,已成为一国(地区)供应链安全保障的重要一环。按照国际惯例,远洋运输船舶获取停靠他国港口(海域)的许可证时,需要出示港口所在国(地区)认可的经济担保证明。例如,《2001年国际燃油污染损害民事责任公约》第7条"强制保险或经济担保"第一款明确规定"在当事国登记的总吨位大于1 000吨的船舶的登记所有人,需要保持保险或诸如银行或类似金融机构的担保等其他经济担保,以支付登记所有人的污染损害责任,其金额等于适用的国家或国际限制体系规定的责任限额,但在所有情况下均不应超过按照经修正的《1976年海事索赔责任限制公约》计算的金额"。目前,船舶油污保险和其他保赔责任险是最常见的经济担保证明。通常的流程如下:船舶登记所有人,事先购买相应的船舶油污和其他保赔责任险,然后随同其他材料一同递交给海事主管部门提出进(出)口岸申请;海事主管部门按规定审核并出具相应证书,给予许可。如,中华人民共和国海事局为中国籍船舶进出口岸时,对符合条件的船舶按规定出具《燃油污染损害民事责任保险或其他财务保证证书》。

因船舶油污保险或其他保赔责任险具有赔付金额高,修复、打捞等事务复杂等特点,目前主要的供给方是国际海上保险联盟中的国际船舶协会、劳合社和若干再保险公司。换言之,如果这些供给方不能提供相应保险服务,远洋运输活动将受到严重影响。也正因为此,海上保险近年来成为制裁工具的频率有上升趋势,对世界政治格局产生了较大影响。

再次,航运保险业高质量发展是推进上海国际航运中心与上海国际金融中心联动发展的重要着力点。保险是一种金融产品,不仅为船东、船舶经营者、货主等市场主体提供风险保障,也以互助方式聚集多数人资金促进资金流动、提高社会资源利用效率并为投资者提供了一种投资渠道。"十四五"时期是上海加快建设具有世界影响力的社会主义现代化国际大都市的关键五年,也是上海国际航运中心从"基本建成"迈向"全面建成"的历史新阶段。《上海国际航运中心建设"十四五"规划》明确提出,至2025年,上海将基本建成便捷高效、功能完备、开放融合、绿色智慧、保障有力的世界一流国际航运中心。2035年,上海将全面建成现代航运服务体系高度发达、引领全球航运服务创新发展、深度融入国际航运治理体系、具备全球航运资源配置能力的国际航运中心。航运保险作为高端航运服务业,成为上海打造世界一流国际航运中心、凸显航运服务品牌效应的重要组成部分和有力支撑,也是进一步提升保险维护国家航运安全能力,服务上海更好打造国内大循环的中心节点和国内国际双循环的战略链接。"十四五"时期以及即将到来的"十五五"时期,均是上海国际金融中心全面提升能级的关键阶段,大力发展航运保险也是增强上海国际金融中心竞争力的重要举措。

第二节　研究意义

一、实践意义

保险是一种重要的经济活动。200多年前,亚当·斯密明确指出,"保险交易给个人财产极大安全。通过将能使个人陷入灭顶之灾的损失分散到大量的投保人中,保险容易依靠整个社会减轻损失"(转引自［挪威］卡尔·H. 博尔奇,1999)。

航运保险业务是最早的保险业务。目前,世界公认的最古老的保险单,是热那亚商人乔治·勒克维伦于1347年出立的一张承保"圣·克勒拉"号的船舶航程保单。那时,船舶航程保单主要功能是增加商人购买和装备远洋船舶的可能性。根据协议,远洋船舶从海上安全返回,船主归还贷款并支付利息。一旦船只失踪,船主可免还贷款。经历了600多年的发展,航运保险功能已从风险保障拓展到投资、社会管理,航运保险承保的风险也从海上延伸到陆路、航空。2009年,国务院发布《关于推进上海加快发展现代服务业和先进制造业建设国际金融中心和国际航运中心的意见》,明确要求"支持开展船舶融资、航运保险等高端服务"。

航运保险相较于普通的财产保险或人寿保险,展现出国际化水平最高、法治化程度最高、专业性要求最强等特点。究其原因,海上运输面临的风险与其他保险业务承保的风险存在明显差异。航运保险所承保的风险,是运输工具和运输货物从一个地方到另一个地方,从一个国家到另一个国家移动过程中面临的风险,具有长期性、国际性、复杂性等多个特征,被称为"移位"风险。这种风险性质和经营模式,使航运保险在一国(地区)社会经济发展中具有独特的又至关重要的意义,被誉为"拥有大舞台的小险种"。本研究认为,上海航运保险业高质量发展的实践意义主要体现在以下几个方面。

(一) 提升国家供应链安全

严峻复杂的国际环境,对提升全球产业链供应链的韧性和安全性提出了更加迫切的需求。上海航运保险业高质量发展,不仅能增强保险在维护国家航运安全方面的作用,还能提升全球供应链的安全性。

远洋运输安全是我国供应链安全的重要组成部分。《2023 中国航运发展报告》显示,2023 年,中国国际海洋运输货物运输量达到 45.77 亿吨,货物周转量为 109 178.98 亿吨公里。中国的国际海运量几乎是全球海运量的三分之一。与内河运输相比,中国国际海洋运输完成的货物周转量是全国内河运输货运量的五倍。因此,提高上海远洋运输船舶保险承保能力和全球服务水平,不仅能协助国内市场主体获得更便捷的航运保险服务、减少因使用国外航运保险服务可能导致的额外成本,而且能及时提供船舶停靠在其他国家的港口或海域时,他国海事部门所要求的相关证明。

(二) 助推国家重大战略顺利实施

新时代的上海航运保险业,在若干国家重大战略实施过程中具有不可替代的作用。

一是在交通强国、海洋强国战略中占有举足轻重的地位。航运保险是现代航运服务业的重要组成部分。航运保险业高质量发展将直接推动现代航运服务业发展、促进航运服务业转型升级。因此,提升现代航运服务业,是中国从海洋大国迈向交通强国、海洋强国的重要途径。

二是为高水平共建"一带一路"提供大量的风险管理和经济保障。2013年 10 月,中国提出共建"21 世纪海上丝绸之路"倡议。航运保险在推动贸易畅通、设施畅通的重大工程或项目落地过程中,充分发挥了保驾护航作用。如,中国港湾工程有限责任公司(中国港湾)2018年3月中标、2020年交付完成的艾因苏赫纳港第二集装箱码头项目,合同金额高达1.18亿美元。在此过程中,保险业提供了人或物、责任的诸多保险。

三是成为上海国际金融中心、长三角一体化发展等国家战略的重要组成部分。作为中国式现代化建设中不可或缺的基础设施之一,航运保险本身还是一项重要的金融服务,其服务范围覆盖上海、长三角、长江流域甚至全国。因此,上海航运保险高质量发展能助力上海国际金融中心、长三角一体化发展等国家战略的实施和落实。

(三) 促进上海国际航运中心和上海国际金融中心联动发展

国际航运中心、国际金融中心是上海"五个中心"中的两个。促进上海国际航运中心和上海国际金融中心联动发展,是上海"五个中心"建设的重要举措。航运保险业高质量发展,可以成为促进上海国际航运中心与上海国际金融中心联动发展的极佳要素。

经过多年努力,上海的造船业、运输业都有了显著提升。如,2023年上海船舶出口贸易总额达到445亿元人民币。上海拥有注册资金超万亿元人民币,既是全球最大的造船集团,也是国内最大的造修船基地,并拥有最完整的船舶及配套产品研发能力的中国船舶集团。上海还拥有国内目前船队规模最大的中国远洋海运集团公司。但必须看到,世界航运业仍面临着诸多严峻的挑战。气候变化、地缘冲突等外部因素变幻莫测,航运市场的需求量和运价持续波动,环境保护压力与日俱增,航运业转型升级面临能源结构调整、碳排放控制等新的课题,等等。航运保险作为风险分散和转移的重要工具,在推动航运业高质量发展中发挥更大作用。全球产业数字化、智能化大背景下,航运保险在加快构建新发展格局,促进航运业向数字、绿色、智能化转型升级中，也大有作为。

　　航运保险业在为造船业、运输业及贸易发展提供服务的同时，自身也逐渐成为金融服务业的重要组成部分。2020 年，上海已经基本建成航运资源要素集聚、航运服务功能完善、航运市场环境优良、航运物流服务高效的国际航运中心。在向全面建成上海国际航运中心迈进的过程中，上海明确指出"加快补齐包括航运保险在内的高端航运服务业等方面的短板是重中之重"。航运保险作为航运金融的一部分，航运保险高质量发展也加快推进了上海国际金融中心建设。

　　(四) 引领中国航运保险业走向国际

　　新时代的上海航运保险业，肩负着引领中国航运保险业走向世界航运保险业中心的历史重任。

　　上海是中国航运保险业重要承载地。作为中国航运保险的诞生地，1876 年，中国第一家民族保险公司——仁和保险公司——诞生于上海，主要经营船舶保险。之后，1885 年和 1887 年先后改组的"济和保险公司"和"仁济和保险公司"，也主要承办招商局所有的轮船以及货物运输保险业务。改革开放后，上海在推动航运保险业改革创新方面也具有全国其他城市或地区无法取代的地位。如上海航运保险协会的产品注册制、上海再保险交易中心建设，等等。2024 年，上海地区的船舶险及货运险保费收入在全国的占比分别达到了 37.19％和 12.88％(上海航运保险协会统计数据)。

　　发展航运保险业，既是推动上海高端航运服务业发展的需要，更是上海国际航运中心对标伦敦、东京等国际航运中心建设的要求。2022 年，伦敦的船舶险和货运险保费规模在全球的占比分别高达 14.3％和 13.5％，位居世界第一(根据国际海上保险联盟的统计年报《Global Marine Insurance

Report，2022》数据整理。下面两组数据出处相同）。相比较，2022年上海的船舶险和货运险保费规模在全球的占比分别仅为4.18%和1.71%。上海航运保险业在全球的占比，不仅明显低于伦敦的标准，也没有达到新加坡的水平。2022年，新加坡船舶保险保费规模在全球的占比仍高达9.3%。另外，伦敦的能源保险和船东保赔保险在全球范围内占据绝对统治地位，2022年保费规模在全球的占比分别高达65.1%和62%。更为重要的是，由于国际公约、国际惯例等因素影响，中国航运保险的话语权和全球服务能力相当有限。诸多此类指标，都要求上海航运保险业全面深化改革创新、实现新的突破。

二、理论意义

现有研究对航运保险的分析大多采用规范经济学和风险理论等方法。这些研究为经济学分析航运保险提供了主要框架和研究方法，包括航运保险风险和效用、价格形成、市场供需等。这些文献还侧重微观层面，高度重视航运保险保障功能。随着数字时代到来，人们加深认识了保险的投资功能和社会管理功能，也发现保险的法律关系和经济关系不仅是统一的而且是对立的。本研究认为，这种"对立统一"关系，在全球层面和国家层面的内涵是不同的。从全球层面看，这种关系表现为基于"对立"的"统一"；从国家层面看，这种关系强调的是基于"统一"的"对立"。因此，本研究认为有必要对航运保险主体的行为进行更深入的经济学分析。为此，本研究拟结合中国航运保险实践和现有保险经济学理论，探索一个航运保险经济学研究框架，并以此为理论指导对上海航运保险业展开深入分析。从这点来讲，这个研究框架在理论上具有探索意义。

第三节 主要创新点及框架结构

本书的研究目标是在深入分析上海航运保险发展动力的基础上，为加快促进上海航运保险高质量发展，提高中国航运保险承保能力和全球服务水平提供参考建议。本研究也拟在总结提炼中国航运保险业发展历程和经验基础上，为航运保险理论深化提供一些经济学视角的思考。

一、主要研究方法

系统研究方法。万事万物是相互联系、相互依存的。只有用普遍联系的、全面系统的、发展变化的观点观察事物，才能把握事物发展规律。系统研究方法在社会科学研究领域中的应用范围越来越广。本书将综合考虑航运保险内部各个要素之间的相互作用和影响，如考虑航运保险直接保险与再保险之间的相互作用和影响，考虑国内航运保险企业、区域性航运保险企业、国际性航运保险企业之间的相互作用和影响，等等。本书还将充分考虑航运保险与一国（地区）经济社会及世界经济政治之间的关系，如，将从中国重要交通基础设施体系建设中分析航运保险业的作用和意义、将结合经济关系和法律关系综合考虑航运保险业经营模式调整，等等。

归纳与演绎方法。传统经济理论通常都是以信息完全为前提进行研究和分析的。保险市场是个典型的不完全信息或不对称信息的市场。因此，研究保险相关问题时，必须在不确定性条件下进行。世界上第一本保险经济学类专著（卡尔·博尔奇著）借用"不确定性经济学"名称可见一二。近年来，我国学术界也推出不少研究成果。这些成果运用经济原理分析并研究保险需求、保险供给、保险价格、保险监管及保险在国民经济中的作用和影响等。但本研究认识到航运保险有别于普通的保险业务,不仅国际化、法治化等特点显著,其经营准则也为其他保险领域所参考或借鉴。为此,本书将尝试归纳若干全球著名航运保险企业经营原则和经验,在深入探讨新时代航运保险发展现状、所面临的历史机遇和挑战的基础上,对有关航运保险供需特征及市场发展规律作进一步分析,以期更加科学、精准地把握上海航运保险发展动力。

比较分析法。上海航运保险业发展离不开中国航运保险业和世界航运保险业发展。伦敦、东京和新加坡等国际航运中心建设过程中形成的经验对上海有重要的借鉴意义。上海航运保险业发展也离不开与这些城市(国家)航运保险业的竞合发展。因此,比较分析上海、伦敦和东京等城市的航运保险业发展成就、影响因素、扶持政策等,有利于我们全面了解上海航运保险业地位,也为上海航运保险业的发展方向提供了重要参考。

二、主要创新点

本书的创新点主要体现在以下三个方面:

研究视角创新。首先,兼顾法律关系的同时,重点分析航运保险的经济关系。现有研究大多从法律视角对航运保险合同、双方权利义务及纠纷解决等展开分析。本书以分析航运保险经济关系为主线,着重分析航运保险供需及面临的机遇和挑战,同时兼顾航运保险法律法规建设。其次,兼顾微观分析的同时,注重宏观分析。航运保险法律关系分析,通常要从投保人和承保人关系入手,属于微观分析范畴。航运保险经济学分析,侧重航运保险的市场均衡、航运保险供给和需求的分析,具有宏观分析特征。本书一方面结合多式联运等航运业的发展新动向深化微观分析,另一方面围绕航运保险供需重视宏观分析。再次,重视数字技术。以人工智能、新材料技术等为代表的第四次技术革命是当今时代的一大特征,不仅逐步影响到各行各业,也让宏观和微观环境均发生翻天覆地的变化。从历史的角度来看,航运保险起源于大航海时代,但规范化、大发展却在科技革命、产业革命发生以后。如18世纪60年代兴起的第一次科技革命和工业革命,促进以英国为中心的全球航运保险市场急剧扩大,并加快推动英国海上保险中心的形成。本轮技术革命同样将对航运保险业发展及全球格局产生巨大影响。

主要观点创新。首先,航运保险的新价值和新定位。航运保险是交通基础设施的重要组成部分,事关一国(地区)基础设施建设和国家交通安全。航运保险的功能和作用,不仅体现在一国(地区)航运业转型升级和国际航运中心建设,还体现在一国(地区)海洋强国战略、交通强国战略等方面。在国际形势急剧变化的当今世界,航运保险在维护一国(地区)经济发展和安全中的作用尤为明显。其次,航运保险高质量发展的新动力。为国际贸易和远洋运输提供风险转移和分散的服务是航运保险的基本功能。反之,国际贸易和远洋运输业的发展促进了航运保险的发展。但伴随航运保险在一国(地区)经济发展和安全的重要性被进一步提升,国际规则的形成和制定权及其大小,对一国(地区)的航运保险业发展的影响日益明显。与此同时,以人工智能、数据要素等为代表的新一轮科技革命和产业革命,对航运保险分散和转移风险带来了新的机遇和挑战,对航运保险的巨大影响也逐步显现。因此,航运保险的发展动力,既有长期的制度因素,也有时代发展相关的技术因素。再次,上海航运保险业将推动世界航运保险业进一步发展。2010年以来,中国成为世界第二大经济体,上海港连续14年蝉联集装箱运输量世界第一,以上海为主要生产基地的中国造船业多项指标居世界第一。上海航运保险业有必要也有能力得到加快发展,并为世界航运保险业提供

"中国条款""中国模式"。

三、框架结构

本书共计11章，分三大部分。

第一章，绪论。该章介绍了本书研究背景，并以问题为导向梳理了本研究的实践价值和理论意义。

第二章，文献综述。该章依次对航运保险概念和由来、法律关系、经济关系及新的挑战，从国内外两个方面做了梳理，并结合本书研究目的进行了述评。

第三章，航运保险主要特征及功能深化。该章在分析航运保险承保的风险特征、经营特征和业务特征的基础上，提出航运保险四大主要功能。其中，国家经济安全保障功能是该章重点分析内容。

第四章，航运保险经济学分析框架。该章是本书的一个重要理论创新点。该章从研究航运保险属性入手，详细分析航运保险的价格形成原理、市场供需特征及政府和市场合力推动的外在条件基础上，构建了航运保险经济学分析框架。该框架也为本研究剖析上海航运保险高质量发展提供了理论基础。

第五章，上海航运保险发展现状及主要成就。该章简单回顾上海航运保险市场发展历程之后，分别从保险主体、服务体系、保费规模、再保险市场和营商环境五个方面梳理上海航运保险现状，并从航运保险市场体系、全球地位及国际话语权提升三个方面提炼上海航运保险成就。

第六章，不确定性加剧下的海上风险。该章着重分析了不确定性加剧下海上风险类型出现的新特征、风险管理面临的新机遇以及海运事故发生频率降低和损失程度上升的新变化，从而为上海航运保险供需分析提供了前提和依据。

第七章,上海航运保险需求分析。该章从中国外向型经济发展、中国航运业发展及中国式现代化建设三个方面分析国际贸易、海上运输及重点产业领域和国家战略安全对航运保险提出的需求,包括产品开发、中国条款制定、国际规则权参与等。同时,该章也再次展示上海航运保险高质量发展具有强大的内在动力源。

第八章,上海航运保险供给分析。该章从微观市场主体视角出发,对上海航运保险市场的承保能力现状、经营利润率现状、技术能力现状及承保模式现状进行了详细梳理,并进一步分析了上海航运保险业在上述四个维度上的优势和主要不足。该章旨在厘清航运保险市场增加供给的动力因素及发展方向。

第九章,上海航运保险发展的市场环境分析。该章聚焦上海航运保险的国内外经济环境、政策环境和竞争环境,详细分析了上海航运保险发展的外部环境优势。

第十章,上海航运保险的市场治理分析。该章认为,除金融监管部门对航运保险进行严格监管外,协会及其他国际组织推动的行业自律行为在航运保险业实现高质量发展中也起到了重要作用。

第十一章,展望。

第二章
文献综述

有关海上保险的理论研究,远远滞后于保险实践。海上贸易和远洋航行的高风险,使海上保险实践从18世纪开始成为国际贸易不可分割的重要组成部分,迄今已有500多年历史。海上保险实践源自中世纪的意大利城邦。但与国际金融中心建设的实践远早于国际金融中心的研究相似,海上保险存在较长历史后,经济学家才关注海上保险。但这并不妨碍学者们对海上保险数百年的演变过程及发展规律进行深入的研究。

第一节　海上保险起源及作用的相关研究

理论界开始重视海上保险时,世界上已有了以伦敦为代表的海上保险中心。鉴于海上保险在一国(城市或地区)的国际贸易和远洋运输中扮演重要角色,以及它所带来的巨大的就业和税收影响,相关研究不仅深入探讨了海上保险起源,还详尽分析了促进海上保险发展的相关因素。

相关研究大体可划分为前后两个阶段。在前一个阶段,经济学家分析了保险的作用和本质。但由于计算意外损失补偿价值是一个比较难处理的数据问题,鲜有较为透彻的分析和理解。相对而言,分析法律关系的研究相对较多。在后一个阶段,伴随着欧洲精算师创立"风险理论",保险经济学分析取得了实质性进展。但受保险实务影响,相关研究仍以完善法律关系促进航运保险的经济关系和法律关系对立统一为主。具体表现如下:20世纪60年代之前,许多经济学家看到保险作用并提到意外损失补偿的问题,但"大多数普通经济学教科书的作者通常将保险作为一个独立的部分来讨论"([挪威]卡尔·H. 博尔奇,1999)。如,奥地利学派经济学家欧根·庞巴维克"想说明意外损失的补偿价值,或'对价',是可以计算的;因此,人们可以很有信心地将一种理论发展,建立在完全确定性的基础之上"([挪威]卡尔·H. 博尔奇,1999)。洛桑学派经济学家利昂·瓦尔拉斯"将保险作为消费所有其他经济活动中固有的一种不确定性的一种手段。这使他能够在完全确定的条件下合理地发展一种一般经济均衡理论,而将保险这一部分作为一个特殊的问题单独来研究"([挪威]卡尔·H. 博尔奇,1999)。这种"对不确定性的独立讨论"的结果是,很少有经济学家对保险费计算这个问题进行更深入的理解和计算。亚当·斯密认为保险费"必须足以补偿通常的损失、支付管理费,并提供一份同额资本在任何通常的贸易中所能获得的相等的利润"。马歇尔说,"企业主们知道,他们所支付的保险费比真正能给保护以充分补偿的风险费要高,所超过的这一部分就是保险公司的广告费、工作人员工资和净利润"([挪威]卡尔·H. 博尔奇,1999)。20世纪60年代之后,以卡尔·H. 博尔奇为代表的经济学家运用经济理论解释保险问题,开辟了不确定性经济和保险经济学新领域。"他用意外损失补偿的各种市场来具体解释一般均衡的抽象模型"([挪威]卡尔·H. 博尔奇,1999)。不可否认的是,在这个阶段,研究航运保险法律关系仍然是主流。面对复杂的国际环境,作者认为航运保险经济学研究只有从学理上更好地理解航运保险现状、推动航运保险法完善、提炼中国航运保险实践经验,才能更有效地提升中国航运保险承保能力、推动航运保险服务世界经济发展。

一、国外相关研究

(一) 海上保险起源

德鲁弗(De Roover)被视为海上保险研究的重要开拓者。德鲁弗(De Roover,1945)详细探讨了航运保险的起源和早期发展过程,尤其是对中世纪意大利逐步发展出保险合同制度的演变过程进行了介绍。他认为,早期商人通过海上贷款和海上汇兑合同为自身提供有限的风险保障,之后,发展为保险贷款,并在14世纪被意大利商人发明为由第三方承担风险的保险合同。作者通过展示早期的案例,讨论了航运保险合同的发展历史。在他看来,这些早期的合同虽然各有不足,但都在那时为商人分散了风险,为现代航运保险制度奠定了基础。该研究准确揭示了航运保险的形式特征和功能特征,即注重合同与风险保障。但整体来讲,该阶段的相关研究并不多。

(二) 英美海上保险早期发展模式比较

随着美国保险业的快速发展,许多研究比较分析了英美航运保险的早期发展和制度特征。Beenstock 和 Khajuria(1986)利用美国、日本、澳大利亚以及多个欧洲国家在1963年至1981年的国际横截面和时间序列数据,定量分析了影响上述国家航运保险保费规模的主要因素。研究认为,一国贸易量、船队规模、船价和资本规模等变量对海上保险发展均具有显著的正向影响。其中,有关资本规模问题,A Glenn Crothers(2004)的研究可作为一个有力的补充。A Glenn Crothers 通过对18世纪美国航运保险市场的发展的研究发现,由于保险准备金有限,私人承销商面对战争消息引致的巨额风险概率,应对措施通常是大幅提高保费。如果保险人的储备资本较大,则能承担较大风险和承受较大损失。作者认为,这是美国商人对公司型保险人依赖性日益增强的一个重要原因。不同于上述研究,Christopher Kingston(2007)从信息不对称视角提出英美两国航运保险不同发展路径的原因。Christopher Kingston 考察了 1720 年至 1844 年这一英国和美国航运保险行业形成过程中的关键时期,分析了该期间英国和美国航运保险发展路径差异的原因,并提出了一些关键因素。在英国,尤其是在伦敦,以劳埃德咖啡馆为代表的私人承保个体主导了市场。如在 1720 年颁布的《泡沫法案》(Bubble Act),明确禁止了绝大多数公司提供海上保险。这导致劳合社发展成为一个私人承销商聚集和共享信息的中心。成熟而高效的信息共享机制使它能够更加准确地进行风险评估,能提供更具竞争力的保费并凭借先发优势和灵活性,成为该时期内保险公司未能与之竞争的私人承保机构。相反,在那段时间内,美国的私人承保则销声匿迹,保险公司占据了市场。早在 18 世纪初期,美国商人开始向伦敦保险人获取保险服务。但距离和通信的限制为这种保险获取途径带来了极大不便,激发了美国发展航运保险市场的需求。在 18 世纪 90 年代,连续不断的战争使得美国面临着不确定性极强的国际环境,给原本松散的私人经纪人承保体系带来了巨大压力。随着美国逐步摆脱《泡沫法案》的影响,保险公司开始在各州涌现,并且凭借其更加结构化和资本化的应对战争风险的方案,在与私人承保机构的竞争中占据优势。1815 年之后,美国保险业务几乎完全由股份公司承销。

Kingston(2014)探讨了 1350 年到 1850 年间航运保险行业的制度变迁,从均衡视角解释了航运保险治理机制的演变,指出各国的航运保险制度具有多样性和路径依赖性等特点。作者认为,新制度的引入是内生性均衡在协调变化中的一种尝试,有效性取决于其是否能够改变市场参与者的行为预期。例如在英国,以私人承保为主的市场是由市场参与人发挥内生作用下演变而来,相关法律是由早期的非正式治理机制"演化"而来的;政府对市场的强制手段往往收效甚微。Leonard、Guy Chet 等(2016)分析了 18 世纪至 19 世纪海上武装贸易为英美航运保险市场发展带来的挑战,以及保险公司所做出的努力。那一时期,由于可以通过购买海上保险来降低损失,商人投资于海上商业掠夺并从中获利,政府也对这种行为持支持态度。因此,保险公司成为海上商业掠夺的主要受害者。于是,保险公司为改善和保障海上航行,致力于游说英美政府制定保护政策,倡议反海盗行为,并以各种优惠政策吸引商人与船员加入倡议,最终推动了海上保险业务的发展。

如把海上保险纳入金融业范畴,经济史学家 Grass、Kindleberger 的研究能很好地解释上述现象。Grass(1922)的都市发展阶段论认为,都市发展为内地经济服务可分为四个阶段:第一阶段是商业,第二阶段是工业,第三阶段是运输业,第四阶段是金融业。他认为,金融业是都市发展的最高阶段,而且金融业比商业、工业和房地产业具有更大的集中度。因此,国际大都市作为航运保险业的集中地,具有金融业集中度高的实践特征。Kindleberger(1974)首创国际金融中心论时提出,有关城市、区域经济的相关研究,应着重关注该城市或区域的商贸、工业或地产发展;(20 世纪 70 年代)有关金融业研究取得越来越多的成果,且主要关注金融对经济增长的作用。

二、国内相关研究

国内相关研究具有两大特色,一是通过史料记载梳理、研究海上保险发展历史,二是对航运保险在宏观层面的重要意义进行深入剖析。

(一) 民族保险业兴起和发展

颜鹏飞等(1989)对 1805—1949 年间的中国保险史做了详细的史料式编撰,其中一部分是梳理和研究中国海上保险经营规则、经营特点、经营成效及其历程,尤其是几大经营海上保险业务较多的公司的情况。据该史料记载,英国保险商于1805年进入中国。在华经营的第一家保险机构(即经营水火保险)的英国保险商是广州保险社或谏当保安行。把西方保险思想引进中国的第一位中国人是爱国思想家魏源。其著作《海国图志》(1842年)介绍了西方的火险、水险和寿险。作者认为,洋务派官僚与外商保险业的矛盾是民族保险业产生的一大因素。这是因为洋务派固然有其保守腐朽的一面,然而为收回被洋人所夺的内江、外海之利权,"尊国体而弭隐患",又有扶持民族保险业的一面。外商对民族航运业的扼杀和压制,又加速了国人自设保险机构的进程。中国第一家华商保险公司恐系1865年左右设立于上海的义和公司保险行。该行设于上海一家与怡和洋行关系密切的华商德盛商号内,规模甚小,并未开展船舶保险业务,只经营船货保险业务。仁济和保险公司是中国第一家规模较大的船舶运输保险公司,成立于1886年。由招商局所属的仁和及济和两家保险公司合并而成。1886年2月22日,招商总局保险处(股)在《申报》刊载《仁济和开办公告》,"招商局仁济和保险公司规定,于本年正月初五日起仍旧各埠招商局兼办弗凭照大例条新贵客商格外照顾用沾利益为幸";"李鸿章指派朱极仁坐镇招商局"。1873年,洋务派开办了官督商办性质的招商局。保险则正是直接适应航运业的需要,作为其附属企业开办起来。1875年、1876年、1886年先后成立与招商局有关的保险招商局、仁和保险公司和仁济和保险公司。可见,该研究通过记录海上保险实务,梳理了那一段历史的中国海上保险经营情况。其中的经验教训、海上保险的作用、机遇和挑战等,仍有待进一步分析。

(二)中国航运保险业发展的意义

新中国成立之后,航运保险发展与上海"五个中心"建设密切相关。一方面,"五个中心"建设激发了国内对航运保险的需求,并创造了巨大的发展空间;另一方面,航运保险的发展促进了"五个中心"建设,尤其有力推动了国际航运中心高端航运服务业及软环境建设。对此,国内许多学者掀起了另一波相关研究热潮。其中一个重要方面就是对航运保险业的发展意义做了深入分析。

汪传旭(1997)是较早将航运保险与国际航运中心的建设联系起来的学者。他认为,海上保险业是国际航运中心软环境的重要标志,其发展有利于提高上海国际航运中心的地位,上海建设国际航运中心需要有较高水平的航运保险业。陈继红、真虹等(2008)从国际航运中心软环境建设的角度指出,航运服务业对促进上海国际航运中心软环境建设具有重要意义,需加快建设航运服务业集聚区、重点发展高附加值海事服务产业、培养与实践相结合的高层次航运人才等。王学锋、李理、朱墨(2009)强调上海航运保险业需要吸引更多中小型保险企业参与,并开发更多险种,提升服务质量。为提升上海国际航运中心的国际地位,作者认为需要吸引更多国外保险业务,形成良性循环。

梁叶(2010)结合上海航运保险业发展现状和伦敦建设国际航运中心的实践经验,认为航运保险对国际航运中心建设起到巨大作用,即航运保险能支撑高风险的航运业发展,推动软环境建设。此类研究强调了航运保险业为货物贸易和国际运输提供的风险保障功能,也揭示了航运保险最本质的特征。

随着人们对航运保险认识的逐步深入,越来越多的学者将航运保险与"两个中心"(上海国际航运中心和上海国际金融中心)建设联系起来。张昕(2010)从理论和实证两个角度论证了航运保险能发挥金融系统的全部六项金融职能,属于金融的范畴,从而指出航运保险发展不仅能为航运企业发展提供有力支撑,推动上海国际航运中心的建成,还是上海国际金融中心建设的重要部分。冯朵（2012）以发达的国际航运中心香港、伦敦、新加坡等城市均是国际金融中心这一事实为基础，将研究聚焦于航运业与金融业的关系。作者认为，构建航运金融服务体系有利于提升上海国际航运中心的地位。刘德海和王维国（2014）基于两个维度分析21世纪上海国际航运中心建设现状，认为在上海国际航运中心建设的硬件条件（如地理区位、深水航道等）已居世界前列的情况下，急需加快软件条件（如金融贸易信息、自由港政策等）建设。作者认为，航运保险作为航运中心软实力建设的关键一环，不仅能为航运业本身的发展提供保障，还能促进资金融通，成为金融行业的重要部分，为提升国际航运中心的服务功能打好基础。为此，作者对国内外有关航运保险发展相关的理论性文献资料进行了整理总结，并在后文对比分析了国际各航运中心航运保险的发展特点和经验，以期为上海建成国际航运中心提供借鉴。此类研究不仅重视航运保险的风险管理功能，而且关注了航运保险的资金融通功能。这两大功能同样体现了航运保险的根本作用，也揭示了当今保险业发展的两大方向。

与海上保险发轫初期相比，当今世界已发生翻天覆地的变化。人们对航运保险在社会经济中的作用也得到进一步深化。有别于人寿保险业为社会保障提供社会管理功能，不少学者认为航运保险在绿色发展方面大有可为。张岩（2023）以太平洋财险绿色航运保险发展现状为例，认为绿色航运保险的发展不仅促进了航运业和保险业的智能化、绿色化、生态化、节能化转型，同时在生态环境建设、智能平台搭建和科学脱碳技术等领域发挥了重要的作用。上海航运保险协会（2024）大力提倡航运保险为新能源汽车贸易和运输保驾护航。相关研究指出，国际海事组织（IMO）、国际海上保险联盟（IUMI）等国际组织已关注到了新能源汽车运输船的风控问题。首先，由于单次运输量较大，汽车船单次事故的损失重大；其次，为了运输较多数量的汽车,汽车船往往涉及多层甲板,导致与其他类型船舶相比重心偏高,稳定性较差。对此,船东可通过购买航运保险分散风险,保险公司也可通过再保险、共同承保等方式进一步分散风险。可见,航运保险不仅助力全球绿色航运业发展,也推动保险企业在"双碳"背景下找到新的发展方向。需要指出的是,在这个绿色发展赛道上,中国航运保险业与世界航运保险业处于同一起跑线,甚至因国际贸易量庞大而具有行业优势。如果能充分利用这个历史发展机遇,中国的航运保险业能为世界航运保险业在产品创新、规则完善等方面做出更大的贡献。

第二节　航运保险法律关系的相关研究

实践显示,人们对保险纠纷、保险案例及相关实务问题给予极大关注,包括对市场供给,尤其是保险合同的解读及理解。因此,在已有的研究中,有很多基于微观、实务视角来分析保险现象的文献。其中,把理论知识灵活运用于保险实务,并根据市场需求对保险产品进行创意设计或优化、形成能解决复杂问题的综合能力,成为保险学专业课程设计的一个重要内容。

一、国外相关研究

如前所述,已有许多研究关注了航运保险的法律法规、保险合同等。除此之外,还有不少研究从承保范围的拓展、法律本土化与国际化等视角分析了航运保险的法律关系。

(一)法律关系调整与双方权责利变化

Rose,F.(2012)在介绍英国《1906年海上保险法》(以下简称"MIA1906")

相关条款的基础上，指出海上保险承保范围出现了延伸。文章首先以MIA1906第2条"海陆混合风险"中第1款规定"海上保险合同可以用明示条款或按照贸易习惯，来扩展承保和被承保人因遭受海上航程有关的内河或任何陆地风险所导致的损失"和第2款规定"建造中的船舶也可适用于海上保险单格式的保险单"为例，指出海上保险承保范围已经不再局限于早期的传统海上灾害。其次，文章对MIA1906第3条"海上冒险与海上危险"进行了分析。作者认为"受海上危险影响的任何船舶、货物或其他财产""保险财产的所有人或与之有利害关系或承担责任的人由于海上危险对第三者所负担的责任""由于保险财产暴露于海上危险之中而危及的运费、客票款、佣金、利润或其他钱财利益，或任何预付款项、贷款或垫付费用的担保"均属于"海上冒险"，并成为海上保险合同的标的。作者进一步建议，在建造期间不具备航海能力的船舶、与航海相关的利益和责任，以及政治和人为因素所产生的风险，均可以成为海上保险承保对象。

（二）海上保险法的国际化与本土性

Sinem Ogis（2020）对日本航运保险法律条款进行了研究，认为日本航运保险法中索赔部分和合同订立、实施等方面分别借鉴了英国法和日本法。一旦出现保险事故，赔偿或给付因受到英国条款和惯例的制约，容易导致合同当事人对案件理解的差异，增加理赔流程的复杂性。对此，作者建议日本应协调国际标准与本国法律之间的关系，并对条款适用范围做进一步界定以减少相关争议。

二、国内相关研究

（一）英国海上保险法引进和运用

作为新中国海商法奠基人之一，魏文达早在民国时期就参与海商法的教学、研究以及实践。1937 年，他首次在上海《航业月刊》发表海商法论文，此后陆续在东吴大学法学院《法学杂志》上发表了《海上保险法"三一"扣减的研究》《海上保险契约默示保证条件》《海上保险法主要原因之认定》《海上保险契约之种类及其应用》等系列论文。

20 世纪 80 年代，伴随中国国内保险业务的恢复，保险相关研究也逐渐增多。海上保险作为一项没有被中断的保险业务，对其进行研究显得更有实际指导意义，即从法律法规视角提升我国海上保险发展的实践能力和水平，同时促进中国海上保险合同的规范化和国际化。国内最早开始研究航运保险的学者王健刚（1983）针对那时我国海上运输船舶出现事故由英国保险公司赔付这种现象，介绍了英国开展海上货物险的历史和现状，并详细阐述了平安险和水渍险等具体的险种和条款。作者指出，英国在海上货物保险领域一直保持着举足轻重的位置，世界上许多保险公司迄今仍在效仿伦敦保险公司采用的保险单式样开具货物保险单。1986 年至 1988 年，魏文达在《上海保险》杂志上连载《英国一九〇六年海上保险法解释》。中国第一部《海商法》（1985 年）的第 12 章以"海上保险合同"为章名，内容包括海上保险合同的一般规定，合同的订立、解除和转让等。

从上可见，制定、完善相应的法律法规，培养具有法律素养的保险人，是该阶段研究的主要出发点和研究成果。上述研究还显示，国内早期研究的关注点是更好地理解、引进或运用国际海上保险（以英国海上保险为主）的合同订立、解除和转让等实践，以促进我国海上保险业向规范化、国际化发展。

（二）国内海上保险法的进一步完善

毫无疑问，法律法规在航运保险发展中扮演着重要角色。国内相关学者循着前人研究之路，继续深入研究中国航运保险发展面临的法律法规现状。

部分研究在与国际海上保险法比较基础上，对中国现行的海上保险法律法规及制度建设提出建议。MIA1906 影响着世界上大多数国家的海上保险立法，也是《中华人民共和国海商法》(1992 年版)立法和修订时的重要参考。邸杨(2012)在分析海上保险主要原则(包括遵循损失补偿原则、坚持可保利益原则、坚持近因原则、坚持代位求偿原则以及坚持诚信原则等)基础上，指出中国现行《海商法》仅有部分条款对于海上保险进行了规范，缺乏明确规定，建议从强化监管和加强专业化建设两个方面进一步完善海上保险制度。秦琳(2013)通过列举对比中国与英国现行法律中有关保证制度的相关规定，指出中国现行《海商法》存在概念不明确、对违反保证条款法律后果的表述欠妥等问题。张金蕾、潘秀华(2015)在介绍英国基于 MIA1906 修改而形成的《2015 年英国保险法》基础上，对修订后的最大诚信原则、改革欺诈性索赔规定、缓和违反保证条款后的严苛后果等内容进行了详细分析。作者建议中国航运保险业可借鉴这些改革措施，避免出现法律适用上的混乱。如程序上充分咨询意见，内容上明确欺诈性索赔行为、用风险变更制度取代保证制度等。闫宇闻(2019)比较分析上海和伦敦航运中心后认为，中国航运保险市场大而不强的主要原因是法律体系不完善、全球理赔网络有待建设、承保能力有限导致的定价话语权不高及保险中介服务体系不完善等。作者认为，在世界航运中心正在向中国转移的大背景下，中国应积极完善法律体系并构建多层次的发展体系。

部分研究基于中国航运业发展现状及需求来分析航运保险业发展现状及未来。孙思琪(2017)认为随着集装箱运输的发展，海上货物运输开始向货物多式联运与物流发展，海船进江河更加普遍，内河船也已呈现大型化和自航化趋势。当前海船与内河船、海运与河运的界限逐渐淡化，因此海商法需要改变早期基于单一运输方式而设置的规则,适应现在的发展变化,发挥海商法立法保障航运经济效率、维护航运经济秩序的作用。黄杰(2023)以2015年至2021年广州、深圳、珠海、东莞四个城市的航运保险发展为例,研究指出当地的法律制度建设水平是影响保费规模的重要因素之一。作者还指出,国内船舶更倾向于购买境外保险,主要是因为境外法律和制度较为健全。作者建议,政府需要从完善法律法规角度来加强对航运保险的监管与支持。乌日乐等人(2015)认为,中国可以建立宽松的保险产品审批政策,推动企业依据市场需求开发个性化产品;完善海外理赔服务网络,确保能随时根据出险情况快速开展查勘定损理赔服务。

另外,随着保赔保险在航运保险中发挥的作用越来越突出,许多学者对保赔保险的相关制度也进行了研究。许萍(2018)、姜楠(2022)等人指出,中国保赔保险领域法律缺失,中国保赔保险缺乏统一和针对性的法规作为管理依据,导致对中国船东互保协会的监管出现了缺位。此外,法律缺失导致中国对于境外船东互保协会也缺乏管理。这使得中国的法律制度既不能维护国内保赔保险市场的公平竞争,也得不到国际业务的规则认可。对此,学者们建议修改《保险法》《海商法》等法律,明确船东保赔协会的法律地位和治理、索赔制度。郭雷楠、陈敬根(2020)将研究视角放在了境外的互保协会,从反垄断法视角对境外保赔协会的活动进行了研究。作者指出,由于国际船东保赔协会集团(简"IG集团")目前在国际市场占有很大的市场份额,也已在中国保赔保险市场上占有重要份额,其内部的集团协议和分摊协议很有可能成为制约其内部竞争的默契,以及联合抵制外部竞争的壁垒。作者建议,应当修订集团协议和分摊协议,以便更加符合《中华人民共和国反垄断法》,同时也应进一步完善《中华人民共和国反垄断法》,以更好地平衡保赔保险市场发展。

第三节　航运保险经济关系的相关研究

经过 600 多年的发展,航运保险业更加专业化和规范化。学界对航运保险在一国(地区)经济社会中的地位、作用及其运行机制的关注也日益增加。人们普遍认可航运保险是一种产品和重要的经济活动。越来越多的学者重视航运保险经济关系的研究。

一、国外相关研究

(一) 航运保险定价

航运保险相关利益主体的经济行为,直接影响航运保险经营管理效率,也真实反映了航运保险市场供需状况。卡尔·H. 博尔奇是第一个对保险进行经济学分析并构建不确定性均衡模型的保险经济学先驱。博尔奇(1989)在前人研究成果基础上,对保险价格形成、供给特征、合同优化以及需求影响因素专门做了系统总结。其中,关于航运保险的主要观点包括以下几点:第一,研究目的是确定保险费如何随着约定的损失补偿概率分布的变化而变化。作者认为,市场力量提供风险管理服务的供给与需求,并最终决定保险价值。第二,航运保险价格主要包括预期损失、管理费和风险费三个部分。其中,风险费由市场供需确定,需要进行经济分析。第三,为减少不确定性,航运保险人做出再保险安排。一份保险是否需要再保险,与投保人无关。第四,消费者发现航运保险可将其带到一个较优于最初状态的风险环境时,才会产生购买意愿。

(二) 航运保险供给及影响因素

国外研究比较重视航运保险供给,并注重市场主体的组织形式和资本规模。

关于航运保险的组织形式。Paul Bennett(2001)高度肯定 IG 集团在维护国际航运业的安全和环境监管方面发挥了重大作用,并认可 IG 集团通过排除标准以下的船东进入协会来防止不符合安全与环境标准的船东参与保赔保险的运营机制。作者认为,这种运营机制可降低国际船东保赔协会集团(IG)集团的风险和潜在索赔,体现了"排他性"的正向作用,但也需高度重视进一步提升 IG 集团在航运业发展中承担安全和环境职责的合理性问题。Novikova 等(2022)研究了俄罗斯相互保险(Mutual Insurance)法律框架缺失、市场份额受限等问题,以及这些问题造成的负面影响。2007 年前,俄罗斯没有针对相互保险协会的法律。直至 2018 年,俄罗斯国内仅存在 12 家相互保险协会,没有设立船东互保协会。目前,俄罗斯只能依赖国外 P&I 俱乐部来获得第三方责任险。在新冠疫情期间,俄罗斯船东不得不依赖一个相当有限的市场来获得相关责任保险。

Beenstock 和 Khajuria(1986)利用美国、日本、澳大利亚及多个欧洲国家在 1963 年至 1981 年的横截面和时间序列数据,研究发现一国贸易量、船队规模、船价和资本规模等变量对海上保险发展具有显著的正向影响。其中,有关资本规模问题,A. Glenn Crothers(2004)的研究可作为一个有力的补充。A. Glenn Crothers 通过对 18 世纪美国航运保险市场的发展研究发现,保险准备金有限的情况下,私人承销商面对战争消息引致的巨额风险概率,应对措施通常是大幅提高保费。保险人可承担的风险责任和损失补偿大小与保险准备金规模成正比。作者认为,这是美国商人越来越依赖公司型保险人提供保险的主要原因。这与 Christopher Kingston(2007)的研究有着共同的结论,但视角不同。后者认为高效的信息共享机制能准确评估风险,从而能提供更具竞争力的保险费率。但他们都从保险供给视角分析了航运保险业发展。

国外研究还比较关注保险作为风险管理手段所具有的功能优势。如Christopher Kingston(2007)认为,以劳合社为代表的保险人,同时也是聚集和共享信息的中心。成熟高效的信息共享机制使得其能够更加准确地评估风险,从而提供更具竞争力的保费。Mokhtari and Ren(2014)提出海上保险通过识别风险(如定义)、分析风险(如衡量风险后果、频率等)、转移、监测和审查风险等四个步骤,有效管理风险。Miller et al.(2016)指出,海上保险人拥有较全面的海上运输历史数据,能提前做好预防措施。例如,保险人能识别出哪个领域经常受到外来势力的入侵,并与相关利益者共同驱赶外来入侵者或采取其他措施。Rawlings(2018)认为,海上保险的风险保障功能尤其重要,因为它能扩大有利因素的作用并把不利影响降到最小。

二、国内相关研究

国内学者高度重视保险经济学研究。除了对保险供给、保险组织或需求做专项研究外,部分学者尝试运用宏微观经济学理论与方法分析保险经济活动,为保险学其他课程奠定理论基础(魏华林等,2011;王国军,2022)。

(一) 航运保险内涵

《关于推进上海加快发展现代服务业和先进制造业建设国际金融中心和国际航运中心的意见》指出:"支持开展船舶融资、航运保险等高端服务。"这是中国首次在相关正式文件中明确提出"航运保险"一词。作为具有中国特色的行业术语,"航运保险"一词的内涵与范畴受到学界高度关注。该意见还明确指出,"优化现代航运集疏运体系。适应区域经济一体化要求,在继续加强港口基础设施建设基础上,整合长三角港口资源,形成分工合作、优势互补、竞争有序的港口格局,增强港口综合竞争能力。

加快洋山深水港区等基础设施建设,扩大港口吞吐能力。推进内河航道、铁路和空港设施建设,优化运输资源配置,适当增加高速公路通道,大力发展中远程航空运输,增强综合运输能力""需要推进内河航道、铁路与空港设施建设""充分发挥集装箱中心站与铁路通道作用,逐步提高铁水联运比例"。可以看出中国开展的"航运保险",源于"海上保险",但在概念与范围上却并没有局限于"海上运输"。在承保海上运输风险的基础上,覆盖了内河运输、铁路运输以及航空运输等多种方式的综合运输所需要的风险管理需求。王学锋(2009)把航运保险的概念进行了广义与狭义的区分,认为"航运保险从广义上包括海运保险和空运保险。这里的海运保险(或海上保险)是保险人和被保险人通过协商,对船舶、货物及其他海上标的可能遭遇的风险进行约定,被保险人在交纳约定的保费后,保险人承诺一旦上述风险在约定的时间内发生并对被保险人造成损失,保险人将按约定给予被保险人经济补偿的商务活动。航运保险还包括责任保险,是指以被保险人对第三者依法应承担的损害赔偿责任为保险标的的保险"。郭丽军(2015)在分析英国《1906年海上保险法》的条款与国际贸易运输方式的变革进程基础上指出,20世纪初的海上保险已经与早期的海上保险有所不同,承保范围已经大大拓展,突破了"海上"这一区域,延伸到航海相关的内河或内陆运输领域;20世纪60年代,随着集装箱运输技术的兴起与发展,原来单一的海上运输方式转变为多式联运,海上保险承保区域也相应扩展至陆上、内河、航空运输区间,海上保险承保对象也随之扩大至货物在陆上、内河、航空运输时所面临的风险。

(二)航运保险供给及影响因素

国内研究主要从市场主体建设、中介机构完善、产品创新等方面分析航运保险的供给问题及影响因素。

1. 航运保险主体建设

航运保险的市场主体主要包括航运保险公司(运营中心)、航运保险中介机构以及保险协会等。为推动中国航运保险业发展,许多学者聚焦航运保险市场主体(机构)所面临的问题及挑战,并从与各市场主体建设相关的航运保险政策提出对策建议。

关于航运保险公司,已有研究主要关注人才建设、保源维护和发展模式三个方面。曹家哲(2007)指出国内的理赔方法存在缺陷,导致大量保户资源流失,从业人员需要主动介入、理赔与承保服务无缝对接并为客户定制个性化理赔方案。蒋丰、田吉生(2013)以进出口货运险为例,指出我国进出口货物运输保险存在保源比重下降、保险无序竞争加剧、核保缺乏风险管控等问题。黄海峰(2017)和张方卉(2018)在分析货运保险发展的现状和问题基础上,从提高公司专业化程度、理赔人员业务素质、提升外部条件以及客户意识等方面提出了相关建议。王德宏(2016)对我国保源业务流失现状及原因进行了较详细的分析。作者认为,由于我国出口业务采取 FOB 方式,进口业务采取 CIF 方式,这导致保险资金大量流向国外;此外,由于我国不属于"方便旗"国家,对进口船舶征收较高税收,导致在我国登记注册的船舶数量极少,甚至出现中资船舶去其他"方便旗"国家(地区)注册的情况。这严重限制了我国航运与服务发展。作者建议,应逐步放宽船舶登记政策,提供税收优惠,吸引中资乃至外资船舶来华注册,扩大我国航运保险业务潜在客户群,并通过引进国外相关资本和经验,进一步完善我国航运保险业务水平及相关金融服务体系。刘冠军(2020)使用了灰色关联度分析法,选用2000—2018 年上海航运保险保费收入、保险公司数量等指标,定量分析了航运保险对上海国际航运中心建设的影响程度。作者研究认为,航运保险与上海国际航运中心建设具有很强的相关性,对上海航运中心发展具有极大的促进作用。其中保险公司数量、保费金额的平均系数分别为 0.936 48 和 0.769 45,相关度极高。作者建议通过积极引入保险机构落地,提高产业集聚度来发展航运保险,并加快推动航运中心建设。丁峰(2021)比较了以人保、太保等航运保险运营中心为代表的专业性航运保险公司和将航运保险产品与其他产品并列的综合性保险公司,这两种经营模式的优劣势,发现专业性经营模式通过其内部高效的组织架构,集中的人力、资本和客户资源提高运转效率,但过于单一的业务领域会导致其发展路径受到限制;综合性经营模式通过多元的产品服务分散风险,提升经营的稳定性,但各产品兼顾发展的难度较大。因保费规模有限,航运保险在综合性经营的保险机构中的地位并不高。唐金成、张亚(2016)指出,虽然中国航运保险经营主体有所增加,但目前仍局限于中国人保等大公司,并且存在产品创新能力弱、保险经营自主性差、风险控制能力不强等问题。作者建议,利用国外资本与先进经验提升本国公司管理水平、重视人才培养与产品创新、建立多元化监管体系,保障航运保险业健康、有序发展。

关于航运保险中介,已有文献主要关注中介服务体系。郑庆寰、闫寒(2012)在总结伦敦航运保险市场成功经验的基础上指出,伦敦的一个很大优势是拥有出色的航运保险经纪人。保险经纪人对每个保险公司承保能力与风险偏好了解较多,既能为相关公司配置适宜的航运保险业务,可以降低投保人保费,还通过联系分保与再保业务分散保险公司的承保风险,提高保险业整体抗风险能力。作者认为中国应加快培育航运保险中介市场,提高专业化服务水平。郭振昌、程攀(2012)梳理国际航空保险的概况后指出,国际市场主要由伦敦与美国保险市场占据。其中,以劳埃德保险市场为中心的伦敦保险市场占据了 40% 份额。中国的航空保险市场结构呈现寡头垄断特征。

关于船东保赔协会,现有文献也有所涉及。郑庆寰(2013)对国内外保赔协会市场发展的特征和趋势进行了研究,指出在航运业加速国际化的背景下,作为中国最大的保赔保险承保机构,中国船东互保协会未能加入 IG 集团,将面临与 IG 集团直接竞争的局面。由于 IG 集团具有明显的垄断性质,内部章程和协议中存在各种限制性规定,客观上限制了中国船东保险保赔业务的拓展。许萍(2018)研究还发现,中国保赔保险市场存在业务大量外流及国际认可度不高的问题,建议中国建立保赔保险的统一监管模式和标准,规范中国和境外所有保赔保险市场主体,建立公平有序的市场竞争秩序。姜楠(2022)对比了国内外船东互保协会在理赔中的作用与表现,指出虽然中国船东互保协会的抗风险能力较强,但过多地注重抗风险能力也在一定程度上阻碍了自身的发展,为此,作者建议可以采取引进更全面的人才、引入国外船东保赔协会的先进理念等措施,以进一步完善中国船东互保协会的制度。

2. 航运保险产品创新

创新是推动一个行业发展的重要动力。产品创新则是重中之重。已有文献认为,创新能力存在差距是中国航运保险滞后于国际航运保险业的主要原因,也是影响中国航运保险高质量发展的主要因素。

崔惠贤、张碧波(2013)利用 GEM 模型构建了上海航运保险产业集群竞争力指标体系,并对影响航运保险产业竞争力的几大因素进行了分析。作者认为,外资保险公司为配合航运中心建设推出了多种创新型险种,而中国的产品创新进展较慢,产品同质化严重。乌日乐等人(2015)总结了日本航运保险市场的成功经验及其对中国的启示。作者认为中国可以建立宽松的保险产品审批政策,推动企业依据市场需求开发个性化产品。此外,中国应建立更加完善的海外理赔服务网络,确保保险机构随时根据出险情况快速开展查勘定损理赔服务。

　　部分学者则聚焦于中国产业结构调整基础上对航运保险需求提出新要求。杨绍波(2013)整理了当时中国航运保险的现状及发展思路,指出中国航运保险发展存在产品较单一,中介服务机构少,以及国际市场份额占比极低等问题,认为中国航运保险发展需要向新兴和高端领域发展,在注重货运保险和船舶保险产品创新的同时,向责任保险、海事担保和保赔保险等方向延伸。张文斌(2014)认为上海航运保险市场目前产品结构单一,尤其是技术性要求较高的船舶险业务规模偏小,低层次的保险产品同质化严重,创新型保险产品比例过低,不能对新类型风险进行有效覆盖。作者认为未来需进一步拓展航运保险的功能,并完善相关法律及配套服务,才能推进上海国际航运中心和上海国际金融中心建设。丁桂花(2015)认为上海的航运保险存在责任保险发展不足和新型航运保险业务较少的问题。作者认为,建立航运保险产品注册制,可加强航运保险产品的知识产权保护,提高保险主体的创新积极性。

　　苏永桂和常森峰(2020)分析中国上海港、天津港等港口航运保险业务发展现状,并对比伦敦等国际航运中心的成功经验后,建议以机构重组和税收优惠为手段促进企业创新。作者建议应将国际商事仲裁院、海事法庭、海事律师所、商检、保险及其他相关关系方进行协调整合,营造更好的国际化、市场化、法治化的营商环境。作者还建议,上海应争取国家税务总局的支持,对船舶保险、进出口货物险等险种给予免征营业税的扶持政策,或对港口所在城市投保航运保险的企业给予保费补贴等。

第四节　航运保险发展趋势的相关研究

　　作为风险管理中较早且较有成效的一种实践,航运保险在促进国际贸易和国际运输发展中的作用和地位已得到业内外人士共识。但不可否认，航运保险面临的挑战也逐渐暴露出来。尤其是随着第四次工业革命的来临，航运保险所处的内外部环境发生了重大变化。一方面，科技革命和产业革命推动全球贸易发展并显著提升航海技术，这些都有利于航运保险发展。另一方面，新型风险随之出现，原有类型的风险损失出现上升趋势。

一、国外相关研究

（一）航运保险潜在的负面影响

Din SM 等人（2013）以巴基斯坦 1982—2009 年的相关数据为依据，定量分析了航运保险保费对巴基斯坦国际贸易和经济增长的影响。作者利用向量误差修正模型（VECM）研究发现，在长期内航运保险对该地区贸易开放产生了负面影响。究其原因，作者推测是高昂的保险费增加了贸易成本，削弱了该地区国际贸易竞争力。Chen 和 Kevin 等人（2017）研究发现，中国特别免税船舶登记政策（STFSR）推动了中国航运保险发展。一方面，该政策促进了中国注册船队吨位的增加，扩大了航运保险的潜在需求。另一方面，该政策要求享受免税的船舶选择中国境内保险公司服务，由海外公司投保的船舶返回中国时也需要由中国境内保险提供服务，解决了部分航运保险保源流失的问题。作者还建议借鉴香港的开放注册做法，允许航运企业根据业务与市场需要，自由选择船舶的金融、保险和法律服务。Mitkov M 等（2021）研究了保加利亚 2010 年至 2019 年的航运业以及货运保险发展趋势。研究显示，该时期内货运险的保费存在波动现象，但海上货物运输量和货运保险的市场增长速度超过了该国 GDP 的增长速度。作者指出，贸易量降低、原料价格下降，以及出现其他成本更低的险种是货运保险保费波动的主要原因。C. Cueva Clemente 等（2022）通过回顾 2016 年至 2021 年间拉丁美洲与欧洲发表的相关文献,全面梳理了货运险在海上运输和国际贸易中的正面和负面影响。正面影响包括能够防范货物风险、避免经济损失,并能覆盖全球。负面影响包括保险资金回收时间的延迟、部分产品无法投保及免赔额费用较高等。

（二）新型风险及其对航运保险的影响

Eggers(2019)认为,在海上运输和国际贸易面临的风险中,对船舶和货物的故意损坏而造成损失的风险是存在的,即贸易船舶出现的问题和事故是由破坏者而不是自然本身造成的。作者还强调,这些事故主要是人为的。H. Ramezani(2022)等人分析了新冠疫情对航运保险业的影响。作者认为疫情通过损伤货物、减少合同、减少船舶使用量和船舶维修延误等方面影响航运保险业。对此,保险公司应通过重新界定保险保障范围并开发新险种,从而为未来类似的危机做好准备。Pandey(2023)详细分析了 21 世纪全球海上安全所面临的复杂性,影响因素包括传统的海盗行为、领土争端和恐怖主义威胁等。作者指出,走私、针对导航的网络攻击风险和船舶数据库被入侵等现代数字风险,均对国际贸易和航运安全构成了严重的威胁。

二、国内相关研究

中国航运业数字化、智能化和绿色化发展,不仅引起了全球航运界重视,也受到学界的广泛关注。相关研究从航运业数字化、智能化和绿色化发展导致航运风险类型和损失程度变化来分析其对航运保险业的影响。

（一）航运业数字化智能化对航运保险的影响

王鸿东、王体涛(2022)对智能航行进行了定义:智能航行是指利用计算机、自主控制等技术分析并处理传感器获得的环境信息,以便设计和优化船舶的航路和速度,使船能自动避碰以实现自主航行。由于智能航行系统能够实时感知环境障碍物并自主规划行驶路线,智能船舶或无人船舶的应用得以实现,并相应地改变了航运船舶面临的风险状况。但对这种风险状况的分析,已有研究有不同观点。王欣、初北平(2017)指出,无人船舶在降低成本、克服海上艰苦工作环境、减少人为因素风险以及海洋环境保护等方面,比起传统船舶具有一定的优势。吕龙德(2017)也提出,除了能够降低成本、减少人为风险外,由于无人船的设计难以让海盗登船,能够更好地应对海盗威胁。此外,由于没有扣押人质,也能减少海盗的勒索筹码,更利于夺回船舶。而王国华、孙誉清(2018)则指出,无人船虽有诸多现实优势,但由于航运业属于资金密集型行业,无人船成为网络攻击的目标之一。这种海上网络风险是"21世纪海盗"活动的新形态。针对这种风险,方阁、初北平(2020)指出,在网络安全与保险行业日益加深融合的背景下,海事网络安全风险的有效治理成为重大难题。作者通过对海事网络风险法律内涵的探讨,在分析海事网络风险的发展现状以及存在的问题的同时,指出因该类型风险的特殊性导致风险模型构建困难,从而使保险市场相应条款缺失。端木玉、黄烨希与黄幼纯等(2022)则以无人船和传统船舶的差异所导致的潜在风险为切入点,探究了包括无人船的网络风险、适航风险以及碰撞的法律责任归因困境在内的多个方面,提出应考虑无人船本身以及"新形势下的海盗行为"的特殊性,保险人在制定船舶保险合同时需要进行更加周密的考虑和风险控制。

另外,已有学者研究了区块链技术对航运保险的影响。姜丽丽(2017)认为信用问题长期以来困扰着国际贸易领域,而这种信息不对称的问题很可能通过区块链技术解决,在促进国际贸易发展的同时,也将逐步改变相关的服务需求。洪文倩、王庆年(2020)认为区块链平台及智能合约能够显著地降低海运业成本,但在成功构建智能合约前还需要解决如国家政策差异、法规责任归属不明、社会公信力不足以及技术缺陷等问题。

(二)航运保险助力绿色船舶发展

航运保险可以而且必须有助于绿色船舶发展,这一观点已在国内外达成基本共识。

2021年,瑞士再保险公司、Gard、Hellenic Hull Management、SCOR、Victor International和Norwegian Hull Club等6家保险公司提出"波塞冬海上保险原则"(PPMI),倡议通过提供碳排放透明度来支持航运业的绿色转型,也彰显海上保险业在支持净零经济转型方面迈出了切实的一步,有望在未来发挥更大作用。周洲等(2023)认为,推动绿色生态船舶体系建设,对于助力航运减排、推动航运业绿色低碳转型有积极意义。

中国政府和保险业也积极支持促进船舶业绿色发展的相关产品开发,且以相关法规条例的形式提出强制性要求。如,2021年交通运输部发布《船舶内河污染损害民事责任保险实施办法(征求意见稿)》第二条明确规定:"船舶所有人或者经营人应当按照本办法的规定投保船舶污染损害民事责任保险或者取得财务担保。"这也标志着历经8年的围绕船舶污染的保险制度取得实质性突破——中国国内河强制责任保险正式提上日程。在此之前,2013年国务院修订的《危险化学品安全管理条例》明确要求开展"内河危险化学品运输船舶的污染责任保险";2015年《中华人民共和国防治船舶污染内河水域环境管理规定》明确提出"对于内河运输化学品的船舶应投保强制责任保险或者财务担保";2024年6月,浦东新区人民政府与中国船舶集团(香港)航运租赁有限公司、绿色船舶保险共同体(包括中国人民财产保险股份有限公司、中国太平洋财产保险股份有限公司、中国平安财产保险股份有限公司、中国人寿财产保险股份有限公司、中国太平财产保险有限公司、中国大地财产保险股份有限公司、东海航运保险股份有限公司、中国财产再保险有限责任公司、五洲保险经纪有限公司)共同签署绿色船舶保险共同体合作协议。2024 年 7 月,上航保协电动船舶保险条款、上航保协集装箱式移动电源综合保险条款(定期)和上航保协电动船舶经营人保障和赔偿保险,在上航保协航运保险注册管理平台上成功注册。

第五节　述　评

航运保险是一个具有中国特色的保险术语。它源于海上保险,但又不局限于海上保险。国内研究包括但不局限于海上保险的相关研究。一方面,航运保险的本质及经营原则完全沿袭了已有 600 多年历史的海上保险。如规范航运保险经营的最高位阶法律——《海商法》和《保险法》,涉及相关内容时仍使用"海上保险"一词。又如,国内学者对航运保险的定义基本是以海运保险为基础的。另一方面,航运保险一词充分反映了当今世界政治经济的变化,具有时代特征。如《联合国海洋法公约》(1982 年版)界定了内水、领海、临接海域和公海等重要概念,使远洋船舶航行通过的领域名称也相应地发生了变化。20 世纪 60 年代起兴起的集装箱运输方式,使原来单一的海上运输方式向多式联运转换,从而也直接影响了运输过程中风险的评估和责任划分。国外学者还明确提出,随着海上贸易规模扩大、远洋运输技术提升、承运方式的改变,海上保险的承保风险,已从船舶或货物面临的海上灾害,扩展到建造过程中的不具备航海能力的船舶、与航海有关的利益和责任、与航海有关的内河或内陆运输。

在国外,与海上保险(Marine Insurance)有关的研究,往往早于国内的相关研究。一些文献主要运用新古典经济学分析工具,并借助信息经济学、博弈论等新方法对保险商品进行经济分析,研究内容包括保险功能、保险供需、保险定价及保险监管等方面。这为航运保险承保能力的经济学分析提供了许多启发。另外,由于国外相关文献主要基于特定海上保险法,从保险企业视角、关注单个(几个)影响因素的研究较多,从而有利于人们加深对航运保险市场的认识。其中,对政府与市场关系的剖析,深化了人们对航运保险制度特殊性的认识。

国内相关研究与中国航运保险业实务发展有着密切关系。在中国,现代保险是一种舶来品。早期的相关研究,以"海上保险"为研究对象展开。部分文献的研究方法、理论范畴借鉴了国外航运保险相关研究的成果。随着中国特色社会主义市场经济的逐步推进,部分文献的研究范围、理论基础逐步体现第四次科技革命背景下航运保险的时代特征。

已有文献主要集中在三大核心议题上,分别是航运保险起源与发展历程、促进发展的主要因素和航运保险对一国经济社会的重要作用。其中,国外学者对航运保险的起源和发展历程开展了大量研究,其研究视角偏向于微观。例如,他们从海上贸易和远洋运输过程中的风险管理视角分析航运保险合同双方的权利、责任和利益,保险人组织形式的变化等。国外学者十分重视法律法规对航运保险业发展的影响,并对法律法规的本土化和国际化问题进行探讨,显示了航运保险法治化特征。这个特征也受到国内学者的高度重视。但国内学者对航运保险法律法规建设现状给予极大关注的同时,更加重视航运保险主体和航运保险创新能力的建设。这种现状一方面体现出中国航运保险业正在迎头赶上,另一方面也反映了中国对航运保险发展的迫切需求。航运保险竞争力差异也体现在国内外学者对航运保险功能的剖析上。现有研究深入分析了航运保险业的作用,并取得许多共识。例如,国内外相关研究都认为,保险是风险管理的有效方式,有助于国际贸易和远洋运输的发展。但不少国外研究还发现,航运保险对于贸易发展同时存在潜在的负面影响。

已有文献主要运用历史归纳法分析航运保险实务。这种研究方法有利于深入理解航运保险起源和发展历程,适用于航运保险实务对航运保险研究现状的促进。从具体事实中抽象出的一般规律,对发展历史相对有限的中国航运保险业而言,有借鉴意义但又有所欠缺。中国式现代化建设需要中国特色航运保险业。21世纪以来,航运风险的种类和强度均发生了很大变化。第四次科技革命和产业革命相关的网络风险,大型船舶带来的巨额风险,地缘政治引发的战争风险,均使航运保险的社会经济环境发生了巨变。航运保险研究方法不仅需要融合运用归纳法和演绎法,还应融入更加广阔的宏观视野。

第三章
航运保险主要特征及功能深化

　　风险管理的需求构成了保险能够产生、持续存在并进一步发展的客观基础和必要条件。航运保险与普通的财产保险或人寿险业务有所不同,其主要原因在于海上运输所面临的风险与其他类型的保险所承保的风险存在明显区别。随着社会经济的发展,航运保险功能也在不断深化和拓展。

第一节　承保对象的主要特征

　　航运保险承保的风险具有高风险性、多样性、复杂性和非相关性等特点。

一、承保的主要风险种类

　　风险有多种定义,如可能发生的危险、损害发生的可能性或不确定性、实际结果和预期结果的相对差异。风险通常用于表示不确定性。"如果一种损失确定人发生,就可以预先为之做好计划,并视其为一种明确的、可知的花费。只有损失发生的不确定性存在时,风险才成为一个重要的问题。

如，一个百货店主人确切地知道会发生一定数量的店内偷窃的行为，这种损失可以通过把所有商品提高必要比例的价格进行弥补，这几乎不会产生任何风险"（詹姆斯·S. 特里斯曼，2002）。根据不同的划分依据，风险可以分为不同种类。不同种类的风险，并不相互排斥，通常是相互交融的。如按性质划分，风险可分为纯粹风险和投机风险；如按产生环境划分，风险主要有静态风险和动态风险两种；如按存在形式划分，风险可定义为主观风险和客观风险；如按致损对象划分，风险可分别被称为财产风险、责任风险、生命风险、健康风险等。海上保险保障的风险被称为海上风险。

航运业是贸易的副产品，又是一个高风险、高资本行业。15 世纪，由于造船、航海技术有限，人们在海洋面前是渺小的。远洋贸易和远洋运输是高风险行业，这是人类创造海上保险制度的最重要原因。经过 500 多年发展，人们对海上货物运输所面临的风险有了系统了解，风险管理水平也不断提高。然而，从海上保险经营来看，海上货物运输面临的风险类型、致损程度和成因都出现许多新现象，但是海上风险的多样性和复杂性的特征并未得到根本改变。①

（一）海上风险

当前学界对海上风险的定义和分类，基本达成共识。如郭颂平、袁建平编著的《海上保险学》显示，海上风险可划分为"自然灾害"和"意外事故"两大类。

自然灾害，是指由于自然界的变异而引起的破坏力量对船舶或货物、人

---

① 许多教材或文献中，把海上风险定义为"船舶、货物在海上运输过程中发生损失的不确定性"，并强调"海上风险成立需要具备两个基本条件：一是属于海上及航海中的风险；二是属于偶然发生的意外事故，不包括自然损失"。参见郭颂平、袁建平编著：《海上保险学》，中国金融出版社 2014 年版，第 35 页。本研究所指海上保险是广义概念，覆盖范围从海上延伸到陆上、从船舶航行中延伸到船舶建造中。从这个意义上讲，海上风险性质发生了根本性改变。

员造成的灾害。常见的自然灾害包括：

恶劣气候（Heavy Weather），一般是指海上飓风、大浪引起船舶颠簸、倾斜，造成船舶的船体破裂、机器设备的损坏，以及船上货物碰损破碎、混杂、包装破裂或是被水浸湿、冲走等。

雷电（Lightning），船舶被雷电击中，船体可能破裂致使海水进入船舱，造成货物损失。

海啸（Tsunami），海啸发生时，海面水位剧烈涨落，破坏力很大，尤其是袭击某一港口时，会使船舶互相碰撞，船只沉没，以至把船舶冲向海滩，发生搁浅。

地震（Earthquake），地震可造成船、货的直接损失或由此引起火灾、爆炸、淹没等损失。又分为海上地震和陆上地震。海上的地震可引起海啸，影响潮汐和海流，危及航运，陆上地震可能影响停泊在港口装卸货物的船舶。

洪水（Flood），包括山洪暴发、江河泛滥、潮水上岸及倒灌、暴雨积水等，一旦发生，船舶及货物易受浸泡、被冲散或冲毁等。

火山爆发（volcanic Eruption），火山爆发喷发出固体、液体以及有毒气体，造成船、货损失。海底的火山爆发也会引起海啸，导致航行中的船舶及所载的货物受损。

其他人力不可抗拒的灾害。比如浪击落海（Washing Overboard）和海水、湖水、河水进入船舶、驳船、运输工具、集装箱及储存处所等。

意外事故，是指由于意料之外的原因所造成的事故。海上货物运输可能会遇到的意外事故有：

船舶搁浅（Stranding），指由于意外的原因使船体与海中礁石、海岸或其他障碍物，如沉船、木桩、渔栅发生接触，使其处于失去进退自由的状态，而且持续一段时间。

触礁(Striking a Reef),指船舶擦过水中岩礁或其他障碍物而仍能继续前进的一种状态。

沉没(Sunk),指船体的全部已经浸入水面以下,失去继续航行能力的一种状态,或虽未构成船体全部沉没,但已经大大超过船舶规定的吃水标准,使应浮于水面的部分浸入水中,已无法继续航行。

碰撞(Collision),指船舶与船舶或非船舶的其他物体的触撞,船舶在航行中与其他可航行的物体发生猛烈接触,或船舶与任何漂浮物体、航行物体、浮冰、沉船残骸,以及港口、码头、河堤等建筑物的接触。

火灾(Fire),指由于意外、偶然发生的燃烧失去控制,蔓延扩大而造成的船、货的损失。引起火灾的原因主要有:雷击电闪起火;爆炸引起火灾;船长或船员因过失导致火灾;因货物本身特性,在外界气候、温度等影响下引起的自燃;海难后的船舶,在修理时因工人操作不当如电焊的火花引起的火灾;还有其他不明原因引起的火灾。

爆炸(Explosion),指物体内部急剧地分解或燃烧,迸发出大量气体和热力,致使物体本身及周围其他物体遭受强烈破坏的现象。发生爆炸的原因有:船舶锅炉爆炸或货物因气候影响产生化学反应引起爆炸等。

失踪(Missing),指船舶在海上航行中,失去联络超过期限的一种情况。各个国家都根据各自的情况,分别制定了一定期限为"合理期限"。我国制定的合理期限为两个月。

倾覆(Capsized),指船舶在航行中遭受自然灾害或意外事故,导致船身翻倒或倾斜,处于非正常的、非经施救或救助就不能继续航行的状态。船体的倾覆,船上的货物可能混杂、相互碰撞,或掉落水中造成损失。

投弃(Jettison),也称抛货,是指当船舶与承载的货物均处于紧急危险的情况下,船长为了保全船舶与货物的共同安全,故意将船上的部分货物或设备抛弃海中所造成的损失。

船长和船员的恶意行为（Barratry of Master and Manner），这是指船长或船员背着船东或货主故意损害船东或货主利益的一种非法行为。船长和船员的恶意行为主要表现在：故意弃船、纵火烧船或凿沉船舶；故意违反航行规则，导致船舶遭受处罚；与敌对方交易、走私或冲越封锁线，以致船货被扣押或没收；欺诈出售或私自抵押船舶和货物等。

(二) 外来风险

外来风险可划分为"一般外来风险"和"特殊意外风险"两类。

一般外来风险，指海上运输货物保险业务中所确认的风险。海上运输货物保险业务中所能承保的一般外来风险有以下几种：

偷窃（Theft），指整件货物或包装货物的一部分被人暗中窃取造成的损失。偷窃不包括公开的劫夺。

提不到货（Non-Delivery），指货物在运输途中由于不明原因被遗失，造成货物未能抵达目的地，或运抵目的地时发现整件短少，没能交付给收货人的损失。

淡水雨淋（Fresh Water and Rain Damage），指由于淡水、雨水以及冰雪融化的水，造成货物的水渍损失。

短量（Short Delivery），指货物在运输途中或货物到达目的地时，发生的包装内货物数量短少或散装货物重量短缺。

渗漏（Leakage），指盛在容器中的流质或半流质货物，在运输途中因外来原因造成容器损坏而引起的渗漏损失，或用液体浸泡的货物，如酱菜等，因液体渗漏而引起货物变质、霉烂等损失。

破碎（Breakage），指易碎物品在运输途中因搬运、装卸不慎，以及受到震动、颠簸、碰撞、受压而造成货物本身破碎或破裂。

受潮受热(Sweating and Heating)、指由于气温变化或船上通风设备失灵而使船舱内水汽凝结,造成舱内货物受潮、发热而致霉烂等损失。

串味(Taint of Odor),指货物受其他带异味的物质影响失去原味,丧失了其原有的用途和价值。例如,茶叶和樟脑丸放在一起,发生串味,使茶叶失去饮用价值。

沾污(Contamination),指货物同其他物质接触而受污染,例如布匹、纸张、食物、服装等被油类或带色的物质污染而造成损失。

钩损(Hook Damage),指袋装、捆装的货物,在装卸、搬运过程中因使用手钩、吊钩操作不当而导致货物的损失。

生锈(Rust),指金属或金属制品的一种氧化过程。海运货物在装载时无生锈现象,但经过海上运输,货物生锈了,造成损失。

碰损(Clash),指金属或金属制品货物在运输途中因受震动、颠簸、碰撞、受压而造成凹瘪、变形的损失。

特殊外来风险,除一般外来风险以外的其他外来原因导致的风险。特殊外来风险往往是战争、罢工、拒绝交付货物等政治、军事、国家禁令及管制措施所导致的风险。常见的特殊风险包括以下三种:

战争风险(War Risks),指由于战争行为、敌对行为以及由此引起的抓捕、拘留、禁止及各种战争武器所引起的货物损失。

罢工风险(Strikes Risks),指由于罢工者、被迫停工工人或参加工潮、暴动、民众斗争的人员的行为所造成的货物损失。

拒收风险(Rejection Risks),指由于进口港被进口国的政府或有关当局拒绝进口或没收货物所造成。

(三) 其他风险

除了上述海上风险和意外风险之外,海上运输还会遇到经济风险、技术风险等。随着智能化、自动化技术的发展,技术风险成为海上运输面临的主要挑战之一,如网络安全风险目前已成为海上运输的主要风险之一。

多式联运因涉及多种运输方式,风险因素和风险管理难度相对增加,专业风险管理的需求可能进一步增加。从实践来看,多式联运常见的风险有运输延误风险、信息不对称风险和违规违法风险。多式联运中,由于各种原因,可能会导致货物的运输时间超出预期。一旦前段运输出现延误,后段运输需要重新安排,延误将进一步加剧。多式联运涉及更多参与方,信息不对称的情况也有可能更加突出,需要更加有效的信息收集和共享机制。多式联运中的每种运输方式同样涉及多个国家和地区,每个地方的法规可能会有所不同,容易出现违规风险。对此,专业性的风险管理在多式联运中显得尤为重要。

二、航运风险的主要特征

海上运输所面临的风险是一种具有长期性、国际性、复杂性等特征的"移位"风险,即运输工具和运输货物从一个地方到另一个地方,从一个国家到另一个国家移动过程中所面临的风险。从保险经营角度来看,这种"移位"的风险还具有以下几个特征。

(一) 损失金额数量大

海上运输一旦出险,损失金额通常较大。这种高风险性主要来自高价值的保险标的暴露在各种各样的"移位"风险中。

首先,运输工具造价高。如表 3.1 所示,受航舶大型化、技术复杂化、劳动力成本上升等多重因素影响,船舶造价明显上升。哪怕是小灵便型散货船,其造价也要高达 2 550 万美元,而 16 万立方型 LNG 船的造价则高达 2 亿美元。同样,飞机造价也呈现不断上升趋势。20 世纪 70 年代,一架波音 747-200 型价值 4 000 多万美元。如今,一架波音 747-400 型飞机价值高达 1.45 亿美元。一旦出险,这些船舶(飞机)损失金额和责任赔偿金额将高达数亿美元。其次,运输量非常大。船舶大型化提升了单次运输量,也提高了单次运输的货物总价。一旦出险,货物损失金额相应增加。再次,部分船舶油污损害赔偿金额巨大。伴随世界石油运输量的大幅增加,船舶污染问题日益受到各国的广泛关注。其中,船舶油污损害赔偿问题需要由保险及其他方式进行风险分散来解决。因为船舶油污事故通常导致巨大的环境污染和经济损失,产生高额的赔偿责任且超出单一民事责任主体的承受能力。例如,2010 年的墨西哥湾溢油事件导致数百万桶石油泄漏,对海洋生态系统和沿岸经济造成巨大破坏。仅清理工作一项,就耗费数年时间和数十亿美元。

表 3.1　船舶造价举要

船型	价格(万美元)
VLCC	10 200
苏伊士型油轮	6 400
阿芙拉型油轮	5 400
成品油轮	3 550
海岬型散货船	5 400
巴拿马型散货船	3 350
大灵便型散货船	3 100
小灵便型散货船	2 550
8.2 万立方型 LPG 船	7 250
16 万立方型 LNG 船	20 000
4800TEU 型船	5 950
1700TEU 型船	3 200

资料来源:谭朝阳:《新造船价格稳定,废钢船价格略升》,《航运交易公报》2011 年第 22 期,第 51 页。

(二) 致损风险多样化

航运保险所承保的风险,种类繁多。从性质上看,既有财产风险,又有相关利益、责任风险。从范围上看,既存在海上风险,又涉及码头、航空甚至其他各类陆上的风险。从风险种类看,既包括自然灾害和意外事故引起的客观风险,又包括人为的主观风险。从形式上看,既包括静态风险,也包括动态风险。风险种类之多,往往导致从事海上运输的船舶或货物遭受损失的原因并不是单一的。通常,多重风险因素共同作用导致保险事故的发生。这些风险因素,对事故的影响可能存在时间顺序上先后、作用有大小之区别,但构成了事故致损的原因或风险的多样性。

管理多样性风险,不仅需要开发单类风险的险种或产品,还需要采取一揽子保险或多个保险系统集成的方式满足投保人转移不同风险的需要。海上保险包括的险种,除了平安险、水渍险之外,还有一切险。而中介服务机构给投保人提出的保险方案,也可能是面向多个保险人的一整套保险方案。

实践还表明,航运保险所覆盖的风险与其他险种的风险相关性不高。根据瑞士再保险提供的数据,船身险与世界非寿险损失率的相关度估计不到 0.1,而船身险和责任险与世界非寿险损失率的相关度不到 0.3。这种不相关性,使得航运保险经营领域可以相对独立。例如,该领域的经营规则也是独立的,或者可不同于其他产品领域,自成体系。因此,一旦某一保险人在该领域占领优势,该保险人通常拥有对该领域的话语权和规则权。另外,这种不相关性使得航运保险的稳定经营主要取决于该领域的规模扩张或风险管理效率提升。因此,保险企业之间的合作或国际之间的合作需求相对更大,以再保险形式分担风险的需求也更大。这种需求与航运的高风险性和复杂性相叠加,使得航运保险成为专业性最强的一个领域。

（三）致损原因相对复杂

海上保险承保风险的复杂性主要体现在三个方面：

第一，跨国或跨地区性。一方面，运输工具或运输货物，通常是从一个国家或地区移动到另一个国家或地区，具有跨国或地区的性质。另一方面，保障对象大都是从事国际贸易、远洋运输或海上资源开发的经营者，其业务范围具有跨国或地区的性质。这种跨国或跨地区性，必然给风险管理提出两方面要求：一是相关合同签订与履行，应当遵循国际惯例和相关规定。如合同纠纷或矛盾的解决，应当遵循国际惯例和通常准则。二是地缘政治成为不可忽视的影响因素。

第二，利益主体的多元化。船舶保险合同的利益主体的多样性以及货物运输保单的可转让性，构成海上保险利益主体的多元化，也加大了海上保险承保风险的复杂性。例如，大量船舶保险除了投保人、保险人和被保险人外，还特别约定了第一受益人，主要表现为"本合同第一受益人为××""保险人对保险单项下发生的赔款优先支付给××，或由××书面通知赔款支付的对象及相应比例"。由于船舶价值大、经营模式多样，利益主体往往涉及船舶所有人、船舶经营人、船舶共有人、光船承租人、融资租赁出租方等多方。船舶一旦出险，船舶相关主体的利益都有可能受到影响。按照保险法的规定，向保险人索赔是被保险人的法定权利。相关利益主体为保证在保险事故发生时，有权参与船舶保险合同纠纷并优先受偿保险赔款，在签订船舶保险合同时特别约定"第一受益人"条款。可见，"第一受益人"条款能给相关利益主体提供相应的财务保障。但第一受益人多样性及在诉讼中地位的差异性，又增加了合同纠纷的复杂性。同样，货运运输保险单随着保险标的转让而转让，导致保障对象的多变性，也使得一旦出现纠纷，风险处置更加复杂。

第三,致损原因的多样性。海上保险标的在"移位"过程中,会面临各种各样的风险,且出险原因可能是多样的。这种致损原因的多样性增加定损、理赔的复杂程度和难度。

（四）责任主体实力强大

航运业风险责任的主体能力是相对较强的。德国社会学家乌尔里希·贝克的风险社会理论显示,现代社会的风险特点之一是,风险影响到几百万人的生活机会,且在底层社会老百姓层面更为明显。但由于航运业本身是资本密集型的产业,从事这一行业的市场主体通常具有一定的经济基础,风险应对能力相对较强。这种风险应对能力至少表现为两个方面:一是,一旦发生风险,其自身具有一定的经济承受能力;二是,他们在不确定性面前表现出较强的防灾减灾的意识、行动力、动员能力。这个特点直接影响了航运业在风险管理模式上多种选择的可能。例如,有的市场主体偏向于自主处理风险,有的市场主体选择转嫁部分风险,等等。前一种情况是航运业自保保险公司产生的主要原因之一,后者则可解释航运保险免赔额是如何产生的。

第二节　业务模式的主要特征

一、业务的主要特征

（一）历史最悠久

1347 年,热那亚商人开出世界上发现的最早的保险单。至今,航运保险业已存在六百多年,且从未中断过。作为起源最早的保险业务,航运保险为早期涉足海上保险业务的城市、地区和国家带来了后来者难以复制的经验和财富,即历史数据和客户资源。这一长期积累的行业数据和历史经验,使百年航运保险机构或老牌航运保险中心获得了坚实的声誉基础,但也给航运保险业的后来者或新兴航运保险市场参与国际竞争带来了更多挑战。

（二）再保险或共保潜力巨大

再保险或共保机制对航运保险意义重大。海上运输或航空运输的高风险性,意味着航运保险投保金额不低,单次事故的理赔金额较大。近年来,船舶大型化趋势导致保险标的价值和施救、救助等费用逐步提高,进一步增加了航运保险的理赔成本。为更加有效转移风险,提高航运保险业自身经营的稳定性,航运保险人普遍采用共保或者分保两种方式来分担风险。因此,这一大额甚至巨额保险特征决定了航运再保险或共保市场有大量需求。

其实,再保险业务也是在海上保险的基础上首先出现的。世界上第一份再保险合同是1370年意大利热内亚商人在采取海上保险时同时订立的。1688年劳合社建立之前,再保险合同仅限于海上保险业务。显然,再保险在海上保险中的需求孕育并促进了海上保险向前发展。伴随航运保险标的价值不断提高,再保险在海上保险中的意义也越来越大。

近年来,再保险与共保相结合的模式也逐渐增多,为航运保险业务创新带来了更多的可能。例如,截至2023年9月,"一带一路"再保险共同体的成员公司数量达到23家。该再保险共同体自2020年11月正式运行至2023年上半年,聚焦在亟须海外风险管理但国内技术又相对薄弱的特殊风险领域,为"一带一路"74个项目提供了保险,保障境外总资产高达570亿元人民币。在国际市场承保能力渐趋紧缩的背景下,它为稳定市场供给发挥了重要作用。

与此同时,共保合同的再保险化也日益完善。例如,共同保险参照首席再保险人制度,引入行首席共保人制度,并借鉴再保险中"共命运原则"的相关举措,约定首席共保人享有自行决定承保比例和理赔的权利。随着航运保险标的风险的增加和国际再保险市场受地缘政治的影响,建立再保险共同体或共保业务再保险化需求将进一步增加。

对那些与原保险市场发展不同步、再保险市场相对落后的国家或地区,除积极推动再保险市场建设外,探索共同保险的意义还表现为以下几个方面:第一,缩小再保险服务逆差。再保险作为一种跨境服务,通常按照国际高标准经贸规则来运行。再保险市场相对落后的国家或地区,境内分出的再保险业务普遍会是境外分入业务好几倍,从而导致再保险服务逆差严重。国内保险机构组成的共保体增强了承保能力。因共保业务仍属于原保险范畴,即使投保再保险,所发生的分保业务比例也会相应减少。第二,增强国际风险定价权和国际规则制定权。目前选择再保险的市场主体数量较多。基于航运保险标的危险增加及航运保险在海上运输中的不可或缺,再保险人的风险定价权或国际规则制定权利相对较高。共同保险再保险化创新,提高共保体承保能力的同时,也能增强国内原保险人的议价能力,有助于提升国际风险定价权与国际规则制定权。

(三) 国际化程度最高

航运保险保障的运输工具或运输货物,通常往返于不同国家或地区。譬如,航运保险的许多利益主体,通常是从事国际贸易或服务的经营者。保障对象的特殊性,使得航运保险成为国际化程度最高的保险业务。

第一,遵循国际惯例和通用准则。作为国际性保险,航运保险的合同签订和履行,必须遵循国际法律相关规定,矛盾和纠纷的解决也需要遵循国际惯例和通用准则。例如,在保险实务中,保险人是否承担货物损失的赔偿,是否可向承运人或其他第三者进行追偿,其重要法律依据是《海牙规则》《维斯比规则》《汉堡规则》等调整海上运输合同的国际公约。

第二，拥有全球化服务网络。全球化服务网络是保险人提供优质服务的重要保障。因为航运保险经营具有以下两个特点：首先，投保地全球化。海上保险现已成为国际贸易合同中不可缺少的一部分，但货物运输保险完全属于商业行为。投保人是国际贸易买方还是卖方，是由双方沟通协议决定的。换句话说，既可以由买主购买保险，也可以由卖方购买保险。但海上运输货物的买卖双方通常属于不同国家。因此，同样的一份保险，既可以在买方所在国购买，也可以在卖方所在国购买，还可以由买方在卖方所在国购买，还可以由卖方在买方所在国购买。简而言之，投保地具有国际化特征。其次，核损、定损、理赔等服务全球化。船舶及其货物等是移动性的保险标的。一旦发生意外，遇险地也不是固定的。海上救援、定损、理赔等服务网络全球化有助于提供及时、低成本的优质服务。因此，航运保险发达国家（地区）往往拥有全球性服务网络。全球性服务网络也成为衡量一国（地区）航运保险发展水平的重要指标。

（四）专业性极强

承保风险的多样性、复杂性及保险标的技术性和保障范围的综合性等特征，给航运保险经营提出了更高的专业性要求。这一专业性极强的保险业务在经营中凸显以下两个特点。

1. 法治化基础上的标准化与个性化统一

法治是推动社会经济发展的一个重要途径，也是衡量社会经济发展水平的一个重要指标。保险法在我国法律体系内是规范商品经济的一部独立的法律。有人甚至认为，保险制度发展史实质上就是一部保险立法史。保险法调整的对象——保险关系（包括保险公法关系和保险私法关系。前者包括国家对保险人、保险中介人及其行为的监督和管理关系，后者主要指保险合同关系、保险中介关系、保险组织关系）——成为一种法律关系，且是一种非常专业、复杂的法律关系。海上保险法被认为是最早出现的现代意义上的保险法。其起源可以追溯到 15 世纪。海上保险法的颁布和不断完善，推动了海上保险业的发展，也提升了海上保险业务的专业性和复杂性，并引导其他保险业务的发展。因此，海上保险属于专业性极强的业务。

法治化基础上的专业性特征，在海上保险具体的经营中形成了标准化与个性化相统一的鲜明特色。至今，在世界范围内还没有出现由国际公约统一调整的海上保险合同。但各国海上保险合同使用的保险条款基本一致，均以近一个世纪以来逐步形成的国际惯例为主要依据，在格式上均以英国海上保险在长期发展过程中形成的标准格式作为参考蓝本。1779 年，劳合社把 S·G 保险单（又称劳合社船舶货物保险单）作为一种标准保险单确定下来，并以英国《1906 年海上保险法》的附件出现。从此，劳合社把 S·G 保险单作为英国法定的海上保险单。这份保险单也相继成为许多国家制定自己的海上运输货物保险单的主要蓝本。随着国际贸易和海上保险业务的发展，S·G 保险单提供的保障逐渐不能适应国际海上贸易航运发展的需要。经过多次修订，1963 年版《伦敦协会货物保险条款》、1982 年版《伦敦协会货物保险条款》和 1983 年版《伦敦协会船舶保险条款》先后形成。长期以来，各国相应以这些条款作为制定本国海上运输货物保险单或船舶保险单的主要蓝本。可见，海上保险合同具有一定的标准化。与此同时，由于每笔海上运输货物具有的价值、需要的航程、每一条船的技术现状和面临的海上风险等都各不相同，每一份海上运输货物保险单或船舶保险单提供的保障功能都是独特的，具有鲜明的个性化特征。这一个性化特征，表明海上保险人对投保人提供的服务是专业化的。

2. 科技进步背景下保险经纪机构与保险机构的分工合作

运输工具的技术、运输货物的种类，以及贸易、运输主体均处于不断发展变化中。与时俱进地跟踪、理解运输工具的技术,掌握运输市场供需及航程风险等信息,尤其是获得客户的委托信任,都存在技术和关系壁垒。这使得航运保险对人才专业性要求很高。首先,精通船舶(飞机)构造和使用技巧的人才,被视为专项技术人才。航运保险定价,一方面需要保险机构从大量承保标的中获取已有的承保经验和拟定保费的客观数据,另一方面还要求保险承保人、核保人和定损员拥有必要的实务经验。这种定价方式和后期经营中核保核损环节,具有资历的承保人或核保人对航运保险经营至关重要。但培养一名经验丰富的承保人、核保人或定损员,需要相当年限和足够数量的实践操练。与此同时,保险标的在国家(或地区)与国家(或地区)间位移,保险事故发生地是不确定的。保险机构较难自行完成全部定损核损工作,通常会委托第三方机构进行定损核损。正因为如此,具有较高专业水平的保险经纪公司在航运保险市场上具有特殊意义。其次,获得航运公司、货物委托人尤其是大型航运公司、国际贸易经营者的信任和服务委托,需要具有长期良好的合作基础,甚至与之有一定的利益关系。例如上海船舶保险公估有限责任公司具有上海航运交易所的优势股东背景,其服务能力不仅来自定损人员一定的法规意识和经验积累,还来自交易所拥有的强大信息和资源。这种股权关系为保险人开展事前风险评估和风险管理咨询服务提供坚强后盾。总之,这种制度安排导致航运保险经纪公司具有垄断性与市场化相结合的特征。

必须承认的是,这种由于资源稀缺、技术投入形成沉淀成本造成的垄断属于自然垄断,经济效率并不低。正因为如此,航运保险人与航运经纪公司分工协作是各方最理智的选择。

英国劳合社是典型的、具有借鉴意义的保险经纪平台。持证的保险经纪人不仅手持客户委托、风险资料,还熟悉劳合社内部的众多承保人情况。

他与首席承保人进行谈判、确定承保条件和费率,并征求被保险人的意见。之后,他将首席承保人承保份额外的业务,安排给其他感兴趣的承保人(即跟进承保人)。全部风险安排妥当后,劳合社保险经纪人负责向客户收取全额的保险费,在扣除佣金之后,将净额支付到"劳合社保费清算中心"。该机构则会根据参与该风险的保险人各自承保的份额,将保费划至各承保人账下。一旦发生保险事故,客户将事故信息和索赔资料提交给经纪人,由经纪人面见首席承保人,并协商事故处理的方式和赔偿的金额。在首席承保人确认索赔的有效性和赔款金额之后,其他跟进的承保人一般不会对索赔案件的处理提出更多的异议。这种分工合作优势为劳合社在国际竞争中处于领先地位提供了制度保障。

二、经营原则的主要特征

海上保险从古至今在保险业发展过程中起着引领性的作用。它逐步形成的五个重要原则已成为保险业普遍遵循的原则。

(一) 保险补偿原则

保险补偿原则是指当保险事故发生时,被保险人从保险人那里得到的赔偿应弥补其因保险事故所造成的损失(该定义引自英国特许保险学会[Chartered Insurance Institute, CII]1991 年编写的《合同法与保险》[Contract Law and Insurance]一书)。

遵循补偿原则可以从以下几个方面理解。第一,保证保险金额公平、合理。一方面,要充分补偿被保险人的实际损失,达到保险保障目的。另一方面,不能使赔偿数额超过实际损失,使被保险人获取额外收益而损害保险人的合法权益。海上保险的保险金额作为保险赔偿最高限额,应由保险人和被保险人根据保险标的实际价值协商确定。第二,保险人在约定的保险事故发生之后,对损失应当进行充分的补偿。如果保险事故发生时,被保险人同时投保多家保险公司,保险公司应当按照约定进行损失分摊。第三,被保险人在保险事故发生时必须采取一切合理措施,尽最大可能减少损失,确保被保险财产的安全。如果被保险人没有采取必要的措施,导致损失进一步扩大,保险人不承担相应的赔偿责任。另外,如果被保险人没有按照约定告知其他保险公司有关信息,导致其他保险公司无法评估风险,那么其他公司有权拒绝赔偿或解除保险合同。

(二) 可保利益原则

可保利益(Insurable interest)是指投保人对保险标的具有在法律上认可的合法财务关系(该定义引自英国特许保险学会 1991 年编写的《合同法与保险》一书)。《中华人民共和国保险法》第十一条规定"保险利益是指投保人对保险标的物具有法律上承保的利益"。

遵循可保利益原则可以限制保险人的保险赔偿责任,预防超额保险,也可杜绝被保险人利用保险进行赌博,预防道德风险。遵循可保利益原则还可以更加清晰地界定货物买卖双方的权利义务。例如,运输过程中的货物,一旦发生损失,通常是买方的利益受到损失,所以买方具有保险利益。因此,买方通常作为被保险人向保险公司投保,而且在货物越过船舷时,保险合同就开始生效。

遵循可保利益原则是海上保险在发展过程中不断完善而形成的。1746年之前,英国保险人并没有要求被保险人证明其对投保的船舶或货物拥有所有权,也没有要求被保险人出示他们对保险标的物具有某种利益。1746年的《海上保险法》,首次以法律的形式要求被保险人对承保的财产具有合法的权益。1909 年,英国政府颁布的《海上保险法》强调:"没有可保利益的海上保险合同双方当事人应承担刑事责任,并由法庭直接裁决,判处不超过六个月的监禁或相应罚款,并没收这种不合法保险合同项下所取得的保险金收入。"

(三) 近因原则

近因原则是指损失是由保险合同中约定的保险事故导致,且约定保险事故对造成损失有最为直接、最为关键的影响,保险公司应对被保险人负赔偿义务(该定义引自英国特许保险学会 1991 年编写的《合同法与保险》一书)。

近因原则被海上保险人重视,是由于海上运输复杂多变,从事海上运输的船舶或货物遭受损失的原因往往不止一个。海上保险人根据海上事故的性质、发生概率及其损害后果的关系,分类研究,设立不同的海上保险险种、险别,确立各自所承保的危险范围。当损失发生后,保险人根据致损原因与损害后果之间的因素关系,认定直接造成损失或最接近损失后果的原因是否属于承保范围,进而判断是否承担赔偿责任。目前,近因原则适用的方法主要有三种:一是最近时间论。保险人把各种致损原因按发生时间顺序排列,以最后一个作为近因。二是最后条件论。保险人把致损所不可缺少的各个原因列出,以最后一个作为近因。三是直接作用论。保险人把致损具有最直接、最重要作用的原因作为近因。第三种方法目前被大多数保险人所认可。

(四) 最大诚信原则

最大诚信原则(Utmost Good Faith)是指从事保险活动必须遵守法律、行政法规,遵循自愿和诚实信用的原则(该定义引自英国特许保险学会1991 年编写的《合同法与保险》一书)。

遵循最大诚信原则,被保险人需要注意以下几个方面。首先,在洽谈签约时,投保人必须如实告知货物的种类、数量、装运方式、运输路线、运输工具和保险价值等信息,并承诺遵守合同规定。告知是最大诚信原则的基本内容之一,如果被保险人隐瞒或故意歪曲事实,保险公司有权拒绝承保或终止保险合同。其次,在洽谈签约过程时,被保险人对于保险人提出的问题必须进行如实答复。最大诚信原则要求当事人必须最大限度地按照诚实和信用精神协商签约。由于陈述内容也关系到保险人承保与否,陈述也成为最大诚信原则的另一基本内容。自1766年发展至今,最大诚信原则已经走过了二百多年的风风雨雨,其适用范围亦从合同签订前慢慢向整个合同履行期间过渡。

(五) 代位求偿原则

保险代位求偿权(Insurance subrogation)是保险损失补偿原则的派生权利。保险的主要功能在于弥补损失,也就是使被保险人因保险事故所遭受的损失全部得到补偿。在因第三者对保险标的的损害而造成保险事故的情形下,被保险人既可以从保险人处获得赔偿金,又可以从第三者处获得赔偿。如果被保险人同时向保险人和第三者取得赔偿金,那么就出现了双重受偿的情况。获得超过其损失的补偿,违反公平原则,也易滋生道德风险。保险利益又比较复杂,如一次事故发生时,通常同时出现共同海损和单独海损,还包括施救费用、救助费用和特别费用。为了防止不当利益的产生和获得,代位求偿原则就显得非常重要。目前,各国保险法普遍把代位求偿权确认为一项重要制度。

《中华人民共和国海商法》确认代位求偿权的相关条款主要有以下几个:第252条款规定"保险标的发生保险责任范围内的损失是由第三人造成的,被保险人向第三人要求赔偿的权利,自保险人支付赔偿之日起,转移给保险人"。第252条第二款规定"被保险人应当向保险人提供必要的文件和其所需要知道的情况,并尽力协助保险人向第三人追偿"。第253条规定"被保险人未经保险人同意放弃向第三人要求赔偿的权利,或者由于过失致使保险人不能行使追偿权利的,保险人可以相应扣减保险赔偿"。第 254 条规定"保险人支付保险赔偿时,可以从应支付的赔偿额中相应扣减被保险人已经从第三人取得的赔偿"。第 254 条第二款规定"保险人从第三人取得的赔偿,超过其支付的保险赔偿的,超过部分应当退还给保险人"。第 256 条规定"除本法第二百五十五条的规定外,保险标的发生全损,保险人支付全部保险金额的,取得对保险标的的全部权利"。以上规定表明中国把代位求偿权作为一项重要的制度予以肯定。

三、发展路径的主要特征

航运保险的发展路径不同于其他保险业务,其经营范围有一个明显的动态发展过程。

(一) 从地中海转移到大西洋

现代商业保险源于海上保险(marine insurance)。1347 年,热那亚商人为"圣·克勒拉"号船舶从热那亚到马乔卡的航程,提供了一份船舶(货物)抵押借款合同。该合同具有海上保险的初级形式,被认为是迄今为止世界上发现的最早的保险单。1397 年,在佛罗伦萨出现了具有现代特征的保险单形式。因此,意大利是海上保险的发源地,这在保险界已达成共识。"海上保险"(Marine Insurance)一词于许多国家而言是舶来品。之后,近 600 年的时间内,先后出现了船舶保险、运费保险、保障赔偿责任保险、海洋运输货物保险和石油开发保险共五种主要的海上保险险种,承保标的从船舶和货物扩展到运费、责任、租金及专业性海上作业费用等,保障范围从自然灾害、意外事故延伸到各种外来风险。

国际上,保险界使用"海上保险"一词已有悠久历史。如英国百年前制定了沿用至今的《1906 年海上保险法》(Marine Insurance Act 1906)。该法既适用于船舶保险,也适用于货物保险,是世界上第一部关于远洋运输保险的全面规定,可理解为对海上保险内涵的一种法律解释。中国学者也很早使用"海上保险"术语开展相关研究。如中国海上保险学泰斗魏文达,早在1936年于东吴大学法学院《法学》杂志发表了《海上保险法"三一"扣减的研究》一文。中国第一部《海商法》(1985年)的第12章名为"海上保险合同",涉及海上保险合同的一般规定,合同的订立、解除和转让等。目前,海上保险通常是指以海上财产(如船舶、货物)以及与之有关的利益(如租金、运费等)作为保险标的,投保人支付一定的保险费,保险人对保险标的因合同约定的自然灾害或其他意外事故造成的损失给予补偿。

(二)　从海运拓展到海陆空运

改革开放以来,中国经济快速发展的同时,国际贸易与远洋运输也出现了历史性突破。相应地,海上保险也日益被学界、业界和政界重视。为更好地适应21世纪的远洋运输组织形式和海上风险出现的新变化,中国加快推动"航运保险"发展、提升了航运金融服务实体经济的能力和水平。

2009年,国务院发布《关于推进上海加快发展现代服务业和先进制造业建设国际金融中心和国际航运中心的意见》要求"支持开展船舶融资、航运保险等高端服务"。该意见还明确指出,"优化现代航运集疏运体系。适应区域经济一体化要求,在继续加强港口基础设施建设基础上,整合长三角港口资源,形成分工合作、优势互补、竞争有序的港口格局,增强港口综合竞争能力。加快洋山深水港区等基础设施建设,扩大港口吞吐能力。推进内河航道、铁路和空港设施建设,优化运输资源配置,适当增加高速公路通道,大力发展中远程航空运输,增强综合运输能力"。之后,保险学界对航运保险给予更多关注,并使用"航运保险"术语开展研究。如,王学锋等(2009)认为,"航运保险广义上包括海运保险和空运保险。这里的海运保险(或海上保险）是指保险人和被保险人通过协商，对船舶、货物及其他海上标的可能遭遇的风险进行约定，被保险人在交纳约定的保费后，保险人承诺一旦上述风险在约定的时间内发生并对被保险人造成损失，保险人将按约定给予被保险人经济补偿的商务活动。航运保险还包括责任保险，是指以被保险人对第三者依法应承担的损害赔偿责任为保险标的的保险"。可见，航运保险是中国在推动"港城联动"、多式联运建设过程中，进一步适应区域经济一体化要求而进行的业务拓展。航运保险作为航运金融的一部分，不仅为中国航运企业管理船运风险提供了解决方案，也为中国优化现代航运集疏运体系创造了条件。

综上，航运保险的内涵可以分为广义和狭义两大类。狭义的航运保险是指海运保险。广义的航运保险包括海运保险和空运保险。广义航运保险标的除了海上财产以及与之相关的利益外，还包括空港、邮轮母港的运输工具、货物以及与之有关的利益。

（三）从分散化经营到协同化管理

海上保险与航运保险是继承和发展的关系，也是包含与被包含的关系。

首先，航运保险是基于海上保险发展起来的。航运保险以海上财产及与之相关的利益为主要承保对象，其经营原则亦遵从海上保险的五大原则。但航运保险不仅仅是海上保险经营范围的简单扩大，还具有鲜明的时代特征。特征一，数字化、智能化时代的产物。21世纪以来，随着物联网、AI、大数据的广泛开发和运用，数字化和智能化赋予航运业更有效的管理，也使其面临更复杂的风险。例如，网络安全问题已成为一种不可忽视的风险。这使航运保险不仅需要注重规则的制定和执行，而且要充分利用数字技术。特征二，全球化进入新时代。航运保险在一定程度上是随着早期全球化、国际贸易的开展而发展起来的。在20世纪及以前，全球经济快速发展与贫富差距进一步扩大并存。目前,全球化进入百年未有之大变局时期,实现人与自然、人与人之间的可持续发展成为共识。因此,航运保险在提供风险保障和投资增值功能外,还需要承担起服务于区域一体化发展等必要的社会管理功能。

其次,航运保险发展离不开海上保险。海上保险是航运保险最重要的组成部分,海上保险的发展直接推动航运保险的发展。一是海上保险保费是航运保险保费最重要的来源。由于海上运输具有运输量大、通达能力强、运费低廉等优势,海上运输至今仍被人们作为最重要的货运方式。目前,三分之二的国际贸易货物仍通过海上运输实现。因此,远洋运输货物保险和船舶保险等险种的保费是航运保险保费的重要组成部分。二是海上保险运营原则是航运保险的基本运营原则。600 多年的海上保险经营实践和丰富的海上保险理论总结,为航运保险提供了宝贵的理论研究和实践探索基础。例如,再保险安排和免赔额制定也是航运保险必要的经营管理环节。

在此继承发展过程中,航运保险业务的协同经营管理特征更加明显。一方面,再保险的作用进一步提升。这不仅表现为航运保险再保险业务规模扩大,还体现在再保险对航运保险定价的影响增强。如前所述,开展再保险业务,需要原保险人、再保险人以及保险经纪人等相关市场主体的共同努力。相关利益主体的协同合作,是实现风险转移的有力保障。另一方面,共保模式被持续创新,可为投保人提供更多的风险保障。资本规模与航运保险人的供给能力密切相关。保险人资本规模越大,承担的风险损失也越大。资本规模的扩大是共保模式的一个优势。因此,持续创新共保模式将为市场提供更多的风险保障。实践还显示,航运保险协会在推动共保体建设方面可发挥重要作用。

第三节　航运保险主要功能

在保险产生、发展和完善的漫长历史进程中,人们不断加深对保险制度的认识和应用,并逐渐深化保险在服务社会经济中体现出来的功能的理解。作为最古老的保险业务,航运保险不仅具有与其他保险业务相似的功能,而且对保险业和一国经济发展具有特殊的意义。

一、风险保障功能

20 世纪 30 年代初期,风险管理理论在美国兴起。但保险相关制度和理论早在 19 世纪就已经出现。例如,英国于 1855 年和 1894 年先后颁布了《提单法》和《商船法》。

保险作为风险转移应用最广泛的一种形式,重点在于对可保风险事故发生前的预防、发生中的控制和发生后的补偿等综合管理。从风险管理发展史看,在实践中最早被广泛应用的风险管理手段是保险。人们通过保险的方法来管理企业和个人的风险。例如《汉谟拉比法典》中记载了公元前 19 世纪,古巴比伦国王命令僧侣、法官及村长等对他们所辖境内的居民收取赋金,用以筹集火灾及其他天灾救济基金。1744 年亚历山大·韦伯斯特和罗伯特·华莱士两位苏格兰长老会运用大数法则和生命周期表,成立了一个寿险基金,为神职人员的遗孀和孤儿提供补助。可见,保险为风险管理提供了丰富的实践经验和科学资料。当然,风险管理也为保险经营提升风险管理技术提供了重要的支撑。

（一）保障范围

保险通常是通过一个法律合同（又称保险单）来实施的。在保险单上，保险人承诺对被保险人在合同期内所遭受的约定损失进行补偿。投保人则承诺按规定交纳保险费并对保险标的进行适当管理。在此合同约束下，保险机制通常遵守赔偿、可保利益等原则。因此，保险不可能覆盖所有的风险种类，但在识别、评价、控制风险的过程中，具有特殊的优势。

首先，保险处理的风险通常情况下是纯粹风险，仅对一小部分投机性财务风险给予关注。换句话说，投机性风险并不是保险处理的对象。这一做法旨在避免保险引致赌博色彩。小部分投机性财务风险，主要是指创新创业引发的风险。例如，新产品的研发、技术成果转化等。由于创新创业推动了社会经济发展，因此这类风险尽管具有获得收益的可能，对它们提供保险仍是符合保险原则的。

其次，保险管理的风险是客观风险。在开展保险活动时，通常假定人们对风险的态度是中性的。这可以简化人们对风险的爱好或厌恶偏好，规避了风险的主观认知对保险产生的影响。事实上，对风险的主观认知往往是一种心理状态，比较难以量化，但它确实可以影响个人、公司或政府的决策。保险理论强调风险的客观性，意味着保险覆盖的风险是可以测定的，其发生是有一定概率性的。

再次，按风险致损对象进行管理。在上述风险共识基础上，保险根据大数法则，分别对财产风险、责任风险和生命健康风险通过风险识别、风险衡量、风险评价和风险管理等过程进行综合管理，最终实现"我为人人，人人为我"的价值理念。

（二）实现形式

风险管理主要有四大类方式，分别是：风险规避、损失控制、风险自留和风险转移。

风险规避是指有意识地不让个人或公司面临某种特定损失风险的行为。在某种意义上讲,规避风险使一个人遭受损失的概率减少到了零。但与此同时,其潜在的收益和成本也就一并消失。风险管理者必须权衡与此起风险的活动相联系的成本和收益。

损失控制是指公司或者个人在从事可能引起特定风险活动时,自觉地做出某些安排。其目标是减少损失发生的可能性或降低损失发生时可能带来的成本。有效的损失控制需要具备一定的控制风险暴露的技术。目前,损失控制的类型主要有两大类。它们分别是损失控制的着眼点和损失控制的时间安排。前者包括降低损失频率、减轻损失程度,后者包括损失前控制和损失发生时控制。但在实际工作中,是否采取损失控制决策,除了考虑显著降低某种风险暴露的可能性和决策成本之外,还需要考虑公司的财务状况。如果损失控制成本相对于公司的财务状况而言,显得相对较高,那么就不值得。此外,在计算损失控制的成本和收益时,还需要合理估计潜在收益和潜在成本。

风险自留是指由公司或个人承担风险。风险自留可以是有计划的,也可以是非计划的;可以事先为将来发生的损失预留资金,也可以不预留。有计划的风险自留是指公司或个人有意识地对已识别风险采取自我承担决策。有时,它是一项最有效的风险处理技术,没有别的选择。有时,它是在全面分析后做出的决策。非计划自留是公司或个人没有认识到风险的存在,并且非有意识地相信会发生损失而做出的安排。风险管理理论认为,有资金预留的风险自留,通常通过信贷、储备基金、自保或附属保险公司进行应对。在考虑具体决策时需要考虑公司或个人的财务实力、预测损失的能力,以及建立自留计划的可行性。

风险转移涉及一方(转移者)对另一方(被转移者或风险承担者)的支付。被转移者同意承担转移者希望规避的风险,主要原因有以下两种:一是风险程度可能会降低。因为被转移者可能更擅长运用大数定律来预测损失。二是风险管理作为一种经济活动。大部分情况下,风险被一方转移到另一方,风险程度保持不变,只是以一个价格从转移者转给被转移者。风险转移的五种形式是保持无害协议、成立有限责任公司、分散化、套期保值和保险。

从上可见,保险既包括风险转移,还包括共担风险和降低风险的内容。从投保人角度看,保险属于风险转移。从保险人角度看,保险业务涉及风险规避、风险控制、风险自留和风险转移四种风险管理方式。

(三) 理论探讨

从微观层面看,被保险人通过交纳一定的保险费,在保险机构的统一管理下组成一个风险共担的团体,把各种风险转移给这个群体,以较少的支出避免潜在的、巨大的且不确定的损失,从而使个人财产获得极大的保障。从宏观层面看,保险机构在长期的风险管理活动中提升风险管理能力和风险管理技术,并用于整个团体风险的预测、预防和控制,必然有利于整体风险的降低。

但在掌握保险的风险保障功能时,还需要注意以下两点。第一,经济补偿是风险管理最重要的手段。例如,财产保险和责任保险主要通过经济补偿方式体现,表明这两类保险主要体现的是风险保障功能。远洋运输中对船舶、货物面临的风险进行转移、共担,体现了风险保障功能。第二,尽管古典经济学研究曾把保险作为重要的经济现象进行分析,但总体而言,风险和保险很少进入经济分析,更多的是作为一个外生要素进行分析。例如,斯密早就指出,保险费必须足以补偿通常的损失、能支付管理费,并提供一份同额资本在任何通常的交易中所能获得的相等的利润。他还指出,通过将能使个人陷入灭顶之灾的损失分散到大量的投保人中,保险可以依靠整个社会减轻损失。为了给予这种安全,保险人必须拥有雄厚的资本,等等。但之后的古典经济学和新古典经济学把风险作为一个既定外生变量,很少把保险关系纳入经济分析范围,仅把它视为一种外生关系。例如,马歇尔认为重要经济决策的决策者们总是风险厌恶的,保险费是为摆脱灾害的不确定性所支付的价格;瓦尔拉斯意识到风险和保险在经济决策中具有重要意义,却把保险作为消除经济活动中不确定性的手段,从而得出不考虑风险的一般均衡。这些理论探讨,既为本研究奠定了理论基础,也为本研究提供了研究空间。

二、投资功能

小哈罗德·斯凯博(Harold D. Skipper Jr.,1999)归纳了保险业为经济发展提供的7种重要服务:替代政府社会安全保障;促进金融稳定、减轻焦虑;激活储蓄;推动贸易和商务发展;鼓励减损;促进有效管理风险;推动资本有效配置。显然,在这七项服务中,一项非常重要的功能是投资。

保险投资功能的出现,与现代寿险业的发展息息相关。寿险产品评估风险的最大影响因素是年龄。1693年,近代第一张生命表的诞生,为现代寿险业发展提供了精算基础。18世纪50年代,数学和统计工具在寿险精算中得到进一步运用。保险可以把不同年龄段的个体归入同一个险种的保险基金中。与财产保险相比较,寿险具有两个基本特点:一是保单期限相对比较长。寿险通常是以人的生命为保障对象,部分寿险产品的给付条件是身故。因此,保单期限一般长达几十年。相比较,财产保险通常是以年为单位。二是投保人数量相对较多。这两个特点导致寿险基金规模庞大、存续期长。对此,跨时间管理资金就显得尤为重要,投资功能也由此应运而生。

在那个阶段,庞巴维克的博士论文论证了损失的补偿价值或"对价"是可以计算的。其后,奥地利和法国的精算师们据此创立了"风险理论"。如,诺伊曼和摩根斯坦恩(John von Neumann & Oskar Morgenstern,1947年)提出期望效用理论;弗里德曼和萨维奇(Milton Friedman & Sam Savage,1948年)对人们的风险态度进行了分析;阿罗(Kenneth J. Arrow,1953)和德布勒(G. Deberu,1958)完成了不确定性条件下的一般均衡分析等。因此,在该阶段,保险仍然以外生变量形式存在。保险人主要从风险管理视角进行精算,并以合同的形式与投保人、被保险人进行交易。保险制度在某种程度上成了一种关于权利义务调整的法学制度——保险当事人的活动被置于履行社会契约的境域之中,对经济而言具有外生意义。保险业发展也在一定程度上成为保险相关法律、法规不断完善的过程。

20世纪六七十年代之后,伴随博弈论、信息经济学和复杂学方法引入,以及精算和计算机技术的发展,保险经济学应运而生并快速发展。以莫森、博尔奇为代表的保险经济学家主要采用交换理论和选择理论作为基础理论对保险供需进行了深入研究。如莫森于1968年在《政治经济学杂志》上发表了《理性保险购买之研究》,提出了以下两个非常有名的观点:第一,当保费是在保单精算价值(纯保费)的基础上加上一个正比例的附加费用而形成时,对于规避风险的个体来说,最优的选择是购买不足额保险;第二,如果该个体的绝对风险规避系数是递减的,那么,保险就是一种劣质品。作者还提出,这一结论是建立在两个暗含的假设基础上的,即个体面临风险仅为一种,处于风险中的风险标的数量是固定的,与财富或者收入无关。然而,莫森的结论显然与实际情况不相符。对经济生活的现实观察发现,个人在投保时并非都购买了不足额保险,保险也并非一种劣质品。因为如果保险仅是一种劣质品,那么它在贫穷国家应该更加繁荣,在发达国家则应当相对萧条。然而,现实并非如此。莫森这篇论文提出的两个观点,被称为"莫森悖论"。

上述探索为保险功能的进一步发展提供了坚实的理论支撑。但必须承认,该阶段的保险功能,集中在微观层面,主要探讨了保险当事人的风险态度、风险识别、风险评估和风险定价等问题。正如经济学微观上的"个体加总"不等于宏观整体一样,微观层面上对保险功能的探索也无法完全厘清全部的保险功能。从宏观层面上认识保险功能,显得越来越重要。

三、社会管理功能

20 世纪 60 年代以来,保险与经济发展之间的关系成为学者关注的热点,人们对保险的社会管理功能也逐步形成共识。目前,学界和业界对保险具有三大功能——风险保障、投资和社会管理——已基本形成一致看法。同样,这些功能也在航运保险领域中得以体现。

1965 年,亚里(Yaari, M. E.)从个人终身效用最大化假设出发,研究了收入与消费关系。他指出,在不考虑遗产动机的前提下,理性经济人会将财富完全年金化,从而开启了保险与经济增长之间关系的研究。尽管直至今日,保险发展与经济增长之间的关系仍存在争议,但对此问题的关注却进一步丰富了保险功能的认识。一方面,相关研究进一步深化保险的风险保障和投资功能。例如,Haiss & Sümegi(2008)指出,企业、个人或其他机构在向保险公司购买投资连结保险产品后,保险公司利用专业优势创造多样化的投资组合,使得少数投保人的违约或破产损失被其他合理的投资收益抵消,从而实现了经营或收入的稳定。换言之,保险集风险保障与投资两大功能于一体,提升了保险作为社会稳定器的功能。在此过程中,保险促进储蓄资金转换为投资资金,提升了个人的消费边际倾向,从而促进经济增长。另一方面,相关研究认为保险推动了社会发展。如,2020 年大都会人寿保险公司的《人寿保险的社会经济贡献》(The Social and Economic Contributions of the Life Insurance Industry)报告显示,寿险有效减轻了政府的支出压力以及社会、个人的风险保障压力从而改善了个人生活质量。目前,其"释缓"功能对经济发展的促进作用正逐渐超越其自身的经济功能。国内有研究则从保险业为社会治理提供必要的资金支持、通过绿色保险促进低碳经济发展等角度分析保险的作用。总之,保险在社会管理中的功能得到了进一步的提升。

2002 年,丹尼尔·卡尼曼教授与弗农·史密斯教授分享了诺贝尔经济学奖。其中,卡尼曼的主要工作是探讨不确定条件下人的决策行为。他认为,在不确定条件下,人并不依据概率规则,而是利用一些其他捷径来做出决策。他们的理论被认为向传统经济学家所依据的"人是利益驱动的且理性地做出决策"这一经济学分析前提提出了挑战,动摇了经济学的微观基础。保险经济学的研究也因此进入一个新的阶段。在此过程中,现代保险制度相对比较关注个人或组织的保险行为。对人们是否选择保险或如何选择保险做出的经济学分析,使得保险与社会经济的关系更为紧密。

总之,伴随保险投资功能和社会管理功能的日益深化和实现,保险也从一种风险管理方式逐渐转化为金融组成部分与社会管理工具之一。

四、国家经济安全保障功能

早期的航运保险是由船东、货主和投资人自发产生的经济活动。保险在很大程度上起到了维护当事人权利和责任的作用。但随着全球化、智能化、绿色化等现象的出现和发展,航运保险逐渐成为国际贸易与海上运输的必要单证及重要的数据平台。在地缘冲突加剧时，航运保险还可能直接影响到一国海运业和经济的安全。

(一) 保障国际供应链安全

远洋运输在整个国际供应链中占据着重要地位。因此，远洋运输安全对国际供应链安全来说是一个重要前提。作为远洋运输风险分散和转移的重要工具，航运保险除了发挥前述提及的普通风险保障功能外，还具有宏观战略性的作用。这种作用机制可梳理如下：按照国际惯例，当船舶发生碰撞或者船舶在运输货物途中发生货物损害赔偿等纠纷时，为避免对方扣押、滞留船舶，责任方通常通过提供信誉担保的方式化解暂时矛盾，从而避免自身进一步损失。这种信誉担保，在实务中被称为"担保函"。出具"担保函"的主体，通常有保险公司、银行、担保公司等。实现该作用的两个途径分别是：第一，协助远洋运输船舶获取停靠他国港口（海域）的许可证。以船舶油污责任保险为例。《2001年国际燃油污染损害民事责任公约》第7条"强制保险或经济担保"第一款规定"在当事国登记的总吨位大于1 000总吨的船舶的登记所有人，需要保持保险或诸如银行或类似金融机构的担保等其他经济担保，以支付登记所有人的污染损害责任，其金额等于适用的国家或国际限制体系规定的责任限额，但在所有情况下均不应超过按照经修正的《1976年海事索赔责任限制公约》计算的金额"。鉴于此，远洋运输船舶获取停靠他国港口（海域）的许可证时，需要出示港口所在国（地区）认可的经济担保证明。按照国际惯例，船舶油污和其他保赔责任险是最常见的经济担保证明。通常的流程是：船舶登记所有人，事先购买相应的船舶油污和其他保赔责任险，然后随同其他材料一同递交给海事主管部门提出进（出）口岸申请；海事主管部门按规定审核并出具相应证书，给予许可。近年来，因海洋环境保护的加强，远洋运输保险成为远洋运输的必要前提。第二，化解船舶被扣押的风险。海上运输一旦发生事故,通常会造成很大的损失。发生碰撞或出现纠纷的双方,通常又分属不同的国家(或地区)。因此,扣押、滞留责任船舶是受损方为保护自身利益做出的一种理性选择。但从责任方船东来说,这种扣押、滞留将导致更大的损失。如延期损失、滞留期间的费用成本,等等。责任方通过提供航东保赔协会或保险公司出具的保函,则可化解船舶被扣押的风险。

目前,国际海上保险联盟中的国际船舶协会、劳合社、若干再保险公司成为主要的保险提供方。总部位于英国伦敦的国际保赔集团(IG),以船东互助保险的形式,为世界上大约 90％ 的远洋船舶提供保赔保险服务。国际保赔集团下有 13 个保赔协会,其中,8 家位于英国,3 家分布在欧洲瑞典、挪威,日本和美国各有 1 家。显然,七国集团几乎垄断了全球海上保险市场。如果这些保险人无法提供相应保险服务,远洋运输活动将受到严重影响。这种状况,也是俄乌冲突过程中"保险禁令"得以产生的主要原因。据央视网报道,2022 年 12 月 5 日起生效的西方对俄海运出口石油"限价令"规定"如果俄出口原油价格超过 60 美元/桶的上限水平,将禁止欧盟企业为俄原油运输提供保险、金融等服务"。

(二) 推动国际贸易顺利进行

按照国际贸易惯例,保险单目前是国际贸易的必要单证之一。换言之,货物运输保险是一国(地区)实现进出口货物贸易合同的必要条件。实践表明,从境内保险企业获得相应的、高质量的保险产品,投保人将得到更加便捷的服务。对于发展中国家而言,提供航运保险业务的境内保险企业能够以外汇形式取得的收入,还可以成为非贸易外汇资金的来源之一。

随着绿色发展理念的不断深入人心,新能源汽车生产、销售、运输正在迅猛发展。但不可否认的是,新能源汽车运输对保险人提出了新的挑战。一方面,汽车船事故频发,单次事故损失巨大。例如,电动汽车在自燃方面引起广泛关注。2023 年国际海上保险联盟特地发布"关于远洋运输电池电动汽车的声明"。另一方面,再保险市场出于对多个子险种项下的责任累积控制的考量,目前收缩和挤压了对汽车船的再保供给。例如,再保险人通常要求再保合约中明确"汽车船和商品车运输(特别是电动汽车)的风险除外"条款。对此,国际组织高度重视电动汽车运输船舶的风险,并积极进行指导、倡议。中国船级社在 2022 年出版的《新能源汽车滚装运输安全技术指南》,规定了装载新能源汽车的一般要求、装载锂电池汽车的特殊要求,以及装载氢能汽车和天然气汽车的特殊要求。这一指南为新能源汽车运输保险的发展提供了有力的参考。总之,航运保险人秉持合作共赢精神、勇于承担社会责任的态度,正与汽车业、航运业一起做好风险预防、减量及保险保障工作,积极为绿色产品远洋运输保驾护航。

(三)金融基础设施的重要组成部分

银行业支付、清算、信用等行业基础设施的产生和发展显示,金融业集中、统一的数据基地和共享平台,能有效促进行业重构交易流程、降低交易量,给基础设施建设运营单位提供垄断权、规则制定权。保险机构的生产经营也与数据密切相关。"大数法则"运营模式,一方面为保险机构提供了海量的数据,另一方面也对最大化释放数据价值提出了更高要求。航运保险作为"小众险种",充分整合行业数据,建立互联互通、安全可靠的行业数据交互网,实现全方位、多维度地开展数据应用,可显著提高航运保险的承保能力。这种技术变革对发展中国家的航运保险市场尤其重要。

第四章
航运保险经济学分析框架

　　航运保险中经济关系与法律关系的对立统一,构成了航运保险定义的完整内容,也成为人类认识、分析和研究航运保险的出发点与切入点。但传统海上保险学侧重对海上保险法律关系的研究。他们认为,海上保险的法律关系是海上保险经济关系的表现形式,也是其实现的前提条件(郭颂平、袁建华,2014)。伴随航运保险对一国(地区)经济安全重要性日益凸显和国际国内发展环境发生显著变化,航运保险的经济关系也出现调整,需要对航运保险中经济关系与法律关系之间的对立统一做进一步深入分析。其中,精准把握和深刻认识航运保险的经济关系,可以更好地推动航运保险通过法律关系得以展现并实现其各项功能。为此,本部分运用现有保险经济学框架和航运保险特征,以航运保险的商品属性、价格构成、市场供需和政府与市场关系分析为重点构建航运保险经济学分析框架。这一框架将成为本研究分析上海航运保险发展动力的理论依据。

第一节　航运保险的基本属性

航运保险是一种重要的经济行为。但航运保险产品并不是一种普通的服务产品。作为一种特殊的服务产品,航运保险服务产品的特殊性与航运保险经营对象的"不确定性"密切相关。

一、一种服务商品

交换是经济学的逻辑起点。斯密认为,商品交换是自古至今一切社会普遍存在的经济社会现象。马克思提出,物质交换是物质生产得以实现的前提。随着服务业的兴起和发展,交换无论在形式上还是在内容上都经历了深刻的变化。但交换作为经济发展的逻辑起点依然是成立的。航运保险产品于合同双方当事人而言,是一种能满足各自需求、提升各自效用的交换。

投保人通过航运保险合同把约定的风险转移给保险人。一方面,被保险人的意外损失得到补偿,有利于其经营管理的稳定;另一方面,在与保险人合作过程中,投保人通过防灾防损等活动,提高了风险管理水平。保险人按合同约定补偿意外损失和支付管理费后,通常会得到一份同额资本在任何通常交易中所能获得的相等利润。总之,航运保险的各方,都期望从保险中获得满足自身的某种需要——风险降低、报酬或利益。因此,航运保险产品的定价,需要符合经济学原理和供需分析。

二、基于"不确定性"的特殊商品

航运保险具有"不确定性"等特征,规范经济分析法难以对复杂意外损失补偿的价值进行测算。这种困难,使得经济学家通常将保险作为一种特殊问题单独研究。

（一）"不确定性"的主要特征

航运保险经营的对象是海上（现已扩展到与之有关的陆上、码头、航空）风险。对此,至少可以从两个方面进行理解。第一,风险一旦发生,将造成财产损失或人身伤害。这是一种不确定性。第二,风险的发生是不确定的。即,在保险合同有效期内,约定的保险事件是一个以概率来描述的随机变量。因此,航运保险研究对象不同于一般经济学或金融学研究对象。航运保险产品也有别于一般的商品或服务。它的特殊性在于,作为消除其他经济活动中固有的不确定性的一种手段,它本身是不确定的。

（二）应对"不确定性"的主要理论

19世纪下半叶,奥地利和法国的精算师创立了"风险理论",解决了部分"不确定性"问题——为给保险合同购买者提供充分的安全保障,保险人应当拥有多少资本。20世纪60年代,挪威保险经济学家卡尔·H. 博尔奇在阿莱、阿罗等经济学家的研究基础上,进一步从保险人角度对保险定价进行了深入分析。博尔奇认为,"保险费的计算与证券市场上证券价格的估计之间有很大的相似性""但二者明显的区别在于,一方面,保险合同中载明的保险费要大于预期的赔款支出额,另一方面,风险性证券的价值都小于预期的收益"（卡尔· H. 博尔奇,1999）。对此,博尔奇从再保险的角度进行了分析。"保险学的概率分布是偏倚的,以致方差不足以用来度量风险",在保险实务中,"当一位保险人被邀请来承保一个大的风险,他可能不愿或不想接受全部风险。他可以提出承保这个较大风险的一部分,并收取相应部分的保险费。对于余下的部分风险,投保人就得到市场上去寻找愿意承保的其他保险人""当一家保险公司将自己的业务分保出去一部分时,他就购买了某种安全并为这种安全付费"(卡尔·H. 博尔奇, 1999)。可见, 再保险合同改变了保险公司面临的风险的概率, 从而对保险定价产生了较大影响。

(三) 应对"不确定性"的已有实践

航运保险的"不确定性"使得保险产品的定价不同于普通商品或服务的定价, 也决定了航运保险是一种特殊商品——法律关系与经济关系对立统一。

首先, 制度建设至关重要。保险市场是典型的"柠檬市场"。一方面, 投保人拥有的保险标的的信息数量远高于保险人。另一方面, 投保人履行义务的时间点, 通常要早于享有权利。例如, 船舶经营人通常最了解船舶使用情况。船舶投保人缴纳保险费是保险合同成立的基本前提。此后投保人才能在约定期限内获得保障。对于"柠檬市场"的发展, 制度建设显得尤为重要。交易在理论上是制度经济学和法经济学的共同话题。例如, 按照波斯纳的观点, 法律是关于权利的科学, 权利则意味着一个人对某种稀缺资源的排他性的占有。因此, 法学的一个重要研究领域是从产权和契约的角度分析资源配置的效率。而制度经济学强调制度在资源配置中的关键作用, 认为法是制度体系的重要组成部分, 影响了交易的规则与秩序, 是经济增长的重要内生变量之一。但是, 不同的制度对资源配置效率的影响是有差异的。可见, 制度经济学和法经济学关注的重点并不相同。但交易既是经济学分析的基本对象, 也是法学研究的核心内容。

其次, 契约成为保险经济关系的表现形式。第一, 契约为航运保险的双方当事人交易提供了正义性的保证。14—15世纪属于经院哲学时代, 经院哲学家与早期的《圣经》作者和基督教神父一样, 把货币仅仅视作一种交易媒介。货币增殖被认为是不自然的贪婪行为。为了摆脱高利贷宗教禁令的约束,热那亚、威尼斯商人努力寻找宗教律法的漏洞。如,"威尼斯以及大多数的其他意大利城市都将公债利息解释为'损害赔偿'""另一种绕开宗教规定的方法是在贷款中去除借贷关系的最根本特征:偿还本金的义务"(卡尔·H. 博尔奇,1999)。这种借贷关系的复兴,与海上保险起源时采取的"保险赔偿事先予以提取"的做法是一致的。最古老的一张保险单——热那亚商人乔治·勒克维伦于1347年出立的一张承保"圣·克勒拉"号船舶航程保单,就类似于一种虚设的借款单据——6个月的航行期间,保险人充当借款人(债务人)。事实上,这个借款人是为航运提供资金的人;被保险人充当虚拟的债权人。按该保险合同约定,船舶如果不能安全到达,借款人(保险人)承担风险及负责还款;船舶安全到达,则借款契约即告无效。"圣·克勒拉"号船舶航程保单,作为现代保险起源的实物证据,也是分析现代保险中法律关系的重要依据。这种经济行为既符合当时的宗教律法,又为双方当事人提供了正义性的保证。第二,契约为航运保险的双方当事人交易提供了合理性的保证。詹姆斯·麦克唐纳在《债务与国家的崛起——西方民主制度的金融起源》一书中提到,14世纪前后的意大利,是一个"城邦回归"的世界。"意大利的中部和北部形成了一幅与古典时期的希腊非常相似的政治图景,几乎每个城市都有1万名左右的居民,并建立了事实上的自治政府""这种自然产生的对古典世界的再创造产生了深远的影响。古文明世界的城邦尝试了多种方式,将传统的部落财政改造得符合国家的要求,它们尽力秉承的两个原则是:(1)尽量避免征收直接税;(2)将经济盈余在公民中分配。这种政治图景带来的经济结果之一是"那些幸存下来的共和制城邦将公共债务组织成了一个较为完善的体系"。这些幸存的城邦主要是佛罗伦萨、米兰、热那亚和威尼斯。"在热那亚,公民很富有,而国家却非常贫穷。"这种经济现象与热那亚"公共生活的私有化"是一致的。"当政府需要筹集资金时,它就会将一部分税收收入'出售'给由公民组成的财团""公债财团是热那亚的另一项特殊的发明"。可见,起源于这些城邦的海上保险,极大地推动了当时地中海区域的海上贸易发展,符合当时新兴的资产阶级利益。在这个过程中,个人或团体发挥了重要作用,也充分反映了"我为人人,人人为我"的经营理念。

三、一种战略工具

经济关系和法律关系的对立统一,在推动航运保险健康发展的同时,也对航运保险法律关系建设提出了更高的要求。从一国(地区)经济安全角度来看,这种经济关系和法律关系的对立统一,使得航运保险成为一种战略工具。

(一) 形成过程

通常认为,法对经济的引导和约束作用是非常重要的。如,法规定了各方的基本权利和义务,保障交易安全性和可靠性;法确立了一系列的市场规则和制度,使经济主体可以在公平、公正的基础上运行,禁止欺诈或垄断等行为。此外,法还为经济活动提供相应的纠纷解决机制。但必须看到,法提供公平、公正营运环境是有前提的,即法律形成和制定的过程是公平、公正的。

航运保险相关的法律法规逐步走向国际化,出现在现代民族国家兴起和重商主义盛行的时代。整体来看,在国家主权开始独立、民族意识逐渐增强的时代,统一的中央政权、集中的民族利益和系统的文化精神,也体现在经济主张中。从民族意识历史进程来看,16世纪上半叶亨利八世的宗教改革,不仅实现了英国人长期追求的"英国是一个帝国"的愿望,而且实现了国家主权独立,进一步增强英国民族意识。作为一个民族国家,吉登斯认为,民族国家有统一的中央政权,有集中的民族利益,也有系统的文化精神。从经济发展史的角度看,1500—1700 年间,正是英国重商主义盛行的时期。重商主义主张国家应像商人一样行事,以利益最大化及与其他国家的贸易顺差来增加国民财富。重商主义的出现,意味着经济学的关注点从伦理和正义转向生产、增长和财富。正是在这种现代民族国家兴起和重商主义盛行的时代,世界各国航运保险遵循的法律法规逐步呈现出国际化、统一化的特点。1435 年和 1468 年,西班牙巴塞罗那和意大利威尼斯先后制定了适用于本国(地区)的与海上保险有关的法令。1601 年英国制定的《议会法》,不仅含有海上保险说明,还创设了"保险单法院"(Court of Policy of Insurance)。该法令在很大程度上保护了英国的航运业。得益于航运业的发展,英国航运保险不仅获得了得天独厚的机会,还得到政府的大力支持。1720 年英王批准成立的皇家保险公司和伦敦保险公司,开始正式办理海上保险业务。英国 1745 年制定的海上保险单的标准格式,一直沿用至 20 世纪。

目前,在全球范围内,调整海上运输合同的主要法律法则包括《海牙法则》(Hague Rules)、《维斯比规则》(Visby Rules)和《汉堡规则》(Hamburg Rules)。这些公约规定的各方责任或义务,与航运保险承保的范围密切相关。因此,航运保险价格需要及时体现出国际公约对当事人权利的规定或调整。如果航运保险价格不能及时随着运输合同双方当事人责任的变化而进行调整,则会反过来影响保险合同当事人的权利或义务。

(二) 主要特征

分析上述公约的诞生背景、发展过程和主要内容,发现它们至少有以下两个特点:第一,公约由英美发达国家主导。例如,《海牙规则》的产生背景是为了维护以美国为代表的货主所在国的商人利益。在《海牙规则》产生之前,海上运输合同主要参照英国相关法律法规。英国法律允许承运人根据合同自由原则,在提单上列入各种免责条款,以摆脱他们在海上运输过程中对货损所承担的责任。到了19世纪,承运人在提单上的免责条款多达六七十条。这在某种程度上损害了货主、保险人和银行的利益,也阻碍了航运业自身的发展。为了保护本国商人的利益,美国于1893年制定了《哈特法》。该法规定,承运人对其掌管的货物应妥善装载、积载、保管、照料和交付,应以谨慎态度提供适航性的船舶等。该法还明确,凡免除这些责任的提单条款,在美国法院均是无效的。此后,加拿大、澳大利亚、新西兰等国在制定国内法时,纷纷仿效美国的形式。为此,国际法协会下属的海上法委员会于1921年在海牙召开会议,汲取《哈特法》的基本原则,并几经修改后通过了《海牙规则》。1977年和1992年分别生效的《维斯比规则》和《汉堡规则》同样也主要是由这些英美发达国家主导的。第二,公约制定方的利益受到更多保护。例如,在过去的一个世纪中,发达国家的航运业与发展中国家相比比较发达,为世界各国提供承运服务。上述国际公约普遍维护的是承运人利益。与《海牙法则》相比,《汉堡规则》在维护货主利益和代表发展中国家意愿方面,已大有改进。但主体部分仍与《海牙法则》一脉相承,维护了承运人利益。

当保险人与承运人、货主之间的利益分别代表着各国利益的情况下,航运保险合同中各方当事人的关系将会变得更加错综复杂,国际公约中各参与方在维护本国利益的功能也就变得更加突出。为减少他国制定者在制定规则规范时偏向他国利益,确保规则规范的公正,积极参与国际规则的协调、协商和制定具有越来越重要的意义。航运保险也因此成为一国(地区)参与全球经济活动的重要战略工具。

第二节　航运保险的价格形成原理及主要影响因素

航运保险价格的高低主要由保险费或保险费率体现。航运保险市场供求的特殊性使得航运保险产品的形成较为复杂,保险费率的厘定较为专业。一方面,与财产保险相似,航运保险产品的保险费收入也主要用于弥补保险公司在保险单约定的损失及经营管理成本。因此,航运保险费率形成也同样遵循保险定价的基本原则。另一方面,鉴于航运保险通常需要进行再保险或其他分保,航运保险价格的厘定还需要充分考虑分保和其他垂直经济关系产生的影响。

一、航运保险基本定价原理

保险定价原理的产生是现代保险业形成的重要标志。第一,数学知识被运用于保险领域。有了生命表,大数法则才在保险领域中得到广泛应用,保险经营也更具科学性。第二,将投保人假定为风险厌恶者。根据假设,做出投保决策的消费者,其获得的期望值效用大于期望效用。换句话说,保险理论遵循理性人假设。

(一)航运保险的使用价值及期望效用理论的应用

人们对航运保险在管理海上运输风险中所发挥作用的认识和理解,充分显示了航运保险所具有的使用价值。这种使用价值是航运保险得以通过交换价值实现其价值的必要前提。许多经济学者对此也有分析和讨论。

马歇尔的论述极具代表性。"在他的《经济学原理》(1890 年)一书中,他讨论了保险费的问题,认为这是厂商为摆脱'灾害的不研究性'所支付的价格""马歇尔论述了'风险损失',并相信人们愿意为摆脱这种'风险损失'而付费"(卡尔·H. 博尔奇,1999)。

伯努利原理及期望效用定理在保险学中的应用,不仅给保险费厘定提供了理论基础,也为消费者做出保险决策提供了理论依据。同样,这些理论基础或理论依据也是理解航运保险定价最主要的理论基石。期望效用定理表明,当一个人是风险规避者时,他愿意支付的钱多于预期损失的金额。多出来的这部分资金即为投保人愿意支付的保险费。

(二) 航运保险的交换价值及构成

交换价值是价值的表现形式。根据古典政治经济学和马克思政治经济学的劳动价值论,交换价值与劳动量、劳动时间密切相关。因此,航运保险商品的交换价值同样也与保险人的劳动密不可分。在航运保险服务中,这种劳动主要表现为保险人所进行的风险管理过程。另外,客观存在的损失补偿,类似于普通商品的原材料耗费,必然也成为航运保险交换价值的一部分。因此,从供给角度来看,航运保险价格主要由三部分组成——损失、管理费和利润。亚当·斯密把它进一步表述为"期望损失、管理费和风险费"(卡尔·H. 博尔奇,1999)。

上述定价原理可以进一步表述如下:保险商品的价格厘定遵循收支平衡原理。从保险供给方来说,保险价格主要包括两大部分,分别是保险公司基于损失期望和安全附加基础上的纯费率,企业运营成本及利润附加基础上的附加费。同样,航运保险成本也包括期望损失、企业管理费和利润三大部分,保险费率由纯费率和附加费率两部分组成。

财产保险和人寿保险提供的保障具有明显的区别,前者主要以补偿损失为主,后者主要以生存或死亡给付为主。这种经营模式的差异决定了它们在厘定纯费率时使用不同的计算依据。鉴于航运保险保障对象主要是财产,本研究参考财产险价格形成的"四步法原则"对其进行阐述。

第一步,测算损失的离散程度均方差。计算公式为:$Var(X) = \sum [xi - E(X)]^2/p$(X 代表损失期望值,xi 代表每一次损失)。该公式在此处的含义是,每一次损失与期望值之差的平方的平均数。

第二步,测算稳定系数 K。首先计算平均保额损失率。计算公式为:平均保额损失率=保险赔偿额/总的保险金额。此后计算稳定系数 K。计算公式为:稳定系数 K=均方差/平均保险损失率。稳定系数 K 的意义是作为安全附加的依据,即保险企业在面临异常损失时,能保持稳定经营。

第三步,测算纯费率和附加费率。计算公式为:纯费率=平均保额损失率×(1+若干个稳定系数),附加费率=附加费用总额/保险费收入总额。

第四步,测算保险价格(毛费率)。计算公式为:毛费率=纯费率×(1+附加费率)。

其中,第一步中的损失值是根据历史数据获得的。从理论上说,数据数量越大,计算而得的期望值与均方差越接近现实。因此,拥有可观数量的历史参考值对保险定价来说是一个基本保障。第三步中的若干稳定系数,主要与风险类型和保险企业保障基金有关,通常为 1—2 个稳定系数。附加费用主要包括经营管理费和利润。这与公司经营管理水平密切相关。衡量保险企业的经营管理能力主要包括承保能力和投资能力两方面。此处的利润,主要是指承保过程中产生的利润。如果保险企业能获得较高的投资回报,则从理论上讲,可以更好地平衡承保收益,从而降低对此部分利润的要求。

从上可见,纯费率的主要影响因素是损失大小。附加费率的主要影响因素是企业经营管理能力。此外,保险标的的数量和风险类型也会影响最终的保险价格。

二、再保险对航运保险价格形成的影响

实践显示,航运保险企业在向投保人提供保险服务时,通常会进行再保险或分保的安排。因为不同于普通的财产保险定价,航运保险承保的风险具有损失大、原因复杂、地域广和流动性强等特点,再保险或分保对航运保险人经营管理发挥巨大作用,从而对航运保险价格形成也有着显著影响。考虑到这两种活动对航运保险价格厘定的影响,相似性较强。本书仅以再保险为例进行分析。

在再保险合同中,通常把再保险供需方分别称为再保险人和原保险人。原保险人是指在保险合同中的供给方,即保险人。保险实务表明,再保险人在接受再保险安排时,同样存在供给成本,被称为再保险费。再保险费同样可以分成两部分,分别是纯保险费和附加费。这两部分费用对航运保险价格的影响机制和影响程度是不同的。

就纯保险费部分而言,再保险安排将影响保险价格中的安全附加费。即,航运保险价格中的纯保险费可以分解为保险公司承担的风险保费和再保险公司承担的风险保费两个部分。因为购买再保险并不能够降低保险的损失概率。但适当的再保险安排,将减少保险公司原保险业务中总损失分布的离散程度,从而影响保险价格中的安全附加费。均方差原理显示,损失离散程度与安全附加费呈正相关,即损失离散程度越低,稳定系数相对越小,安全附加费也相对越小。因此,离散程度越低,保险费率中的纯费率在竞争性的市场中,越趋向于帕累托最优的公平精算费率。在实际操作中,再保险安排可以推动航运保险价格更趋向公平费率。换句话说,合适的再保险安排有利于航运保险企业稳定经营。反之,如果没有足够的再保险安排,航运保险人无法通过足够的风险分散机制厘定趋向帕累托最优的公平精算

费率。更有甚者,如果再保险供给严重短缺,不能适应航运保险市场发展需要时,有的航运保险供给有可能减少,继而投保人的利益得不到保障。

关于附加费用,再保险安排通过附加费率对航运保险价格产生影响。需要指出的是,不同的再保险方式对附加费用的需求是有差别的,从而对航运保险价格的影响也有差异。如上所述,再保险作为一种服务性商品,同样也存在成本。因此,保险人进行再保险安排时,需要提供再保险成本。即,保险人转移给再保险人的保费中,还包括再保险人服务价值增加的附加费用。这部分费用在完全竞争的再保险市场上通常是一定的。但在非完全竞争的再保险市场上,再保险成本将变得相对较高且具有不确定性。如果在全球范围内进行再保险安排,再保险成本可能会相对更高。因此,保险价格中的附加费率不可避免地体现了这部分成本。一国(地区)再保险市场的发育程度,最终也影响航运保险价格形成。

三、正外部性对航运保险定价的影响

航运保险负外部性已经引起了社会的广泛关注,但正外部性通常被人们忽视。目前,它的正外部性正在明显增强。对航运保险正外部性的认识,有助于进一步理解航运保险的供给成本和定价原则。

(一)成本黏性增强

供给成本是随着航运保险经营风险和经营环境变化而变化的。本研究发现,"成本黏性"是新时代航运保险经营管理中呈现出的主要特征之一,从而对航运保险供给成本产生显著影响。

首先,保险供给成本具有"黏性"特征。保险业是典型的固定成本重、变动成本较轻的行业。在这些成本中,产品开发、员工工资、房租、营销等费用,是相对稳定的。有研究把这种现象称为成本费用"黏性"。本研究认为,保险成本也具有"黏性"现象。但保险成本的"黏性"现象还来自风险损失的不确定性。本研究在上文也分析过,作为价格厘定参考的损失数量越多,计算而得的损失期望值与均方差越接近现实。对相当数量的同一风险进行管理,能使实际损失值更加接近于损失期望值,提升保险经营的稳定性。反之,业务量减少时,损失均方差可能更大,从而需要更大的稳定系数来保证实际损失发生时可能出现的较大额赔付。这种现象在价格中是以纯费率提升反映出来的。在其他条件不变的情况下,纯费率提升意味着保险成本增加,保险价格将提高。

目前,航运风险出现了四种新趋势,包括船舶大型化带来的巨额风险、数字革命带来的网络安全风险、冲突引致的业务(供应链)中断风险和全球气候变化引起的自然灾害及人们对环境保护要求提升,等等。这些风险的一个共同特点是,一旦发生,损失巨大。对此,保险人需要更大的稳定系数来确保企业的稳定经营,需要更高的纯费率以弥补可能出现的巨额赔偿。因此,期望损失方面同样存在成本"黏性"现象。

其次,保险供给成本与保险资本规模有关。奥地利学派认为,边际成本与边际收益相等时,生产者才能实现收益最大化。在保险领域,资本规模通过承保能力与供给成本保持密切联系。航运承保能力是指保险企业在合理、安全、经济的前提下提供保险业务的能力,通常由保险人偿付能力、保费规模、管理能力、技术水平等多个因素综合决定。研究显示,保险人资本规模的大小,直接影响保险人偿付能力。即,资本规模越大,航运保险承保能力越强,潜在保费规模越大,越有利于保险人稳定经营管理。

(二) 政府作用更大

对正外部性的正确认识,还有助于我们深入理解航运保险定价原则,并作出进一步完善。

第一,收支平衡是航运保险定价的基础。准公共产品属性决定了航运保险产品需要进行公共定价。本研究认为,在以期望成本为基础的收支平衡原则下,保险费的形成类似于公共定价中的平均成本法。具体而言,保险活动所需支出可分为损失费用和管理成本。其中,纯费率是保险公司基于损失期望和安全附加的部分,附加费率是保险公司在运营成本和利润合计基础上附加的部分。纯费率和附加费率两部分加总成为保险价格。

第二,供给可由政府和市场共同分担。通常情况下,存在正外部性的情况下,政府应向产品提供者给予补贴或政府进行适当的投入。因此,在航运保险正外部性日益重要的今天,政府同样可以在航运保险供给过程中发挥重要作用。但航运保险是在全球范围内分担风险,航运保险提供者并不局限于某个国家(地区)。这个特征使得政府作用于航运保险市场的渠道和方式需要更加全面的思考。另外,在数字时代中,国际海上保险联盟、国际船东保赔协会集团以及其他组织需要更好地协调政府和市场之间的关系,以更好地促进行业健康发展、保障各方主体的合理利益。

第三节　航运保险的市场供需

市场供需对价格形成具有巨大作用,甚至是决定性的影响。但"大多数古典经济学家将重点放在生产成本上,认为至少长期价格由成本决定,需求仅仅在短期影响市场价格。而新古典经济学家则认为价格是由'偏好和技术',即消费者的偏好与可用的生产技术这种底层数据决定的"(布·桑德林等,2014)。据此,本节主要从供给、需求和技术三个方面展开分析。

一、影响航运保险供给的主要因素

投资回报率对市场主体是否投资起着决定性作用,也决定了市场主体的投资规模。航运保险公司投资回报率的影响因素,除了市场竞争、技术和经营管理能力之外,还包括承担风险和接受风险的能力。这种承担风险和接受风险的能力,是一种综合能力,可以具体分解到财务、技术和风险管理等不同维度。本研究认为,这种综合能力比较接近于保险人的承保能力。因此,本研究把影响航运保险供给的主要因素聚焦到承保能力、经营利润率和市场格局三个方面。

(一)承保能力

承保能力,通常是指保险企业在合理、安全、经济的前提下承保最大量保险业务的能力,主要由偿付能力、规模、管理、技术等多个因素综合决定。在这些因素中,偿付能力自身也与规模、投资、风险管理和技术等因素有关。承保能力是决定保险供给并衡量保险供给水平的关键因素。

早期,人们主要通过财务承保能力分析保险人的承保能力。如尼尔森数据分析模型假定承保业务和投资业务各分担了保险人一半的风险,并且是相互独立的。之后,理论界引用 copula 函数对模型中的相关变量进行改进,即放松了承保业务和投资业务风险相互独立的假定(例如,银晋辉,2011)。但不管如何改进模型,这个阶段的研究或实践主要围绕保险公司的财务承保能力展开。

目前,保险公司承保能力拓展到财务承保能力、机构承保能力和技术承保能力等多个方面。符合监管规定是保险公司具有承保能力的最基本要求。因此,本研究认为,基于企业经营合法性是分析的基本起点。又由于《保险公司偿付能力管理规定》是保险领域最重要的监管规定之一。因此,本研究认为,航运保险公司承保能力同样必须满足《保险公司偿付能力管理规定》的要求。查阅该项规定发现,2016 年前,保险人的偿付要求是"资本充足率达到 100%"。2016 年以来,保险人偿付能力既体现在资本充足上,还体现在管理能力、盈利能力和应对风险的能力。按照规定,如果偿付能力不达标,保险人必须按要求进行整改,比如调整投资方案、限额销售产品、限制新产品开发等。具体有如下要求:

第一,资本规模。《保险公司偿付能力管理规定》(2021 年第 1 号)第八条明确规定,保险公司同时符合以下三项监管要求的,为偿付能力达标公司。即,核心偿付能力充足率≥50%、综合偿付能力充足率≥100%和风险综合评级在 B 类以上。

该规定第六条对相关概念做了明确定义。核心偿付能力充足率是指核心资本与最低资本的比值。综合偿付能力充足率是指实际资本与最低资本的比值。风险综合评级是指对保险公司偿付能力综合风险的评价。

该规定第二十二条明确规定,中国银保监会及其派出机构通过评估保险公司操作风险、战略风险、声誉风险和流动性风险,结合其核心偿付能力充足率和综合偿付能力充足率,对保险公司总体风险进行评价,确定其风险综合评级。

近年来,船舶大型化趋势导致保险标的价值,以及施救、救助等费用显著提高,从而进一步扩大了航运保险人承保风险。这对航运保险人的净资产、核心资本、实际资本和风险管理能力提出了更高的要求。总之,航运保险承保能力与保险公司的资本规模密切相关。

第二,风险管理能力。航运保险是专业性极强的保险业务,需要特殊的承保技术和经验以提升其风险管理能力。梳理发现,以下三项专业能力尤其重要。首先,对保险标的金额和事故损失大小的专业评估能力。因航运保险的保险标的金额通常较大,专业估价能力成为航运保险风险管理能力的重要组成部分。而船舶技术状况直接影响远洋运输的安全,了解船舶的技术状况对船舶保险人至关重要。因此,对保险标的的风险状况需要做技术评估。其次,法律法规的国际化。作为起源最早的保险形态,航运保险合同约定的权利义务通常遵循国际海商法或相关国际惯例、国际公约,具有鲜明的法律性和国际化特征。因此,精通国际法成为航运保险人不可缺少的风险管理能力。此外,航运保险作为国际化程度最高的保险业务,掌握外语、国际贸易等能力也是必不可少的。人才的国际化成为保险人提升风险管理能力的一个必要手段。

第三,再保险能力。航运保险对巨额风险的保障功能,促使其自身需要进行风险分散。除了在保险人内部不断完善风险分散或转移机制外,再保险安排对航运保险具有重要意义。一方面,再保险安排对价格形成具有较大影响;另一方面,再保险直接与该国(地区)的航运保险承保能力相关。

保险公司偿付能力监管规则第 4 号第七条、第九条和第十二条分别明确规定了航运保险人开展船舶和货物保险产品的偿付能力要求。

保险公司偿付能力监管规则第 4 号第七条规定"各业务类型的保费风险最低资本、准备金风险最低资本采用综合因子法计算。计算公式为:$MC = EX \times RF$。其中,MC 为各业务类型的保费风险或准备金风险的最低资本;EX 为风险暴露;RF 为风险因子。$RF = RF_0 \times (1 + K)$。其中,RF_0 为基础因子;K 为特征因子"。

保险公司偿付能力监管规则第 4 号第九条规定"各业务类型的保费风险最低资本风险暴露为该业务类型最近 12 个月的自留保费,银保监会另有规定的除外"。

保险公司偿付能力监管规则第 4 号第十二条明确规定"船货保险的基

础因子 $RF_0 = 0.232$。对船货特险保费风险最低资本，根据最近12个月的综合成本率C设定特征系数 k_1。根据最近12个月的非比例分保净分出比例 NE[(最近12个月非比例分保分出保费－最近12个月非比例分保分入保费)/最近12个月自留保费]设定特征系数 k_2"。

从上可见，航运保险人的承保能力与再保险密切相关。必须指出的是，因保费的确定是在实际成本发生之前，航运保险公司提供的保险供给有可能超过其承保能力。如果承保能力小于实际承保额，则意味着保险公司经营管理存在风险，需要采取一定措施确保公司稳定经营。反之，如果承保能力大于实际承保额，表明保险公司可充分利用资源，并可提供更多的保险产品或服务。

（二）经营利润率

经营利润率是航运保险公司及其他组织愿意提供保险产品或服务的另一重要影响因素。利润率的高低通常从两个方面进行评价，即经营者自我评价、市场平均利润率对比评价。前者的评价依据包括经营者战略定位、发展目标和社会责任等定性标准，甚至是非经济标准。后者的评价依据主要是同一时期内同等资本可获得的市场平均利润率。经营利润率高低还极大影响投资人对保险资本回报率的满意度，以及对保险领域是否（追加）投资的决策。

航运保险经营利润率的高低，主要取决于保险人经营管理航运风险的收益和成本。收益主要包括承保收益和投资收益，由保险公司的经营管理水平、专业和技术水平，包括危险管理、业务选择、再保险分出分入等因素决定。成本涵盖了保险公司实际支付的保险金额和经营管理费用。一般情况下，保险经营收益越高、利润率越高，保险经营成本越低，利润率越高。保险经营利润率越高，保险的供给就越多。由上可以推出，保险经营利润率的高低与其经营管理水平、专业和技术水平相关。

（三）市场格局

航运保险市场也是一个特殊的市场。一方面，航运保险市场的竞争非常激烈。另一方面，航运保险的自然垄断特性明显。这在某种程度上制约了航运保险供给能力的提升。

一是规模经济效益显著。基于大数原理的定价法则，决定了航运保险企业的平均成本会随着保险规模的扩大而持续下降。规模越大，保险人平均交易成本越小，规模经济效益越大。此外，由于航运保险领域的进入门槛较高，新企业需要很高的初始成本，并且因关系在金融领域中具有重要作用而增加了与已有企业开展竞争的难度。因此，航运保险的供给主体数量通常较为稳定，更不会在短时间内出现显著变化。但这种规模经济导致的行业壁垒，或者供给主体数量的稳定性，在某种程度上也减少了航运保险的供给。

二是外部范围经济特征明显。范围经济分为内部和外部两大类。所谓内部范围经济是指在单一企业内生产不同产品较之几个特定企业分别生产不同产品来说是便宜得多。所谓外部范围经济是指一个地区集中了某项产业所需的人力、相关服务业、原材料和半成品供给、销售等其他环节供应者，从而使这一地区在继续发展这一产业中拥有比其他地区更大的优势。国际金融中心理论显示，金融中心形成的一个主要原因就是金融业具有较大的外部范围经济。鉴于此，航运保险业的供给能力通常集中在某几个地区（或城市）。这些地区（或城市）通过全球服务网络为全球提供航运保险服务。不可否认的是，在其他地区（或城市）的航运保险能力仍然相对较弱。

二、影响航运保险需求的主要因素

除了损失率外，影响航运保险需求的因素还包括贸易量、在建船舶数量、运输距离、风险和保险服务水平等。这些因素的变化,同样对航运保险需求带来较大影响。

（一）贸易规模与结构

如前所述,基于国际货物运输时间较长、面临的自然灾害和意外事故较多,为预防货物在国际运输中可能发生的毁损,对一些价值较高的货物,贸易商通常会办理保险,以弥补货物在运输过程中因遭受危险造成的经济损失。由保险公司向货主发出,证明货物在运输过程中发生的损失可以得到公司赔偿的文件,目前已成为国际贸易中非常重要的、必不可少的文件。实践表明,在一定时期内,航运保险的保费规模与货物金额密切相关。

第一,进口贸易规模直接影响航运保险保费规模。国际贸易实务中,根据购买保险的消费者在贸易合同中的地位,航运保险单可以分为由买方要求卖方提供保险单和由卖方要求买方提供保险单两大类。如果由买方购买保险并且购买的是本国境内的保险服务,则进口贸易规模与航运保险保费规模呈正相关。反之,如果由卖方购买保险且购买卖方所在国境内的保险服务,则进口贸易规模与航运保险保费规模的相关度有限。还有两种情况分别是,买方购买保险但购买的是境外的保险服务,进口贸易规模与本国航运保险保费规模也无关。如果卖方购买保险且购买的是买方所在国境内的保险服务,进口贸易与航运保险保费规模正相关。可见,进口贸易规模对航运保险产生积极影响是前提条件。通常情况下,国内航运保险水平越高,越能吸引贸易双方。

进一步分析第一种情况——即买方购买保险且购买的是本国境内的保险服务发现,由于货物运输保险费率主要因素包括货物价值、运输距离、货物性质和装载形式等。其中,货物价值和运输距离起着关键性作用。因此,保费规模与国际贸易价值关联度极高且成正比。此外,航运保险保费规模与保险公司提供的保障程度也密切相关。货物运输保险通常分为基本险和附加险两大类。保险单上明确标注被保险人名称、被保险货物名称、运输工具和承保险别等。但前者主要保障自然灾害引起的损失。后者涵盖意外事故引起的全损或部分损失。顾名思义,附加险是不能单独承保的。通常情况下,保险单提供的保障的范围越大,保险费率就越高,保险费也越多。目前,航运保险的投保金额,一般按到岸价(CIF)价格的10%左右计算。显然,国际贸易规模一定的情况下,某一地区的货物运输保险保费规模是可以估算出来的。

第二,出口贸易规模直接影响航运保险保费规模。为出口货物贸易提供保险服务的保险合同,同样也存在四种情况。它们分别是,卖方购买保险并且提供的是卖方所在国境内的保险服务,买方购买保险但提供的是卖方所在国的保险服务,卖方购买保险但提供的是买方所在国境内的保险服务及买方购买保险并且提供的是买方本国境内的保险服务。同样,前两者情况下,出口贸易规模与航运保险保费规模呈正相关。后两者情况下,出口贸易规模与航运保险保费规模无关。此外,出口贸易规模对航运保险保费规模影响的大小,同样也与贸易价值和运输距离有关。

第三,贸易结构对航运保险保费规模有间接影响。国际贸易理论显示,贸易结构主要可以分为国别结构和货物结构两大类。本研究发现,这两类贸易结构都对货物运输保险保费规模有间接影响,但影响机制是不同的。

从国别结构看,贸易结构主要通过航运路线对货物运输保险保费规模产生间接影响。众所周知,贸易伙伴国之间的运输起止地点直接决定了运输距离,还决定了运输路线。而运输距离和运输路线直接影响货物在运输过程中可能遇到的风险。如《2022年船舶安全风险报告》显示,英吉利海峡至比斯开湾(The British Isles, N. Sea, Eng. Channel, Bay of Biscay)、东地中海和黑海(East Mediterranean and Black Sea)是船舶主要事故发生区域。2012—2022年间,在这两个区域发生的船舶事故数量占比连续居于第一和第二位。以2022年为例,分别高达24%和17%。因此,经过此区域的航运船舶和货物险的费率通常较高。因此,国际贸易中的国别结构对航运路线产生决定性影响的同时,也间接对航运保险产生巨大影响。

从货物结构看,贸易结构主要通过保险金额对货物运输保险保费规模产生间接影响。货物体积或重量较大、对时效没有要求的集装箱货物适合海运。但伴随一个国家进出口商品种类发生变化,海上运输的货物结构也随之发生改变。例如,自第二次世界大战结束后,工业产品和化学品在世界制成品贸易中的占比逐渐提高,初级产品中食品、烟草、农业原料和矿产原料等商品贸易缓慢增长,燃料贸易比重上升明显,等等。通常情况下,费率与货物价值成正比。贵重物品和易损物品因其标的金额相对较高,其保险费率往往较高。因此,这种贸易结构变化,必须引起运输成本和风险系数的改变,从而影响航运保险的费率和承保方式。

此外,20世纪60年代以来,全球化浪潮推动国际产业重新分工和布局。伴随许多国际跨国公司把生产基地转移到发展中国家,原本由发达国家运往发展中国家的制成品越来越少。制成品的流向反而是由发展中国家流向发达国家或其他发展中国家。与此同时,许多原材料从世界各地运往发展中国家。伴随这些贸易流向的调整,航程距离和航运路线也随之发生变化,并进一步对航运保险产生较大影响。

（二）航运业发展

以船舶(飞机)及其相关的责任、利益为保险标的的运输工具保险是航运保险的重要组成部分。由于船舶、飞机的造价昂贵,随着船运(或航空)业发展,船舶(飞机)所有人或经营者对航运保险的需求越来越多。

　　第一,不断增加船舶保险需求。船舶在航运市场上素有"海上马车"之称,是主要的远洋运输工具。在远洋运输过程中,船舶面临多种自然灾害或外来风险的影响,需要提前做出风险管理决策。从长期看,船舶保险的费率主要取决于船舶价值与属性。船舶造价越高,其投保时的费率就越高。此外,船舶种类、年限、航行区域和安全记录也对保险费率产生影响。但从短期看,船舶保险的保费费率还与当时的航运市场和造船市场密切相关。例如,航运市场低迷或造船业不景气,会明显减少船舶保险的保源。典型案例是 2008 年金融危机之后,全球航运市场陷入低迷,船舶保险的保费自 2012 年起持续走低。

　　需要指出的是,航运市场兴衰对航运保险保费规模的影响是巨大的。一是航运市场不景气会导致运费大幅度降低,从而显著减少船舶保险的保源。二是船东或经营者挤压保费成本。运费收入的降低可能会导致船东对正常的维修保养、船员队伍培育或保险成本的挤压。作为航运产业链的末端,船舶保险显然受到的挤压最为严重。三是市场滞后效应造成保费收入与风险的错配。例如,2015 年之后,航运市场有所恢复,但因船舶保险保费未能与市场整体价值提升保持同步,其增加的幅度远低于船舶吨位及船舶造价的增长。在风险有增无减的情况下,如老船的风险加大、船员的经验不足等,船舶保险市场长期处于亏损状态。联合国贸易和发展会议《2022 年海运回顾》报告显示,自 2011 年以来,全球船队的平均船龄增加了 7%,从 20.4 年增加到 21.9 年,且呈持续老化趋势。统计分析显示,船龄与相关事故发生率,特别是船舶机电故障发生率成正比。船龄越长,船舶发生机电故障和相关事故的概率越大。这些都意味着,船舶保险承保风险在增加,市场正面临更加严峻的挑战。

　　此外,在造船业蓬勃发展的今天,邮轮、大型船舶、特种船舶以及其他高价值船舶在设计、建造、下水和试航等过程中，遇到的风险都不小。面对这些在建船舶的风险分散与转移的需求，船舶保险的承保对象已从航行中的船舶扩展到了在建船舶。

第二，不断拓展的飞机保险。飞机保险是随着飞机制造业发展，在海上保险和人身意外险的基础上发展起来的一个保险领域。随着航空事业的发展，航空器的种类不断出新，飞机保险成为航空保险的一个分支。英国和美国分别在一战期间开办了飞机保险，主要承保火灾造成的损失。中国分别在1974年和1986年开办了国际航线和国内航线的机身险、飞机第三者责任险和法定责任险等多个险种的产品。

实践显示，飞机保险大体可以分为基本险和附加险两大类。基本险包括飞机机身及零备件保险、旅客（行李、货物、邮件）法定责任保险和第三者责任保险。飞机保险附加险主要包括飞机战争和劫持险。保险费规模与保险金额和保险费率有关。厘定飞机保险的保险费率时，通常考虑的因素包括飞机类型、航空公司的损失记录、飞机的飞行小时及飞机机龄、飞机用途及飞行员及机组人员的保险情况等。因飞机通常可分为客机、货机、客货两用机以及从事各种专业用途的飞机等类别，上述各因素在不同机型使用过程中所占权利是不同的。飞机机身及零备件保险的保险金额通常与保险价值相等，旅客法定责任保险和第三者责任保险的责任限额通常是按事故确定的。综上可见，单架或单次飞机保险是相对容易确定。因此，飞机保险的发展与飞机制造业、航空业发展关系密切。与船舶保险的一大区别是，飞机运输因体量较小而适合运输的货物通常属于体积小、但价值较高，或者以旅客运输为主。因此，即使市场疲软，这种运输方式也不会挤压正常的维修保养、飞行员队伍培育或保险成本等。所以，影响飞机保险的关键因素是航空市场的兴衰。

对发展中国家的航运保险市场来说,由于船舶(飞机)保险通常发展历史不长、规模不大以及国际再保险公司支持力度不够等原因,竞争力相对较弱,保源外流现象比较严重。因此,提升船舶(飞机)保险市场的承保能力成为发展中国家推动航运保险高质量发展的重要途径之一。

三、技术对航运保险市场的主要影响

新古典经济学表明,技术是影响生产及价格的重要因素。同样,在航运保险领域,技术不仅影响了风险种类、发生频率及损失范围,还对航运保险人自身经营有着不容忽视的作用。本研究认为,技术对航运保险供给和需求均有显著影响。从供给方面来说,技术提升航运保险人管理风险能力和水平,有利于增加航运保险供给。但从需求方面来说,因技术对航运风险的影响,有正向也有负向,因此对航运保险需求之影响亦是如此。

(一) 数字化和智能化转型

一是减少人力成本支出。尽管航运保险人才在保险领域居于中高端水平,但作为劳动力和数据密集型服务业的航运保险领域仍然有部分中低技术岗位的人力需求。因此,数字技术和人工智能也将取代这些传统的中低技术岗位。例如,智能客服能全天候不间断地解答客户疑问,既提升了服务质量,又节约了人力成本。对于航运保险人而言,全球服务能力的提升显得尤为重要。数字化技术使得保险人能更加有效地提供跨境理赔、核保及其他服务,同时能更及时、更深入地了解全球航运保险需求和发展趋势。

二是实现数据驱动的决策。收集、整合和分析海量数据是保险人进行风险评估、产品定价或预测市场趋势的重要前提。数字化、智能化将显著提升保险人数据收集、整合和分析能力。另外,伴随这种数据收集和分析能力的不断提升,保险人构建更加开放、协作的数据平台生态也变得可能。与普通的寿险或财险公司与第三方机构如医疗机构、科技公司建立的合作关系不同,航运保险公司之间的数据共享显得更加重要。因为航运保险领域的数据共享,不仅有利于保险人进行新产品或新服务开发,而且因历史数据数量的增加,促进保险人推出更加稳健的新产品和新服务。

三是提升防灾救灾能力。运用大数据和人工智能技术,航运保险人可以对风险实现实时监控、预警和处置,确保业务稳健发展。以智能风控系统为例,航运保险人可以及时发现并处置潜在的风险事件,从而降低损失。

(二) 航海技术和造船技术发展

航运保险有关的技术不仅包括保险人经营管理风险的技术,也涉及影响航运贸易业风险的造船技术和航海技术。这些技术对航运保险业供需产生的影响是深远的、复杂的。例如,关于运输变革的发端,存在两种观点。一种观点强调,由工业革命衍生的相关技术使得航运更具效率。以哈雷(Harley)为代表的研究者关注到了蒸汽动力、铁壳、螺旋桨推进器等技术创新。另一种观点则认为,在工业革命开启前,航运业已经发生了重要的技术和组织变革。例如诺斯(North)强调海盗行为的减少推动了大西洋航运的发展。本研究认为,第一种观点强调的是由工业革命衍生的相关技术,第二种观点强调的是航运业本身的技术进步。但不管是哪一种观点,它们均强调技术创新是运输变革的关键因素。无疑,运输变革将带来航运效率的提升。而航运效率的高低,直接影响航运成本和竞争力,从而对航运保险供给产生影响。

第一,造船技术创新增强了船舶抵御风险的能力,也提升了航运保险需求。

众所周知,船舶从史前刳木为舟起,经历了独木舟和木板船时代,现在是以钢船为主的时代。造船技术的改进,不仅直接影响船舶运输的效率,也直接影响船舶应对运输时可能遇到的风险。这种结果对航运保险需求的影响是两方面的。

一方面,造船技术创新推动远洋贸易规模的扩大和航运业发展,增加了航运保险的潜在需求。如造船技术提升了船舶运输量。1492 年,哥伦布率领的西班牙船队中他所乘坐的"圣玛丽亚"号,是一艘长 28 米、排水量仅为约 200 吨的三桅帆船。16 世纪以后,欧洲帆船的排水量逐渐增大到 500—600 吨。1850 年首航的大西洋号邮轮,登记的吨位为 2 856 吨。1853 年建造的"大共和国"号,长 93 米,宽 16.2 米,深 9.1 米,排水量达 3 400 吨。船舶吨位的提升,无疑相应增加了船舶运输量,从而增加了航运保险需求。当然,船舶造价并不一定同时提升,反而有可能下降。有资料显示,15 世纪末葡萄牙的卡瑞克级帆船和 16 世纪的西班牙盖伦级帆船,排水量分别为 2 000 吨和超过 3 000 吨,但后者的造价尚不到前者的三分之二。

17、18 世纪造船技术的飞速发展,使得全球船舶数量也有了快速增加,必然增加船舶保险。与此同时,技术创新还体现在提高航行时速方面。19 世纪 70 年代以后,作为当时海上运输主要工具的帆船,被新兴的蒸汽机船迅速取代,意味着船舶前进动力由人力发展到使用机器。船舶时速开始大幅度提升。资料显示,相较于 17 世纪下半叶,1840 年前后的航速提升了147%,航行往返时间缩短 35%。之后,船舶时速进一步提升。如 1853 年建造的"大共和国"号,航速每小时 12—14 海里,横越大西洋只需 13 天。目前,大型内燃机动力集装箱船的船速为 36—52 公里/小时。船舶速度的提升,不仅影响船舶运输周期,而且直接影响船舶营运成本以及航运竞争能力,从而对航运保险产生巨大影响。

另一方面,造船技术创新增强了船舶应对自然灾害的能力,船舶保险潜在需求有可能减少。船舶运输量增加和时速提升,在一定程度上可能存在相左作用,但两者同时增加船舶应对自然灾害的能力。如,相较于 17 世纪下半叶,1840 年前后,不仅航速提升了 147%,同时冬季抵达的船只比例更高,表明船只能够更好地抵御冬季寒冷的天气。对当代海上运输的研究也得到了同样的结论。

第二,航海技术演进推动航运业发展,也为航运保险发展提供了潜在需求。

航海技术经历了一个从低级到高级、从简单到复杂、从单纯依靠自然力到借助于计算机等高新技术的过程。与此相适应的是,航运风险以及风险管理措施也随之发生变化。

例如,14—15 世纪,指南针和航海图的运用推动了意大利海上贸易的发展,也促使意大利成为海上保险发源地。航海图是人类走向海洋的必要工具。一般认为,12 世纪阿拉伯人把中国的指南针传入欧洲。之后,欧洲人广泛运用或完善指南针于航海事业。例如,海上定位。14 世纪初,意大利人阿马尔费塔尼发明了盘随针转的旱罗盘"罗盘卡",不仅磁针指向更加清晰,而且导航更加精准。14 世纪出现的星盘,更为精密,为远洋航海奠定了基础。又如利用罗盘的方位线来绘制航海图。现存最古老的新型航海图——波特兰航海图——出现于 13 世纪末的热那亚。该种航海图有南北两个基本方位,可以确定港口的基本方位,还标有海岸港口以及海域地貌。无疑,15 世纪,地中海上航线广泛运用航海指南针和航海图,推动意大利北部威尼斯、热那亚、比萨、佛罗伦萨等城市与近东之间的商业往来,使地中海地区成为当时世界贸易和文化交流中心,也催生了最早的海上保险。目前,现存的海上保单通常被认为是 1347 年热那亚船舶保险单。

又如,16—19 世纪,天文知识的普及和更加精密的天文仪器运用助推英国成为世界航运业中心的同时,引致海上保险在英国的快速发展。15 世纪的航海指南针和航海图如果已完全可以满足在地中海航行的话,那么在大西洋航行,尤其是环球航行则远远不够。例如,远洋航运对经纬度的依赖程度更高。早期的"旱罗盘"被进一步完善到"星盘"——通过测量太阳或北极星与地平线的夹角来确定方位。这些知识和技巧的使用,需要提升整个航运队伍的科学素养,需要有一支航海人才队伍。16 世纪,亨利王子所创建的航海研究机构走在了这场革命的最前列,他们不仅研究、开发了相应技术,而且进行大量的航海培训,还提升了当时的航海技术。资料显示,当时的海员知道太阳每天的倾角、掌握根据中午太阳的高度确定纬度的方法。这无疑是在航海技术领域中的一场革命(辛元欧,2001)。1688 年,劳合社的出现,正是航运保险在内的航运服务业需求大量呈现的一种商业反映。在劳合社内,从事远洋航运的船东、船长、商人、高利贷者和经纪人交换各种航运信息,为海上保险经营者提供了大量的潜在投保人、被保险人或投资者。

如果说 15 世纪是整个世界发生巨大变化的重要世纪,那么劳合社的出现是海上保险出现历史性变化的一个重要标志。如果说意大利是海上保险的发源地,那么劳合社的出现,标志着远洋航行成功地推动英国发展成为现代海上保险中心。众所周知,作为一个有组织的保险平台,劳合社提供的保险服务是由私营保险人承担的,其自身并不直接经营保险业务,但它能为多个保险人共同完成一份海上风险合同,提供必不可少的交易场所和相关服务。这种机制为会员采用共同承保或再保险,从而管理更多的远洋运输风险提供了可能。在此阶段,海上保险不仅在承保范围、承保金额上有了显著提升,其形式也得到进一步完善。如 1347 年,热那亚船舶保险单,提及"无偿借贷"规定,但并没有资本所有人承担的风险种类。在 18 世纪的保险单上,已有明确的保障事故名称。显然,分保的雏形也始于劳合社。

第四节　航运保险的外部环境

航运保险是一个典型的由市场主导的产业。历史基因形成的市场自律成为促进航运保险业发展的重要因素。当然,作为广义金融的一部分,航运保险发展过程中也受到各国政府的严格监管。

一、强大的市场力量

航运保险是一个典型的自下而上、市场推动形成的产业。

从航运保险起源来看,航运保险业一方面是以分担海上贸易风险和获得更多海上运输资金为目的而产生的,另一方面是在当时宗教行政严格控制中"夹缝"发展起来的。"夹缝"中产生和发展,必然会遭遇各种困难和挑战。首先,海上贸易风险和海上航运风险具有复杂性和巨大性等特征。对于 15 世纪的人们来说,对海上航运风险的认识显然是不足的,预防海上航运风险的手段也是有限的。从某种程度上讲,海上保险是一种极具冒险性的商业活动。海上保险经营者,不仅需要拥有冒险精神,还必须具备一定的海上航运专业知识及降低海上贸易和海上航运风险的策略。对此,海上保险从诞生起,人们就倡导契约精神并重视法律关系。这种经营方式,需要当事人具有较强的主体性,反过来也进一步增强了当事人的主体性。其次,社会环境并不宽松。为了摆脱高利贷宗教禁令的约束,那时的热那亚、威尼斯商人必须绕开当时的宗教规定,既要把保险单设计成一张虚设的借款单据,又要在合同中去除借贷关系。历史事实表明,海上保险起源的"保险赔偿事先予以提取"做法,既符合了当时的宗教律法,又保障了双方当事人的权益。

有资料也显示,14世纪前后的意大利,作为一个"城邦回归"的世界,存在事实上的自治现象。再次,海上保险极大地推动了地中海区域的海上贸易发展,符合当时新兴的资产阶级利益,反过来又促进了海上保险发展。劳合社的出现和发展,是英国经济快速发展和海上保险中心转移到英国后两者互为促进的成功案例。这种运作机制,必然导致航运保险定价的市场化程度很高。

目前,航运保险的动力主要来自市场。市场主体既包括航运保险人,也包括船东、货主、承运人等多种类型的航运保险需求方。

二、不可或缺的行业协会作用

协会是一些为达到共同目标自愿组织起来的同业或者商人的团体。目标包括制定职业行业的准则;构建产品和服务质量的标准;提供教育和训练;在成员间开展更好的交流;与其他行业和职业团体进行联系;并向政府机构和一般公众陈述主张(刘万军,1984)。航运保险协会同样具有推动上述目标达成的作用及相应的功能、组织形式特征。

政府是影响协会发展的重要力量。协会的发展程度与整个宏观政治经济环境密不可分。例如,20世纪六七十年代,美国政府加强了对工商业的控制,行业和职业的团体扩大明显。20世纪八九十年代,随着市场力量的增强,美国又对协会的作用施加了限制。目前,政府仍是促进行业协会发展的主要因素。但协会功能发挥与行业特征、发展水平的关系更加密切。航运保险业经营管理特征及发展历史显示,航运保险协会在航运保险发展起着举足轻重的作用。若干功能是航运保险协会所独有的。

(一) 行业自律作用较强

如前文所述,市场主体在航运保险源起和发展中起着关键作用。市场主导型的行业,具有竞争激烈、创新能力强等特点。避免恶性竞争、促进行业健康可持续发展,除了强化市场监管外,行业自律是最有效的制度安排。因此,航运保险协会的自治功能成为推动航运保险发展的重要动力。

现代行业组织主要出现在 19 世纪中后期。目前,行业组织在发展模式上大致可分为英美型和德日型两种。其中,德日型行业组织出现的时间早于英美型,因为"作为后进的资本主义国家,两国的封建主义影响相对较大,资本主义发展的环境相对不利,因而,新兴资本主义企业主通过有组织的协调来创造有利于资本主义商品经济发展的社会环境"。另外,"英、美等国行业组织的功能相对比较单一,较多从事政治游说,为组织内成员争取有利的政策条件和法律环境"(胡萌,2003)。但英国航运保险协会的成立时间却远远早于德日。例如,伦敦保险协会成立于 1884 年,日本损害保险协会成立于 1946 年。行业组织在成立时间上的差异,表明英国航运保险业发展程度要远高于德日。

各国航运保险协会的组织架构尽管大不相同,但在充分发挥协会各项功能方面还是基本一致的,尤其是通过行业自律推动行业可持续发展方面。例如,德日型行业组织"主要作用就是建立一整套维护市场交易秩序的商业惯例体系和社会信用体系",英美型行业组织"从早期非正式的'晚餐俱乐部'到正式和有强大影响力的'服务协会'和'政策形成协会'"(胡萌,2003)。总之,行业组织发挥了补充市场制度不足、形成与政府的制度性沟通机制、增进公众对行业的了解、促进行业解决面临的共同问题等作用。同样,航运保险协会在维护行业和会员合法权益、制定行业标准或行业指导性条款、推动航运保险产品创新、为投保人提供信息咨询服务、协调投保人和保险人双方关系等方面,也充分发挥了作用。例如,伦敦保险协会的宗旨是在保险单证上的措辞、条款和条件进行协调,以增进保险利益,并为影响整个市场的问题寻求共同协议的依据。日本损害保险协会明确"通过传播非寿险知识,促进公众对非寿险业更深入的了解,帮助非寿险行业解决面临的问题,促进日本非寿险事业的合理发展和维护其稳定性,实现行业的发展目标,促进社会福利,保持一个安全和富有的社会"(李鸿敏、庹国柱,2009)。

(二) 推动国际交流合作

国际化是航运保险的一大特点。与其他保险业务相比,航运保险更加重视国内外行业信息、全球航运风险动态以及在全球范围内分担风险。因此,推动国际交流合作成为各国航运保险协会的重要职能。实践显示,国际性航运保险协会在构建航运保险良好生态环境方面发挥了不可替代的作用。目前,国际海上保险联盟和国际保赔协会集团是影响力最大的协会组织。

作为国际海上保险协会的最大组织,国际海上保险联盟至今已有150年的历史。19世纪晚期,海上运输迅猛发展,对海上保险尤其是货物保险的需求大大增加。但当时大部分海上保险业务只局限于地方市场。1847年,德国、奥地利等国的保险业者在民间交往基础上建立了沟通机制,并于1974年1月8日在德国柏林正式成立了国际运输协会。该协会的目的是维护保险人的共同利益,并形成管理保险业的一般原则。如今,国际海上保险联盟不仅是市场和政府的桥梁,而且还通过数据收集、整理和再加工为市场提供权威的技术指导,并形成绝对的航运保险话语权。例如,国际海上保险联盟设立执行委员会(The Executive Committee)、货运委员会(The Cargo Committee)、数据委员会(The Facts & Figures Committee)等8个专业委员会。这些专业委员会成员和主席团成员,成为一国(地区)航运保险业水平的重要指标。

国际保赔集团(IG)是由世界上 13 家知名的船东互保协会组成的。船东互保协会又称船东保赔保险协会或保赔协会,它是由船东们自愿成立的一种互为保险人和被保险人的互助组织,承保船东在经营船舶业务中应承担的但不包括在船舶承保责任范围内的风险的保险。因此,保赔保险可视为船舶保险的补充。保赔保险的发展丰富了海上保险的内容。尽管保赔保险与船舶保险承保的范围不同,但保赔保险具有船舶保险的一般性质和特点。其最初成立的目的是打破劳合社和其他保险公司垄断海上保险市场的局面。因此,两者之间又存在竞争。目前,世界上有 20 多家船东保赔协会。这些保赔保险在与航运保险竞争合作中,共同推动海上风险管理水平和能力的提升。

（三）市场和政府的桥梁

各国行业组织与政府的关系不尽相同。"英国和美国都属于先行工业化国家,崇尚完全自由竞争,政府一般只通过法律手段进行基础性宏观经济管理,而很少对企业进行干预,行业组织一般也是通过参与或影响法律的制定来诉求组织利益",相对而言,"德国和日本则是后进资本主义国家,工业化革命较晚,在国际竞争中处于不利地位,因而其赶超意识特别强,要求政府通过行业组织这个中介环节加强与企业的联系,掌握制定宏观经济政策所需信息,传达和解释政策意图以及辅助政策的实施。这就形成了行业组织与政府的密切关系,它是一种基于成员企业利益基础之上的,政府对其实施强有力的指导、支持以及监管的关系模式"(胡萌,2003)。但是,各国行业组织都发挥了市场与政府的桥梁作用。航运保险协会,同样也充当了政府与市场的桥梁作用。

基于目前英美航运保险业占据全球航运保险业的主要部分,尤其是英国航运保险业,几个世纪以来一直保持着保险业世界之首的地位。因此,英国航运保险协会与政府的关系及作用方式,在一定程度上代表了世界航运保险协会与各国政府的关系及作用方式。整体而言,航运保险协会的桥梁作用主要通过参与或影响法律的制定来体现。

三、政府大力支持

剑桥大学航运保险历史学家艾德里安·伦纳德博士指出:"在军事不稳定和商业竞争加剧的时期,海上保险业需要国家的特殊监管。"英国历史上著名商人尼古拉斯·马根斯曾指出:"一个海洋国家的伟大目标应当是利用与另一贸易国家的任何冲突,摧毁和困扰其航运和商业,并切断所有用于海军军备的资源。在国际海上保险领域占据主导地位,对于获取战时优势尤为重要。"政府支持对一国航运保险的发展也至关重要。除了前面所述,政府是航运保险发展的重要因素外,政府支持至少还表现在以下两个方面。

(一) 营造良好的营商环境

各国金融监管部门在不同程度上对航运保险在内的金融部门实行较严格的管理。这可以从航运保险起源得到佐证。目前,各国金融监管部门仍对航运保险的设立、运营、财务管理等方面有着严格的规定。例如,美国的航运保险监管部门涉及全美保险监督官协会、美国运输安全管理局、美国联邦海事委员会等,并接受联邦政府和州政府的双重监管。与此同时,各国政府也根据行业发展的需要出台相应的税收政策、人才政策等支持航运保险发展。例如,新加坡在 2011 年推出的一系列对航运业倾斜的政策,以支持新加坡国际航运中心建设。其中,就包括对航运保险的税收优惠政策,如政策给予船壳保险业的免税额 5 年优惠。这些政策尽管有时间期限,也不能根本上改变一国（地区）航运保险的发展，但还是能在一定时间内起到不同程度的促进作用，受到市场的欢迎。

（二）制定相关法律法规

法律法规在航运保险发展过程中起着重要作用。政府是本国海上保险法形成或本国海上保险条款产生的主要推动者。如 1435 年和 1468 年西班牙巴塞罗那和意大利威尼斯先后制定了适用于本国（地区）的与海上保险有关的法令。1601 年，英国制定的《议会法》，不仅含有海上保险说明，还创设了"保险单法院"（Court of policy of Insurance）。该法令不仅在很大程度上保护了英国的航运业，也使英国航运保险获得得天独厚的机会。1720 年，英王批准成立了皇家保险公司和伦敦保险公司，正式开展海上保险业务。1745 年，英国制定了海上保险单的标准格式，一直沿用至 20 世纪。可见，法律关系强化了航运保险对现代民族国家经济增长的作用，也加剧了政府对航运保险的重视程度。

第五节　航运保险的市场均衡

一、单次海运损失金额上升推动航运保险供给成本增加

进入 21 世纪，单次海运损失金额呈上升趋势。如图 4.1 所示，2000 年到 2023 年，全球范围内六个主要市场（中国［包括内地和香港］、英国、美国、日本和新加坡）严重海运事故次数占比分别从 32% 和 33% 上升到 68% 和 83%。

单次海运损失金额上升，通过损失期望的安全附加影响供给成本。传导机制如下：

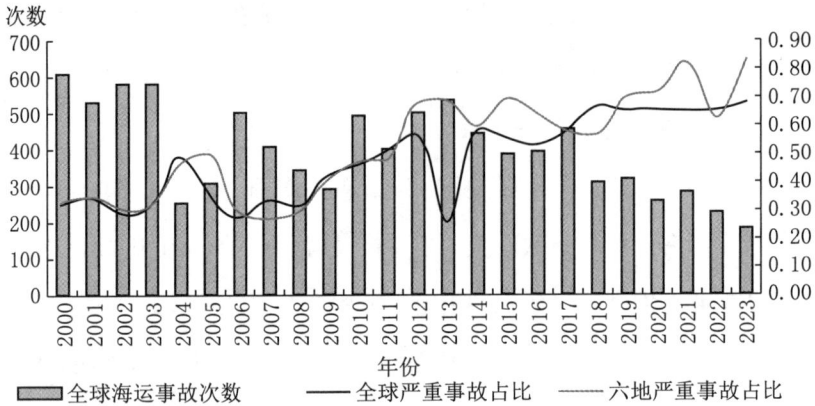

图 4.1 海运事故发生次数及严重等级事故占比

资料来源：作者根据国际海事组织（IMO）的全球综合航运信息系统（GISIS）（网址：https://gisis.imo.org/Public/）历年海运事故报告的数据整理而得。

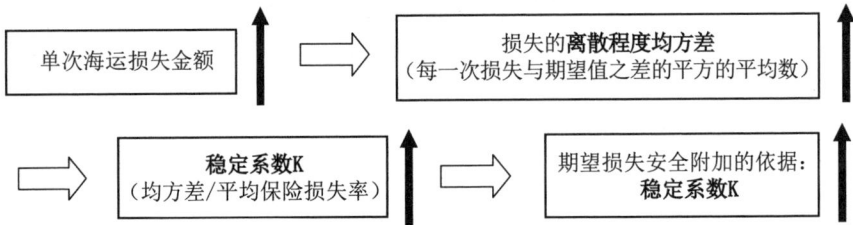

因此，保险人为确保稳定经营，需要提高纯费率。假定其他情况不变，则意味着保险供给成本增加，供给曲线左移。

二、海运事故次数降低导致航运保险需求减少

图 4.1 还显示，近二十年来，海运事故次数整体呈下降趋势。如 2000 年和 2023 年，全球海运事故分别为 610 次和 186 次。其中，2012 年和 2013 年，次数有所增加，但均没有超过 2000 年。海运事故次数减少意味着发生损失的概率降低。结果是，航运保险需求减少，需求曲线向下移动。具体推理如下：

根据博尔奇理论,购买保险的期望效用大于不购买保险时的期望效用。用公式表示为:$U(E(W)) = U[pW_1 + (1-p)W_2] > pU(W_1) + (1-p)U(W_2)$,其中,$W$、$W_1$ 和 W_2 分别为消费者购买保险后、遇到风险时和不购买保险时的财富。现假定:

第一种情况,全损概率为 1%,$W_2 = 200$,安全附加 10%。且消费者做出购买保险的策略,即 $U(E(197.8)) > 0.01U(0) + 0.99U(200)$。其中,精算公平保费 $E = 0.01 \times 200 + 0.99 \times 0 = 2$ 万,$W = 200 - 2 \times 1.1 = 197.8$ 万。

第二种情况,全损概率是 0.005%,$W_2 = 200$,安全附加 50%。则,理论上,精算公平保费 $E = 0.005 \times 200 + 0.99 \times 0 = 1$ 万,$W = 200 - 1 \times 1.5 = 198.5$ 万。但由于实践最终赔付率没有下降(如图 4.2 所示),损失期望成本仍然不低于第一种情况。即,消费者购买保险的期望效用不高于 $U(E(197.8))$。消费者不购买保险的期望效用为 $[0.005U(0) + 0.995U(200)]$。比较发现,$U(E(197.8))$ 不一定大于 $[0.005U(0) + 0.995U(200)]$。如果消费者认为购买保险的期望效用小于不购买保险的期望效用,采取不购买保险的策略,即

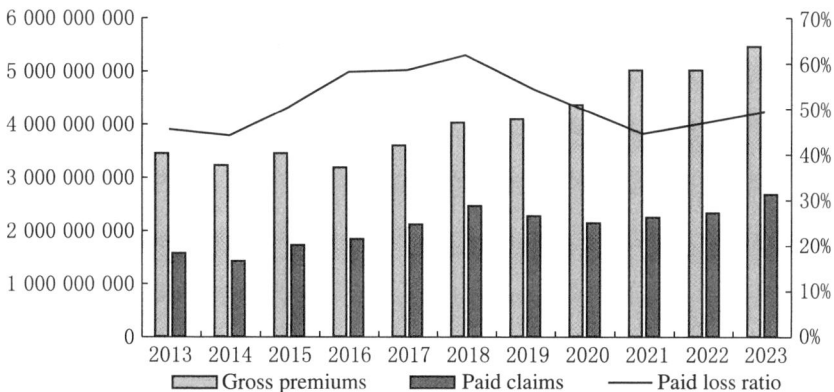

图 4.2　2011—2023 年亚洲海运货物损失率

资料来源:转引自国际海上联盟(IUMI)研究报告 Global Marine Insurance Report(2024),作者:Astrid Seltmann。注:本图所指 Asia 是指中国(包括内地和香港)、日本和印度四个保险市场。

减少保险需求。

上述供需变化的结果导致航运保险服务量减少。如图 4.3 所示,航运保险服务量将从 Q_1 减少到 Q_2。

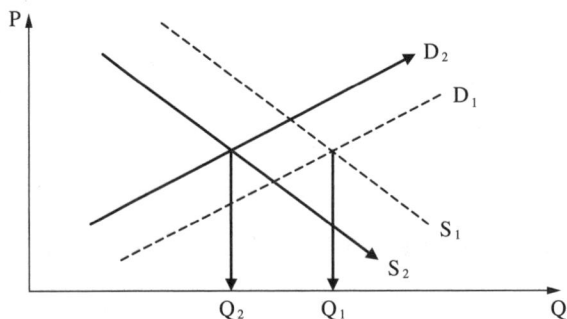

图 4.3　海运风险新趋势对航运保险供需影响示意图

资料来源:作者绘制。

三、再保险策略选择推动航运保险供需变化

对此,保险人通常会采用规模经济、外部范围经济等策略来提高管理效率。其中,再保险安排显得尤其重要,并反过来影响原保险费率。

保险公司转移给再保险企业的保费包括两部分,一部分是纯保险费,另一部分是附加费用。尽管购买再保险并不能够降低保险的损失概率。但因损失概率均方差减少推动航运保险价格更趋向帕累托最优的公平精算费率,从而更有利于航运保险企业稳定经营。同时,再保险作为一种服务性商品同样也是有成本的。因此,保险公司进行再保险安排时,必然增加成本,即转移给再保险人的保费,包括再保险人服务价值和附加费用部分。这部分费用,在完全竞争的再保险市场上通常是一定的。但在非完全竞争的再保险市场上,再保险成本将变得相对较高且具有不确定性。如在全球范围内进行再保险,则成本可能更高。因此,一国(地区)再保险市场发育程度最终影响航运保险价格形成。

第五章
上海航运保险发展现状及主要成就

上海是民族保险业发祥地,也是昔日远东保险中心。上海航运保险业曾经辉煌过,也有过衰退。当前,上海航运保险业获得了新的发展契机,处于国内领先地位,国际影响力也逐步提升。

第一节　上海航运保险发展简单回顾

1949—1979 年间,上海保险业历经大调整、逐步回升和国内业务停办的风风雨雨。但航运保险因业务面向海外而一直保留着,隶属中国人民银行上海分行的保险科。改革开放之后,伴随保险业重整旗鼓和中国经济的高速增长,上海航运保险业获得新的发展契机。

一、重新起步阶段,1979—1990 年

1979 年 5 月,中国人保上海分公司建制恢复。航运保险业务相应从中国人民银行上海市分行保险科,重新回归中国人保上海分公司,归中国人保和中国人民银行上海市分行双重领导。

这个阶段，上海航运保险主要由中国人保上海分公司提供，规模也有限。

二、改革开放初期的专业化发展阶段，1991—2001 年

20 世纪 90 年代，中国保险业率先在金融领域拉开改革开放序幕。航运保险也随之进入改革开放初期发展阶段。

国内保险经营主体多元化。1986 年，新疆生产建设兵团农牧业生产保险公司，因新疆灾害频发导致中国人保退出部分农业保险市场率先成立，意味着国内保险体制改革开始（现在改名叫"中华联合保险集团"）。1987 年，交通银行上海分行设立保险部。在此基础上，1991 年太平洋保险公司成立。1992 年，上海成为第一个保险对外开放试点城市，外资保险公司进入上海市场。1994 年 9 月，全国第二家外资、第一家日资保险公司日本东京海上火灾保险株式会社在上海设立分公司。上海航运保险市场随着外资财险公司的进入也加剧竞争。但与寿险业务显著不同的是，航运保险并没有轻易采取"代理人制度"，而是保持原有经营模式。

与此同时，航运保险业也进入更加规范的阶段。为避免保险业风险、加强对保险市场主体和行为的监管，1995 年《中华人民共和国保险法》颁布并开始试行。中国保险业进入分业经营时代。航运保险明确归入财产险业务范围。1996 年，原来的中国人民保险公司正式改建成中国第一家保险集团公司，下设三家保险公司，分别是中保财产保险有限公司、中保人寿保险有限公司、中保再保险有限公司。9 月，中国人保上海分公司宣布改制，分设成立中国人保财产保险有限公司上海分公司和中国人保人寿保险有限公司上海分公司。1998 年，中国保险监督管理委员会（2018 年，保监会跟银监会合并成为"银保监会"）正式成立，标志着航运保险监

管更加规范和严格。

这个阶段，航运保险业发展主要由保险供给推动。保险机构的增加及保险市场的进一步规范，成为航运保险业发展的重要力量。

三、加入 WTO 后的国际化提升阶段，2001—2009 年

2001 年，中国加入世界贸易组织（WTO）。保险业是金融业中最早全面对外开放的领域。国务院颁布《中华人民共和国外资保险公司管理条例》，中国保监会印发我国加入 WTO 法律文件中有关保险业的内容，于 2003 年 12 月 11 日发布《中国保监会关于履行有关入世承诺的公告》。

1992 年，上海保险市场率先开始试点开放。1994 年后，日本东京海上等外资保险企业先后登陆上海，上海成为外资保险企业最为集中的城市。但上海航运保险市场的外资机构数量在此阶段显著增加，且出现"分转子"热潮。2005 年起，日本财产、美亚财产、东京海上、中意财产、德国科隆再保险、汉诺威再保险等保险公司先后在上海设立了分公司。三星火灾海上、丘博保险（原联邦保险）、三井住友海上火灾、美亚财产、太阳联合、东京海上日动火灾等保险公司由分公司升级为子公司。外资航运保险经营主体的增加或升级，提升上海航运保险业国际化程度，也带来了先进理念，推动上海保险市场快速发展。

航运保险的专业性和国际性等特点，外资航运保险的保费在上海市场占了较高的比例。如表 5.1 所示，2000—2002 年，保费收入在上海航运保险市场主体居前八位的公司中，外资一直占有 3 席。2003 年起，业务量占前八位的市场主体增加到 4 席，业务占比也从 2002 年的 23.6％提高到 2009 年的 39.9％，其中，2007 年该统计数据甚至一度高达 44.5％。

表 5.1 2000—2009 年上海货运保险市场结构

年份	业务量占前八位的市场主体(家)		业务占比(%)		
	中资	外资	中资	外资	合计 CR8
2000 年	5	3	75.5	22.2	97.7
2001 年	5	3	74.6	22.3	96.9
2002 年	5	3	68.9	23.6	92.5
2003 年	4	4	54.4	36	91
2004 年	4	4	48.2	39.1	87.3
2005 年	4	4	44.6	41.5	86.1
2006 年	4	4	42.4	42	84.4
2007 年	4	4	38.4	44.5	82.9
2008 年	4	4	39	41.5	80.5
2009 年	4	4	41.8	39.9	80.7

资料来源:作者根据历年《上海保险年鉴》财产保险业务统计表计算而得。

四、助力"五个中心"建设的提速发展阶段,2009—2021 年

20 世纪 90 年代中期,上海明确提出"四个中心"建设目标,即国际经济中心、国际金融中心、国际贸易中心、国际航运中心。2014 年,上海又明确提出建设国际科技创新中心的目标。对此,上海航运保险加快推进改革、提升服务实体经济的能力和水平。

首先,中国航运保险业开始专业化经营改革。2009 年,国务院出台《关于推进上海加快发展现代服务业和先进制造业、建设国际金融中心和国际航运中心的意见》,明确提出"加快发展航运金融服务,支持开展船舶融资、航运保险等高端服务"。面对日益增加的航运保险需求和日益激烈的竞争格局,2009 年 12 月中国人民财产保险股份有限公司、太平洋保险财产航运

保险运营中心先后在上海开业。随后三年间,上海航运保险业发展出现小高潮。表现一,市场主体继续增加。资料显示,截至 2012 年底,上海航运保险市场从事航运保险直保业务的财产保险公司共有 43 家,经营险种主要包括船舶保险、货物运输保险与出口信用保险。其中,经营船舶保险的公司为 29 家,经营货物运输保险的公司为 41 家,经营出口信用保险的公司为 1 家。从公司资本性质看,中资财产保险公司和外资财产保险公司分别为 32 家和 11 家(张文斌,2014)。表现二,保费收入快速增长,且超过此阶段货物吞吐量、集装箱和船舶出入量增长幅度。截至 2012 年底,上海船舶险业务和货运险业务保费收入之和达 24.07 亿元,同比增长约 118%。同期,上海港货物和集装箱吞吐量分别为 30 469 万吨和 1 530 万标箱,同比增长 109% 和 10.5%。同期上海洋山港和外高桥船舶出入艘次为 12 129 艘次,同比增长约 20%。可见,航运险增长幅度分别远远高于货物吞吐量、集装箱和船舶出入量增长幅度。表现三,上海船舶险业务和货运险业务保费在全国市场的占比也大幅度提升。截至 2011 年 6 月,该两大占比分别达 42.76% 和 14.77%。两者之和在全国市场的占比也高达 26.46%,比去年同期 17% 提高了 10 个百分点。船舶险、货运险的突飞猛进,使航运保险成为财产保险市场上仅次于车险的险种,致使车险在财险中的占比摊薄至 50.15%,而同期全国市场上车险在财险中的占比仍在 70% 以上。

必须承认,这个阶段的上海航运保险业发展,主要原因之一是中国太保、中国人保在上海设立"航运保险运营中心",属于供给拉动型。截至 2011 年 6 月底,人保航运中心和太保航运中心的保费收入分别约为 8.4 亿元和 4.5 亿元(原中国保监会上海保监局数据),两者之和在上海市场的占比达 57.7%。截至 2011 年 7 月,航运保险保费收入居前 4 位的公司均为中资公司,居前 8 位的公司中,仅有东京海上保险 1 家外资公司,中外资比例分别为 96：4。在整个上海航运保险市场上，中外资比例为 91：1，远远高于上海整体保险市场 86：14 的中外资市场结构。如表 5.2 所示。

表 5.2 2011 年上海航运保险市场的中外资比较

	中外资市场结构比例
市场份额前 4 位	100：0
市场份额前 8 位	96：4
整个市场	91：1

资料来源：根据课题调研数据计算而得。

其次，保险与金融、科技加快融合发展。尽管航运保险的内涵、属性和作用并非在短时间内得到显现，但基于它在产业链中的高端地位和显著的金融属性，从服务上海"五个中心"建设的高度谋划航运保险的未来却是共识。2013 年 9 月 18 日，国务院批准《中国（上海）自由贸易试验区总体方案》，明确提出"建立试验区金融改革创新与上海国际金融中心建设的联动机制"，要求"支持开展人民币跨境再保险业务，培育发展再保险市场"。2014 年 8 月 10 日，《国务院关于加快发展现代保险服务业的若干意见》（又称新"国十条"）出台，提出保险是现代经济的重要产业和风险管理的基本手段，是社会文明水平、经济发达程度、社会治理能力的重要标志。随着上海"两个中心"和自贸试验区建设的深入，保险"新国十条"和上海市政府深化保险"新国十条"《实施意见》的出台，上海航运保险发展的顶层设计全面铺开，上海航运保险发展进入了创新发展的重大历史机遇期。2021 年，上海航运保险保费规模达 45.65 亿元人民币。

值得一提的是，2015 年 9 月，上海航运保险协会经过中国外交部批准、国际海上保险联盟（IUMI）投票通过，正式加入 IUMI，成为 IUMI 会员，开启了中国航运保险迈向国际舞台的新时代。

五、服务中国式现代化建设的提质增效阶段, 2022 年至今

2022 年,党的二十大胜利召开,会议明确提出"以中国式现代化全面推进强国建设、民族复兴伟业"。推进中国式现代化必须走高质量发展之路。服务中国式现代化建设、提升中国航运保险业的国际话语权是上海航运保险业义不容辞的责任。上海航运保险迎来高质量发展新机遇。

经过二十多年的努力,上海基本建成国际航运中心。2021 年公布的《上海国际航运中心建设"十四五"规划》明确指出:"上海国际航运中心从'基本建成'迈向'全面建成'的历史新阶段。"2023 年 7 月,上海市政府印发了《提升上海航运保险业能级　助力国际航运中心建设行动方案》,在"促进航运衍生服务业能级提升"项下,明确提出"推动航运保险产品创新,探索研究对新能源船舶险、船舶建造险等重点险种的支持政策。建设具备全球服务能力的国际航运保险要素交易平台,支持智能跨境贸易保险平台对接全国国际贸易'单一窗口',提高产品创新和精准定价能力。依托上海保险交易所打造离岸再保险业务窗口,提升航运保险承保和服务能力。鼓励航运保险机构参与国际海上保险联盟和'海上保险波塞冬原则'各项事务,并加强规则对接"。《上海国际航运中心建设"十四五"规划》明确要求,2025 年的上海"航运保险规模全球排名第三",并提出"完善航运保险市场体系,建立具有吸引力和竞争力的国际航运保险、再保险业务支持政策体系。支持上海保险交易所优化国际航运保险交易服务场景,加快形成具有一定规模和国际影响力的航运保险交易市场。引导本土航运保险服务机构与境外保险公司开展合作,拓展航运保险全球服务网络"等具体举措。

2023 年 12 月交通运输部、中国人民银行、国家金融监督管理总局、中国证券监督管理委员会、国家外汇管理局联合印发了《关于加快推进现代航

运服务业高质量发展的指导意见》，明确提出："强化航运保险服务保障。引导我国主要保险机构、再保险机构积极拓展航运保险业务，创新提供新能源船舶险、船舶建造险等产品。鼓励我国保险机构逐步、适当提高自留风险额度，不断提升其承保能力和信誉担保的国际认可度。支持航运保险机构加强全球服务网络建设，鼓励与我国相关机构开展海外网络协同合作，不断提升海外理赔、防损等服务能力。支持境外航运保险机构在境内设立机构提供保险服务。支持发展国际航运再保险业务，集聚国内外再保险机构，提升航运再保险服务能级。进一步规范中国船东互助保险组织管理，支持其深度融入国际航运保险市场体系。"

2024 年 7 月，党的二十届三中全会审议通过了《中共中央关于进一步全面深化改革、推进中国式现代化的决定》，该决定第三部分"健全推动经济高质量发展体制机制"中，第 11 条"健全现代化基础设施建设体制机制"项，明确提出"提高航运保险承保能力和全球服务水平"。这是航运保险首次被写入中共中央文件，凸显了党中央充分关注和认可航运保险业在推动经济高质量发展中的重要作用，也进一步激励航运保险业发展。

另外，上海金融监管部门起草的《关于推动上海航运保险业高质量发展的指导意见》正在征求意见。结合航运行业的特性，上海航运保险业将特别关注行业内的重点产业链以及绿色、智能领域，加快完成绿色智能船舶保险方案和邮轮风险防控指南的编制，稳步推动航运保险"中国条款"的制定。同时，上海航运保险将依托再保险"国际板"——2024 年 8 月，国家金融监管总局会同上海市政府联合印发《关于加快上海国际再保险中心建设的实施意见》，建立航运保险细分领域的特殊风险聚合体，完善特殊风险分散资本补充机制，并为航运数字化转型赋能，提供更好的风险减量服务。

第二节　上海航运保险发展现状

近年来,航运保险在保障航运业绿色转型安全、助力航运业高质量发展中的作用受到进一步重视。如2023年出台的《关于加快推进现代航运服务业高质量发展的指导意见》明确提出"强化航运保险服务保障"。

一、机构数量多且种类齐全

《中国保险年鉴》(2024)显示,截至2023年末,上海共有61家保险法人机构。其中,保险集团2家,财产险保险公司20家(含自保公司1家),人身险公司24家,再保险公司5家,资产管理公司10家。此外,全市共有财产险分支机构53家,再保险分支机构18家。

上海航运保险协会公众号显示,截至2024年底,全国11家专业性航运保险运营中心已经全部落户上海。其中,外资专业性航运中心1家。调研显示,自2023年以来,以中国人保航运保险营运中心为代表的专业性航运保险营运中心进一步被做实做强。2023年11月,中国人保航运运营中心总部迁入上海人保大厦(黄浦区福佑路8号),意味着航运保险运营中心与中国人保上海分公司之间的合作进一步得到加强,也标志着航运保险保费规模最大的内资保险机构的航运保险运营中心总部经营团队正式来到上海,彻底改变了以往"业务在上海、管理在北京"的局面。

二、专业服务机构数量稳定增加

近年来,上海航运保险专业服务机构数量和种类进一步增多。第一,保险中介机构数量进一步增加。保险经纪和保险代理对航运保险业发展也有较大作用。《中国保险年鉴》（2024）显示，截至 2023 年底，上海共有保险专业中介机构 23 家（总部类）。其中，保险专业代理机构（总部类）9 家，分部类 47 家。保险经纪机构（总部类）12 家，分公司 16 家。保险公估机构（总部类）2 家，分公司 3 家。另外，保险中介集团 1 家（泰康在线保险经纪有限公司）。第二，海事法律、船检和诉讼、仲裁等服务的中介机构种类进一步增加，相关海事服务相继在上海展开。目前，在上海航运保险市场上，不仅拥有船舶公估、检验等中介机构为船舶经营管理提供专业服务，还形成了比较完备的海事法律仲裁体系。例如，2010 年 9 月，国内首家专业从事船舶保险公估的公司——上海船舶保险公估有限责任公司——正式成立。2014年，中国船级社上海分社崇明检验处成立。此外，劳氏船级社等多家全球顶级船舶检验机构也先后来到上海（见表 5.3 和表 5.4），上海海事法院、中国海事仲裁委员会上海分会和上海国际航运仲裁院分别于 1984 年、2003 年和 2009 年正式设立。这些专业中介机构的设立，不仅提升了上海航运保险专业中介服务能力，也有力助推了上海国际航运中心的建设。

表 5.3 部分外国船舶检验机构在中国的网点情况

	地　址	分布网点（城市）
劳氏船级社（中国）有限公司	黄浦区南京西路 288 号 1215 室	大连、武汉、青岛、广州、宁波、江阴
必维船级社（中国）有限公司	上海市黄浦区外马路 1288 号综合楼五层 A 室	武汉、青岛、广州、南京、宁波、大连
挪威船级社（中国）有限公司	上海市长宁区虹桥路 1591 号虹桥迎宾馆 4 号楼	北京、大连、武汉、青岛、广州、南京、宁波、南通、天津
德国劳氏船级社（中国）有限公司	上海市黄浦区鲁班路 558 号 2 楼 A21 室	
日本船级社（中国）有限公司	长宁区延安西路 2201 号国际贸易中心 2207 室	上海、大连、天津、青岛、南通、舟山、广州

续表

	地　　　址	分布网点(城市)
韩国船级社(中国)有限公司	上海市徐汇区柳州路 399 号	青岛、大连、南京、宁波、天津、广州
意大利船级社(中国)有限公司	上海市长宁区延安西路 1160 号首信银都大厦	
大连杰克船舶检验有限公司	大连市中山区明泽街 27 号 A 座 1 单元	
易氏船舶检验(大连)有限公司	大连市中山区华乐街 34 号 2 单元 1 层 2 号	
巴海船舶检验服务(北京)有限公司	北京市朝阳区北苑路 170 号 3 号楼 5 层 1 单元 601 室	
阿艾司(天津)船舶入级服务有限公司	天津市河西区南京路 39 号国际贸易中心 B 座 23 层	
青岛艾阿斯船舶服务有限公司	青岛市市南区山东路 2 号甲华仁国际大厦 23E	
美国船级社(中国)有限公司	黄浦区广东路 500 号世界贸易大厦 29 层	上海、大连、广州、南京、南通、扬州、宁波、福州、烟台
联合船舶检验(大连)有限公司	大连市中山区朝阳街 57 号 3 单元 7 层 2 号	
环宇(烟台)船舶检验有限公司	山东省烟台市芝罘区大马路 31 号 1 单元 3802 室	

表 5.4　部分上海船检机构情况(截至 2024 年底)

机构名称	成立时间和注册地
中国船级社(CCS)上海分社	2008 年,上海市浦东大道 1234 号
中国船级社上海分社崇明检验处	2014 年,上海市长兴岛江南大道 1333 弄
上海市船舶检验处	2016 年,上海市中山东一路 13 号二楼
中国船级社上海规范研究所	2008 年,上海市浦东大道 1234 号
上海船舶工程质量检测有限公司	2006 年,上海市中山南二路 851 号四号楼一层

资料来源:根据公开资料整理。

三、保费规模稳步增长

2024 年,上海航运保险保费规模继续稳步增长。船货险保费规模合计达 67 亿元人民币,同比增长 23.4%。其中,货运险和船舶险保费规模分别为 36.9 亿元和 29.98 亿元,同比增长分别达 35.19% 和 11.42%。图 5.1 显示,2024 年,上海船货险保费规模的增长率相对较高,尤其是货运险保费增长率比上一年高了约 23 个百分点。

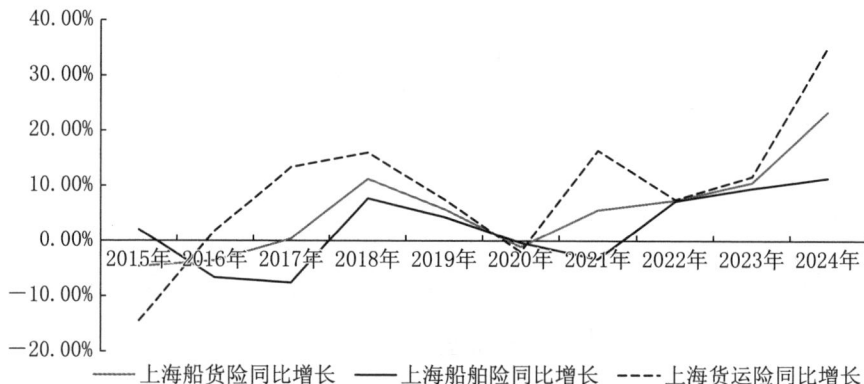

图 5.1 2015—2024 年上海船货险增长速度

资料来源:根据上海航运保险协会调研所得数据制作。

2024 年,上海航运保险保费规模继续在全国保持较高的占比。船货险合计、船舶险和货运险在全国的占比分别达 18.22%、37.17% 和 12.88%。但必须看到的是,上海地区船货险保费规模在全国的占比并没有呈现明显的增长趋势。2016 年,上海地区船货险保费规模在全国的占比高达 27.05%。十年来,上海航运保险保费规模在全国的占比下降了近 8 个百分点。其中,上海地区的船舶险尽管在全国的占比非常高,且在 2024 年实现快于全国船舶险同比增长的预期目标,但整体上同样呈现下降趋势。如图

5.2 所示,十年来,上海地区的船舶险在全国占比下降了约 7 个百分点,货运险在全国的占比下降了约 3 个百分点。

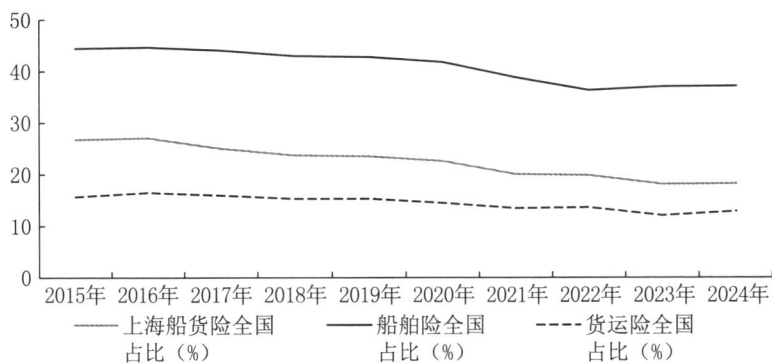

图 5.2　2015—2024 年上海船货险全国占比情况

资料来源:根据上海航运保险协会调研所得数据制作。

四、再保险市场实现实质性突破

上海再保险市场比较发达。第一,上海是全国再保险机构集聚的城市。表 5.5 显示,全国共有 16 家再保险公司,上海有 8 家再保险公司,在全国的占比高达 50%。其中,7 家再保险公司的经营范围覆盖航运保险业务,占比达 87.5%。第二,上海再保险市场的国际化程度非常高。落户在上海的外资再保险公司有 6 家,且均是总部机构,占比达 75%。此外,尽管北京拥有 10 家再保险公司,其中,9 家再保险公司为总部机构,但仅有 3 家外资再保险机构的总部设在北京。

2023 年 10 月和 2024 年 10 月,上海国际再保险交易中心和上海国际再保险登记交易中心有限公司先后正式启动,标志着上海正加快提升再保险供给能力和水平,更好地发挥上海在再保险分散保险风险中的功能和作用。再保险能力的提升无疑有利于航运保险业的发展。

表 5.5　中国再保险市场机构简况

公司名称	成立时间	所属国家	注册地	资产规模(百万元人民币,截至 2022 年 12 月 31 日)
大韩再保险公司上海分公司	2020 年 1 月	韩国	上海	1 631.08
RGA 美国再保险公司上海分公司	2014 年 9 月	美国	上海	1 714.22
信利再保险(中国)有限公司	2020 年 6 月	美国	上海	1 287.75
汉诺威再保险股份有限公司上海分公司	2008 年 5 月	德国	上海	57 964
法国再保险公司北京分公司	2008 年 5 月	法国	北京	29 965
劳合社保险(中国)有限公司	2007 年	英国	总部上海,北京分公司	5 734.05
德国通用再保险股份公司上海分公司	2004 年 7 月	德国	上海	8 204.8
瑞士再保险股份有限公司北京分公司	2003 年 9 月	瑞士	北京	44 182.89
慕尼黑再保险公司北京分公司	2003 年 9 月	德国	北京	44 235.45
中国农业再保险股份有限公司	2020 年 12 月	中国	北京	
太平再保险(中国)有限公司	2015 年	中国	北京	13 140.57
中国再保险(集团)股份有限公司	1949 年	中国	总部北京,7 家子公司,4 家海外,上海保险交易所股东	520 694.92
中国财产再保险有限责任公司	2003 年 12 月	中国	北京	107 129.68

续表

公司名称	成立时间	所属国家	注册地	资产规模(百万元人民币,截至2022年12月31日)
中国人寿再保险有限责任公司	2003 年 12 月	中国	总部北京,上海深圳各设分公司	248 672.79
人保再保险股份有限公司	2017 年	中国	北京	19 145.62
前海再保险股份有限公司	2016 年 12 月	中国	深圳	36 814.49

数据来源:作者根据网上公开资料及《中国保险年鉴》(2023)整理。

五、营商环境不断改善

近年来,为了充分发挥航运保险业在中国式现代化建设中的助力作用,促进航运保险业高质量发展的政策或意见明显增加。这些政策、意见或法律法规,将进一步改善上海航运保险业的营商环境,有力推动上海航运保险业实现新的突破。

首先,有关部门充分关注和认可航运保险业的重要作用。2023 年 7 月,上海市政府印发了《提升上海航运保险业能级,助力国际航运中心建设行动方案》。12 月,交通运输部、中国人民银行、国家金融监督管理总局、中国证券监督管理委员会、国家外汇管理局联合印发的《关于加快推进现代航运服务业高质量发展的指导意见》,明确要求"强化航运保险服务保障"。

其次,大力打造"金融＋航运"合力。2025 年 2 月,中国银行和中国人保集团共同研究形成《中国银行、中国人保共同支持上海国际航运中心建设工作方案》。这是上海国际航运中心首次迎来两家跨领域金融机构共同提出的金融服务工作方案。该方案以 29 项具体举措为着力点,推动上海国际航运中心建设。该方案通过"银行＋保险",形成"金融＋航运"合力,为上海国际金融中心和上海国际航运中心联动发展提供了新的样本。

此外,进一步完善法律法规并加快推出具体支持政策。《中华人民共和国海商法》(修订稿),以及上海金融监管部门起草的《关于推动上海航运保险业高质量发展的指导意见》也正在征求意见中。

第三节 上海航运保险发展的主要成就

近年来,上海不断推进航运保险业的改革开放,成效显著。尤其是2009年国务院颁布《国务院关于推进上海加快发展现代服务业和先进制造业建设国际金融中心和国际航运中心的意见》以来,上海航运保险发展取得了有目共睹的成就。

一、国内最完善的航运保险市场

目前,上海拥有国内最完善的航运保险市场体系。

(一) 种类齐全的原保险市场体系

国内经营直接航运保险业务的企业,按经营模式划分主要有传统的保险企业(包括航运保险运营中心)、专业的航运保险机构、航运自保公司和船东保赔协会。目前,上海已建立起较为完备的航运保险市场体系,主体种类相对齐全、数量规模居全国前列。

如表5.6所示,在上海保险市场上开展原航运保险的企业有58家,比深圳、天津和大连的数量分别多18家、19家和32家。其中,传统型航运保险企业48家,航运自保公司1家,专业航运保险公司1家,专业性航运保险运营中心 8 家。外资传统型保险企业的数量 13 家,居全国之首。外资航运保险运营中心 1 家。需要说明的是,由于统计原因,上述数字低于实际机构数量。例如,落户上海的专业性航运保险运营中心共计 11 家(见表 5.7)。

表 5.6　2023 年上海、北京、天津、广州和深圳航运保险机构比较

	传统保险企业数量(家)			航运自保公司(家)	专业航运保险公司(家)	航运中心(国家)			船东互保协会	合计
	中资	外资	合计			中资	外资	合计		
上海	35	13	48	1	1	7	1	8	1	59
北京	43	12	55	0	0	0	0	0	1	56
天津	35	4	39	0	0	0	0	0	0	39
广州	39	11	50	0	1	0	0	0	1	51
深圳	33	6	39	0	0	0	0	0		40
大连	24	2	26	0	1	0	0	0	1	27

资料来源:《中国保险年鉴》(2024)。需要说明的是,因财险公司的经营范围包括航运保险,所以本研究把财险公司都计入经营航运保险的企业,包括中国信保。其中,按航运保险经营模式可分成传统保险企业、航运保险自保公司、航运营中心和专业航运保险公司。此外,因本表数据按《保险统计年鉴》(2024)中有业务统计的机构信息整理,并没有区分法人机构和分支机构,也与登记机构数量略有差异。例如,截至 2023 年底,落户上海的航运保险运营中心达 11 家,但年鉴中仅显示 8 家航运中心的信息。见中国船东互保协会网站,https://www.chinapandi.com/index.php/cn/about-cpi/cpi-intro。

表 5.7　11 家航运中心概况(截至 2024 年底)

航运中心名称	成立时间	注册地
人保航运中心	2010 年 12 月	黄浦区
太保航运中心	2012 年 5 月	浦东新区
平安航运中心	2012 年 8 月	浦东新区
永安航运中心	2013 年 6 月	浦东新区
阳光财险航运中心	2013 年 6 月	宝山区
华泰航运中心	2014 年 7 月	浦东新区

续表

航运中心名称	成立时间	注册地
天安航运中心	2014 年 8 月	浦东新区
大地航运中心	2014 年 8 月	浦东新区
国寿财险航运中心	2015 年 1 月	浦东新区
美亚航运中心	2015 年 8 月	浦东新区
太平财险航运中心	2016 年 2 月	浦东新区

资料来源:作者根据网上公开资料整理。

全国唯一一家航运自保公司——中远海运财产保险自保有限公司,于2017 年在中国(上海)自由贸易试验区正式挂牌,标志着中国航运领域正式迎来首家自保公司。这也是中国第七家自保险公司,是中远海运集团在金融保险领域的创新成果。它有效地满足了中国远洋海运集团有限公司及集团成员企业的保险需求,也进一步推动了上海航运保险快速发展。目前,全国唯一一家专业性航运保险公司——东海航运,已在上海设立分公司。

保赔保险是海上保险三大主要传统业务之一,也是海上运输业全球化的重要影响因素,直接关系到一国海上运输能力的大小。中国船东互保协会是中国最大的保赔险保险人,目前保赔险入会总吨超 8 800 万吨,位居全球同业第 8 位。近年来协会互助船舶业务发展迅速,已成为我国主要的远洋船舶保险承保人之一。2017 年,中国船东互保协会经营总部由北京迁至上海。目前,该协会已搭建起一个高效、快捷的全球性通信代理服务网络,在 143 个国家和地区拥有 451 家通信代理,可为会员提供承保、理赔、防损、合规等专业服务。该协会网站显示,协会会员包括中国远洋海运集团、东方海外、招商局集团、山东海运、福建国航、新加坡太平、新加坡万邦、法国达飞等 193 家国内外大型知名航运和金融租赁企业,是一个具有国际影响力的保赔协会。

（二）高水平的海事服务体系

海事法律、诉讼和仲裁服务对航运保险发展有着极其重要的作用。经过多年努力，上海已构建了高水平的海事服务体系，海事服务能力显著提升。

于 1984 年成立的上海海事法院，是中国成立时间最早的国内海事法院，现已建立了较完善的审判机制；2003 年，中国海事仲裁委员会将上海办事处升格为上海分会。上海分会行使与海事仲裁委员会相同的职能，可以独立受理和审理案件，并负责海事仲裁的调研、法律咨询以及中国海商法和海事仲裁制度对外宣传推介工作。2009 年，上海分会还启用"上海海事仲裁院"名称，并设立海事仲裁专家咨询委员会上海分会，推动上海成为全国乃至亚太地区的海事仲裁中心。于 2009 年成立的国际航运仲裁院，以"遵循中国法律、参照国际惯例、按照本会规则"为特点，侧重航运交通、海事海商、港口建设的纠纷争议案件的仲裁。

不可否认，与世界顶级国际航运中心相比，上海的航运保险中介市场整体发展水平仍有限。上海航运保险业未来仍将努力发展。

（三）完备的中介服务体系

法律、会计、船检和评估等专业性中介服务机构在航运保险市场有着重要作用。其一，为金融机构提供相关的咨询服务。金融机构在开发产品、财务管理、风险管控或内部控制时，需要获取相关信息和数据。专业服务机构不仅能提供相关资料，而且还可助力市场拓展或后续服务提供。例如，专业服务机构能为金融机构提供相关咨询服务，助力金融机构科学制定战略规划、提升风险管理水平。其二，为航运保险监管提供信息或数据支持。专业服务机构提供的信息或数据服务，有利于航运保险监管机构准确评估金融机构的财务状况或风险水平,促进航运保险市场健康发展。其三,为航运保险市场提供信息或数据服务。国际贸易、国际运输业的现状和航运保险人经营管理的信息或数据,对航运保险需求者也至关重要。但对大部分保险需求者而言,通过专业机构获得这些信息,成本相对较低。在北美地区,通过保险经纪人投保船舶货运保险的比例达100%,在欧洲,该比例也有70%—80%。

近年来,上海航运保险专业服务机构数量和类型进一步增多。除了传统的会计和法律事务所,船检和船舶公估等机构也先后落户上海,与早已存在的保险经纪、保险代理和保险公估企业共同组成了较完备的上海航运中介市场体系。例如,于2010年9月成立的上海船舶保险公估有限责任公司,是国内首家专业从事船舶保险公估的机构,现已与多家大型财险公司达成业务合作协议。于2014年成立的中国船级社上海分社崇明检验处,是中国船级社在上海进一步发展的体现。

二、全球知名的航运保险中心

目前,上海正积极打造上海航运保险品牌的影响力。2024年10月,国家金融监督管理总局上海监管局与中共上海市委金融工作委员会联合发布《推动上海航运保险业高质量发展的指导意见》。该文件明确提出"建设高水平的航运保险市场体系""增强上海航运保险品牌的影响力"。许多专家认为,上海加快建设航运保险中心,将进一步巩固上海国际航运与金融中心的地位,也是航运保险业发展的新机遇。

首先,上海已是中国的航运保险中心。从保费规模看,近十年来,上海船舶保险和货物运输保险保费规模之和在全国的占比稳定保持在18%以上。2022年起,中国航运保险保费规模有了显著的提高。货运险和船舶险保费规模分别排全球第一和第二。其中,约四分之一的保费业务由上海提供。从保险机构数量来看,落户上海的航运保险机构数量最多,上海航运保险市场体系在中国也是最完备的。例如,落户上海的航运保险机构数量约占全国的50%。中国所有的专业性航运保险运营中心已经全部落户在上海。上海有中国唯一的一家自保航运保险机构。此外,上海航运保险协会在某种程度上是中国航运保险协会,代表中国参加国际航运保险联盟相关活动。

其次,上海正加速推进国际再保险中心建设。再保险能力是全球航运保险中心的另一重要衡量指标。截至2024年底,上海拥有8家再保险公司,其中6家为外资再保险公司。见表5.8。分析发现,再保险机构的引进过程中,税收优惠等经济政策的作用似乎有限。在信息化和全球化背景下,上海航运保险企业寻求与伦敦市场的国际再保险机构合作已非难事。因此,从企业需求来看,引进再保险机构的积极性有限。此外,由于航运保险具有国际性,购买航运保险也适合通过国际或国外再保险机构实现。从成本角度而言,寻找本地再保险公司的成本优势也不大。显然,吸引再保险机构来上海落户,经济因素固然重要,但更重要的是市场的规范运作和优质的行政服务能力。这些因素让国际再保险机构能感受到上海具有国际水平的软环境。

表5.8　上海再保险公司(截至2024年底)

公司名称	成立时间	所属国家	注册地
大韩再保险公司上海分公司	2020年1月	韩国	上海
RGA美国再保险公司上海分公司	2014年9月	美国	上海

公司名称	成立时间	所属国家	注册地
信利再保险（中国）有限公司	2020 年 6 月	美国	上海
汉诺威再保险股份有限公司上海分公司	2008 年 5 月	德国	上海
劳合社保险（中国）有限公司	2007 年	英国	总部上海，北京分公司
德国通用再保险股份公司上海分公司	2004 年 7 月	德国	上海
中国再保险（集团）股份有限公司	1949 年	中国	总部北京，7 家子公司，4 家海外，上海保险交易所股东
中国人寿再保险有限责任公司	2003 年 12 月	中国	总部北京上海深圳各设分公司

资料来源：作者根据网上公开资料及《中国保险年鉴》(2024)整理。

此外，上海正稳步推进国际再保险交易中心建设，成绩斐然。例如，2023 年 6 月，再保险"国际板"完成多项工作，包括正式发布了再保险"国际板"登记、交易、保费统计、差异化监管等首批 4 项业务规则，制定了入场交易的再保险业务、交易席位、信息等第二批 4 项业务规则，完成了两批机构批设，上线具备交易确认、合同存证、账单确认、账务清算等功能的国际再保险业务平台，并指导完成首张国际再保险分入合约，等等。2024 年 6 月，上海国际再保险登记交易中心合作签约仪式顺利举行，涵盖国产大飞机、央国企保险经纪公司、海外保险机构合作和绿色船舶等四大板块的保险服务。为国产商用飞机实现海外安全运营、我国绿色船舶产业打赢关键核心技术攻坚战等提供全方位的保险保障。2024 年 8 月，临港新片区管委会会同上海金融监管局、市委金融办联合印发《中国（上海）自由贸易试验区临港新片区支持国际再保险功能区建设的若干措施》再次明确"着力发展再保险增量市场,强化再保险供给能力,健全风险管理制度机制,有效发挥再保险分散保险风险的功能作用,建设现代再保险市场体系"。以上这些事件,无不标志着上海再保险"国际板"按下了"加速键"。

三、初具影响力的国际话语权

拥有包括定价权在内的国际话语权,是一国(地区)航运保险业拥有综合高端服务能力的最佳体现,也是提升一国(地区)全球航运保险资源配置效率的最佳途径。但国际话语权并不是天上掉下来的,需要一国(地区)航运保险业努力争取。上海肩负提升中国在国际航运保险市场上的话语权的历史使命,并努力为之奋斗。

(一) 加快融入全球航运保险生态圈

与航运保险国际市场接轨是提升中国在国际航运保险市场上话语权的必经之路。经过多年努力,上海在助力中国航运保险业融入全球航运保险生态圈方面做了许多工作,并取得实质性成果。

一是"数据"融入。2011 年起,中国的航运保险保费被统计到"国际海上保险联盟"(International Union of Marine Insurance,以下简称"IUMI")的全球航运保险报告中。"国际海上保险联盟"于 1874 年在德国柏林成立,是世界上规模最大的航运保险协会。IUMI 的广泛国际影响力,不仅体现在其组织规模和会员构成方面,还体现在其专业权威性上。例如,IUMI 定期发布全球航运保险权威数据并提供专业技术建议,与国际航运或贸易机构建立协作关系,并代表航运保险人提供专业意见。中国航运保险保费被纳入 IUMI,意味着中国航运保险市场得到全球的广泛关注和认可。

二是"组织"融入。2015 年 9 月,上海航运保险协会代表中国加入

IUMI。作为我国首家专业性航运保险社团组织,上海航运保险协会尽管落户上海,但其业务定位、功能和影响力能辐射全国。上海航运保险协会成为IUMI成员,不仅表明IUMI对中国航运保险市场的重视和认可,同时也意味着中国航运保险业踏上了一个全新的国际市场之旅。

三是"会议"融入。2019年5月,国际海上保险联盟2019亚洲论坛在上海举行。论坛举办期间,IUMI还召开了IUMI执委会春季会议。

IUMI历史资料显示,中国香港地区和中国台湾地区一直积极活跃于IUMI开展的各类活动中。例如,香港长期负责为IUMI提供内地的航运保险各项数据,并于2014年举办了IUMI年会。香港保险业联会行政总监刘佩玲介绍了香港保险业联会,该联会是IUMI亚洲区中心秘书处。中国台湾地区的"The Non-life Insurance Association of Chinese Taipei"(台湾产物保险商业同业公会)则于1980年成为IUMI会员。值得一提的是,2014年IUMI年会是IUMI成立140年以来首次在中国举办的年会。

2024年5月,上海航运保险协会成功举办"开放、合作与未来——SIMI暨IUMI合作交流会",IUMI、西英保赔协会、香港保险业联会等相关组织派人与会、交流,推动中国航运保险业进一步加强对外交流和规则对接。

四是"航运保险人才"融入。中国航运保险业的发展,为中国航运保险人提供了广阔的国际舞台。中国航运保险人走向国际,也进一步加快推动中国航运保险业融入世界。例如,中国船东互保协会总经理宋春风先后被《劳氏日报》评为2022年度全球十大航运保险人第三名和2023年度全球十大航运保险人第四名。又如,现有7名中国籍航运保险业资深人士在IUMI的6个专委会中担任专家(详见表5.9)。

表 5.9　IUMI 专委会中的中国代表

姓名	所在公司	所在城市	所在专委会名称
Chenlong Zeng	东海航运保险股份有限公司	宁波	内河船舶、渔船和游艇委员会(The Inland Hull, Fishing vessels and Yachts Committee)
Max(Zhoujing) Liu	慕尼黑再保险(中国)	北京	货运委员会(The Cargo Committee)
Qing(David) Shang	华泰财产保险股份有限公司	上海	货运委员会(The Cargo Committee)
Xiaoxuan (Sherwin) Li	中国人民财产保险股份有限公司	北京	数据委员会(The Facts & Figures Committee)
Shan Shao	中国人民财产保险股份有限公司	北京	防损委员会(The Loss Prevention Committee)
Qi Ge	中远海运自保公司	上海	远洋船舶委员会(Ocean Hull Committee)
Xiaohui Cheng	中国人民财产保险股份有限公司上海分公司	上海	离岸能源委员会(Offshore Energy Committee)

资料来源:作者根据国际海上保险联盟(IUMU)官方网站 https://iumi.com/committees/inland-hull-fishing-yachts-committee(时间:2024 年 8 月 12 日)整理。

(二)成功探索中国特色的航运保险共同体合作模式

提升中国在国际航运保险市场的话语权,归根结底是需要具有全球承保能力并配置全球资源的保险企业。上海甚至中国保险企业的承保能力有限,但中国航运保险业成功探索了中国特色的共同体合作模式,并提升了境内尤其是上海航运保险业的承保能力。

起源于海上保险的共同保险,是现代保险业中重要的风险转移和分散机制之一。共同保险的出现早于再保险,旨在通过多个保险人之间的共同参与、按比例分配损失。但传统的共同保险通常要求共同保险人属于同一个组织范围。劳合社被认为是典型的共同保险组织。

结合中国国情,中国航运保险业成功探索出一条具有中国特色的共同体合作模式。特点之一,共同保险人所在地延伸为同一城市。特点之二,实行首席共保人制度。借鉴首席再保险人制度,共同体参照再保险制度中"共命运原则"的相关举措,约定首席共保人享有自行决定承保比例及理赔的权利。

目前,影响较大的航运保险共同体合作模式,大部分项目在上海完成(见表5.10)。例如,为了提升国产商用飞机海外机队的境内承保能力及保险保障与突发风险应对能力,降低相关成本,临港新片区管委会、中国商飞、上海保交所与人保财险、太保产险、平安产险、国寿财险等8家保险机构及航联保险经纪,就提升国产商用飞机海外机队保险保障的自主可控水平,持续优化国产商用飞机联合出海合作机制,共同签署国产商用飞机海外机队保险共同体合作备忘录,探索优化国产商用飞机"联合出海"合作机制。又如,为给中国绿色船舶产业打赢关键核心技术攻坚战提供完善的风险保障服务,浦东新区人民政府、中船集团与人保财险、太保产险、平安产险、国寿财险等9家保险机构共同签署了中国绿色船舶保险共同体合作备忘录,旨在通过多方合力提升船舶全生命周期的绿色低碳水平,建设优质高效的现代绿色船舶体系。

表 5.10　中国航运保险共同体部分项目

项目名称	启动时间	特　　点
"一带一路"再保险共同体	2020 年 11 月	承保"一带一路"项目。目前,成员保险公司有23 家
国产商用飞机海外机队保险共同体	2024 年 6 月	为国产商用飞机海外机队提供风险保障。目前,成员保险企业有8 家
中国绿色船舶保险共同体	2024 年 6 月	为我国绿色船舶产业打赢关键核心技术攻坚战提供风险保障。目前,成员保险企业有9 家

资料来源:作者根据公开资料整理。

（三）稳定推进航运保险"中国条款"制定

尽管中国的海上运输货物保险条款和船舶保险条款于 1995 年基本达到自成体系的水平，但基于英国在航运保险领域的重要地位和杰出成就，中国仍然广泛吸取了《伦敦协会货物保险条款》以及《伦敦协会船舶保险条款》的合理内容。另外，伦敦保险协会先后于 1982 年推出《伦敦协会货物保险新条款》、1983 年推出《伦敦协会船舶保险条款》（修订），并在 1995 年正式使用《伦敦协会船舶定期保险条款》。这极大提高了世界各国保险公司对伦敦协会新的保险单的满意度和接受度。目前，许多发达国家和发展中国家依然效仿伦敦保险公司所使用的保险单式样开具保险单。伦敦协会的保险条款和保险单格式的国际化是英国航运保险经年屹立于世界第一的重要原因之一。因此，制定并让世界接受航运保险"中国条款"，对提升中国在航运公司市场的国际话语权具有重大意义。

近年来，上海航运保险业稳步推进航运保险"中国条款"制定工作。如，上海正以绿色智能船舶保险和邮轮保险为切入口，主动为航运保险"中国条款"的制定创造条件。2010 年起，中国相继出台《关于推进水运行业应用液化天然气的指导意见》《船舶大气污染物排放控制区实施方案》《加快内河船舶绿色智能发展的实施意见》等相关政策，并制定了《船舶内河污染损害民事责任保险实施办法》。目前，中国已开发了沿海船舶燃油污染责任保险、沿海内河船东保障和赔偿责任保险等产品。2024 年 6 月，上海金融监管部门负责人在新闻发布会上指出，上海已初步完成绿色智能船舶保险方案和邮轮风险防控指南的编制工作。

总之，近年来，上海航运保险业通过加快融入全球航运保险生态圈、积极探索中国特色的航运保险共同体合作模式和稳定推进航运保险"中国条款"制定等渠道，努力提升中国在国际航运保险市场上的话语权。

第六章
不确定性加剧下的海上风险

　　进入 21 世纪,世界发生了或正在发生翻天覆地的变化。智能、绿色、多元等因素改变了原有风险发生的频率和损失程度,同时为风险管理提供了新工具和新可能。气候危机、能源危机以及战争也给人类带来前所未有的挑战,对航运保险服务能力和水平提出了更高的要求。有效地应对这些新风险和新趋势是航运保险业可持续发展的应有之义。

第一节　风险的种类及特征

　　复杂的国际环境对风险产生巨大的影响。新型风险的产生和风险复杂性的增加同时存在。

一、网络安全风险成为最大风险之一

　　进入 21 世纪,互联网技术的发展和运用为人类社会带来了翻天覆地的变化。例如,智能手机的普及、大数据技术的发展、人工智能的进步和区块链技术的运用等,辅助人类完成更复杂的工作、提供更加便捷的生活甚至为

人类创造了新的生产要素,但也带来了不可忽视的负面影响。在远洋贸易和航运领域,同样如此。一方面,互联网技术推动航运企业数字化发展,极大提升了企业经营效率;另一方面,网络安全风险也逐渐成为全球航运业面临的最大风险。

安联第 11 份《安联风险晴雨表》(2022 年度报告)指出,网络安全风险已经上升为全球航运业 2022 年度最大风险之一。报告还显示,被调查对象认为今后一年内的最大威胁依然是网络安全。首先是集系统加密与数据泄露于一体的"双重勒索"行为。其次是针对可能影响数千家公司的技术供应链和物理关键基础设施的攻击。最后是营业中断的风险上升。公司需要建立弹性制度并为未来的中断做好计划,否则将面临来自监管机构、投资者或其他利益相关者越来越严重的影响。表 6.1 还显示,网络安全成为日益关

表 6.1　2017—2023 年全球航运风险动态表

年度	第一	将其列为全球风险前三位的专家比例(%)	第二	将其列为全球风险前三位的专家比例(%)	第三	将其列为全球风险前三位的专家比例(%)
2023 年	网络事件	34	业务(供应链)中断	34	经济衰退	25
2022 年	网络事件	44	业务(供应链)中断	42	自然灾害	25
2021 年	业务中断	41	网络事件	40	Covid-19大流行	40
2018 年	网络事件	37	业务(供应链)中断	37	自然灾害	28
2017 年	营业中断	37	市场发展	31	网络事故	30

资料来源:作者根据网上公开信息(历年《安联风险晴雨表》报告)整理。如,2017 年全球风险预测出炉,"营业中断"风险蝉联榜首 | 保观研报,今日头条,https://www.toutiao.com/article/6385271377137500673/?wid=1730717034951。

注的问题,2018年是分水岭。2018年,网络安全与业务中断风险并列为十大国际风险之首。之后三年,它也高居第二。但在2022年和2023年,网络安全风险被认为是最大的风险。

二、影响海洋生态环境的事故风险日益增加

海洋环境污染问题由来已久。海洋生态环境保护是人类实现可持续发展的基本要求。为了更好地保护海洋生态环境并预防污染,相关国际海事组织先后出台一系列法律法规,并在行动上不断压实海洋生态环境保护的主体责任。船东、承运人和其他相关航运主体的责任风险也相应增加。

(一)海洋生态环境保护责任风险凸显

随着社会经济发展,海洋石油泄漏对海洋环境的污染等事件频频发生,给海洋生态环境带来了极其恶劣的影响,并且波及人类生存环境,给人类生命健康和财产安全造成巨大破坏。海洋石油泄漏是污染海洋环境事故中的重要一类,船舶发生溢油污染事故是其中一种。船舶,特别是载运散装持久性油类物质的油船,一旦发生碰撞、搁浅等事故容易造成油品泄漏。这不仅对海洋环境造成巨大危害,相关航运公司也将遭受巨大损失。为有效解决船舶发生溢油事故后清污资金来源和污染损害赔偿难题,船舶污染责任保险应运而生。

船舶污染责任保险不仅为船舶发生溢油事故提供财产损失补偿,还承担相应的航区水域污染防治和油污清理费用,并设置"施救费用",以实现事后对于污染事件的及时处理与应对,协助投保人在承保范围内积极承担社会责任。

(二)航运脱碳责任带来的市场风险

交通运输是产生碳排放的主要领域之一,也是应对气候变化和实现环

保与生物多样性的重点关注行业之一。2022 年 9 月发布的《全球海事问题监测报告》认为,2022 年最大的问题是航运脱碳。为推动航运脱碳,国际航运减排规则不断趋严。国际海事组织和国内外各经济主体先后出台多项政策措施,不断强化国际航运业低碳管理的要求。例如,欧盟的碳排放交易体系(EU-ETS)已于 2024 年 1 月起正式对航运业实施。在此背景下,远洋船舶不仅面临碳市场价格波动的风险,还要承担绿色低碳航运带来的成本增加。为此,航运保险业推出"航运业欧盟碳排放成本价格指数保险"等新产品,对在建船舶、纯电动集装箱船舶提供相应的船舶保险服务。

这些新产品的开发和运用,必将增加航运保险供给,提升航运保险服务能力和水平,同时也对航运保险人提出了更高要求。以纯电动集装箱船舶保险为例,从目前发展的现状来看,对保险人而言,纯电动集装箱船至少存在以下挑战:统一技术标准缺失、船/电分离的责任划分复杂、环境污染风险需要法律法规进一步调整、电池周转延误可能带来的商业风险、救援难度增加,等等。这些挑战对保险人而言是新型的运营风险。它们既缺少可作参考的历史数据,还对技术、法律或管理等多方面的协调统筹管理提出了更高要求。当然,航运保险人都在积极探索。

三、地缘政治冲突依然存在

地缘政治冲突历来对国际贸易和航运业影响较大。21 世纪以来,世界并不太平,地缘政治冲突给海上贸易和航运运输各方主体平添了诸多不确定性。

(一) 部分交通运输通道上的风险显著增加

政治冲突可能会导致相关交通运输通道中断,进而引发供应风险。以俄乌冲突为例,2022 年 2 月 25 日起,乌克兰海港的所有商业活动和俄罗斯亚速海的商业航运均被暂停。劳合社情报局数据显示,在那个时间段,有116艘船只在刻赤海峡的南部入口排队,另有52艘船只在南部等待。在海峡的北部入口,有45艘主要悬挂俄罗斯船旗的船只在等待——总共213艘船在这一海域等待。共有213艘船舶被搁置,相当于约500万载重吨。悬挂俄罗斯船旗的船只占整个刻赤海峡地区等候船只的54%。根据劳合社情报局的数据,有16艘巴拿马旗、12艘马耳他旗和10艘隶属于利比里亚和马绍尔群岛的船只。

2023年,红海地区海上安全局势紧张,运价存在上行风险。当时资料显示,受到胡塞武装袭击影响,马士基、赫伯罗特、达飞、地中海航运先后宣布旗下经营的集装箱船舶暂停经过红海海域。目前停运影响尚未扩大至油轮,但悬挂挪威国旗的油轮同样遭受也门胡塞武装袭击,油轮绕行可能性增加。苏伊士运河作为货运、油运重要通道,若大量航运公司宣布绕行,运输成本增加、有效运力减少,将带动行业运价显著增长。以上海—鹿特丹航线为例:若航线通过苏伊士运河,运距大约为10 700海里,航行天数在28天左右。但是,若航线绕道至好望角,运距增加了近30%,航行天数增加8天,燃油成本自然也将上涨。若是一艘超大规模的集装箱船舶,燃油成本将从原本的224万美元上涨到289万美元,涨幅在30%左右。

战争极大影响了航运保险价格。根据路透社报道,2023年12月,受也门胡塞武装分子袭击影响,马士基、赫伯罗特宣布暂停其集装箱船在红海的航行,直接助推了战争险费率的上涨。截至12月12日,相关战争险费率由上周的0.07%上涨至0.1%—0.15%,部分上涨至0.2%。

(二)战争风险引发的海盗风险

20世纪以前,战争风险作为不可抗力,不属于海上保险保障范围。"二战"期间,为降低战争中军方的开支并降低对阵亡士兵的抚恤金投入,美国推出了战争险。战争险承保战争或类似战争行为等引起的损失。该险种同时适用于商业船只和飞机。在英国保险市场上,"战争"作为承保风险是自1982年和1983年新协会条款出现后的事情。而中国船舶战争险条款则是从1976年开始的。显然,战争险是近一个世纪内出现的新险种。战争险有两个特点:第一,它是特殊附加险,作为附加险,它不能单独投保,只能在投了基本险前提下投保;第二,海运战争险包括海盗行为。战争险通常包括海运、陆运、空运和邮包战争险。但仅海运战争险多了一个海盗行为所致的损失,而其他类型的战争险则没有这一项规定。

现有研究实证了航运保险规模与战争之间具有负相关关系。如有研究发现,航运全要素生产率的增长有很大一部分源于航行安全条件的改善。例如,航运业在17—18世纪长期受到冲突和战争的影响。在1700—1830年间,航运全要素生产率的年平均增长率仅为0.6%。有冲突或有战争的年份,年增长率甚至降到了0.37%。研究还认为,英国沿海航运发展归因于两方面:一是19世纪初,船舶技术和船员技能得到了提升,灯塔普及、港口基础设施完善和装载技术进步明显。二是1815年拿破仑战争结束后,和平成为英国沿海水域的常态。英国皇家海军的实力增强有效保障了沿海水域的航行安全。

四、供应链中断及其累积风险继续增大

保险业发展早期,保险公司仅对火灾、爆炸、台风等自然灾害或意外事故直接造成的财产或人身损失进行补偿。直到19世纪,火灾损失引起的间接损失才成为保险赔偿范围。此后,保障范围逐渐扩展到爆炸、台风等自然灾害或意外事故以及政治因素和数字供应链等问题导致的间接损失风险。

随着全球经济的迅猛发展,营业中断风险已逐渐成为全球商业面临的

主要风险之一。进入 21 世纪,企业营业中断风险更被列为全球十大风险之一。从事远洋贸易或航运的相关企业也面临这种风险趋势。如表 6.1 所示,自 2012 年起,业务中断风险在国际十大风险中连续 11 年位居首位。究其原因,一是船舶造价和货物价值增加导致单次事故损失金额增大。如船舶大型化引致运输货物数量和种类的多样化,航运产业数字化助推全球供应链成为常态,这种运输格局意味着一旦发生运输事故,营业中断风险增加。二是地缘冲突引起的"禁令"、战争风险或航运运力波动导致的人为风险增加。

五、气候变化加剧自然灾害风险

在大自然面前,人类依然渺小。海啸、冰川碰撞、地震等自然灾害仍然制约着人类的远洋运输。尤其是全球气候变化导致的海平面上升、强烈的热带风暴、内陆洪水、干旱及极端高温事件等,对航运业和港口的影响越来越大。有研究发现,2005 年卡特里娜飓风在美国港口造成 22 亿美元损失;2018 年飓风佛罗伦斯在美国港口造成 4 600 万美元损失;2019 年,密西西比河创纪录的水位导致农产品出口运输中断,造成近 10 亿美元的损失;同年,由于巴拿马运河地区的严重干旱和交通限制,航运业损失了 2.3 亿—3.7 亿美元。这些巨灾风险无疑对风险管理手段和方式提出了更多和更高的要求。

此外,随着全球对水域环境保护的重视,国际海事组织及各国制定了更严格的船舶污水排放法规,严格的排放要求也必将推动船舶污水处理(产品库求购供应)技术的发展。中国已加入了国际海事组织大部分重要的公约,公约规则的推陈出新也将为中国船舶水处理行业带来新的机遇与挑战。类似的技术创新和环境保护需求都是保险业需要面对的时代之问。

第二节 风险发生频率及损失程度出现新变化

过去 10 年间,海运事故发生次数和单次损失金额出现显著变化。这导致航运保险需要应对的风险所发生的频率和损失程度也相应出现新变化。

一、海运事故次数显著减少

过去 10 年间,全球海运事故出现明显的下降趋势。如图 6.1 所示,2023 年全球海运事故次数为仅 186 次,较 2000 年的 610 次和 2010 年的 496 次,分别减少了 424 次和 310 次,降幅达 70% 和 63%。

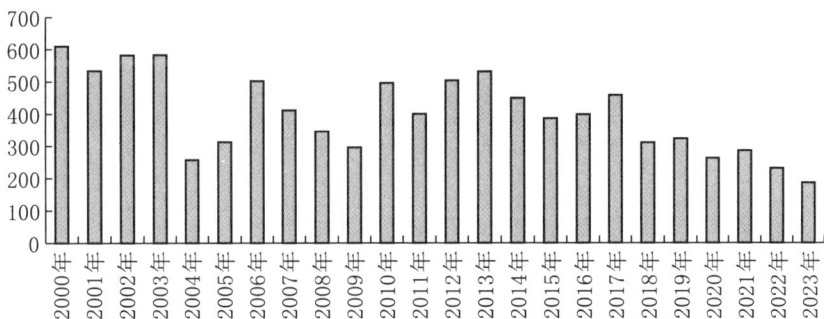

图 6.1 2000—2023 年全球海运事故(次)

资料来源:作者根据国际海事组织(IMO)的全球综合航运信息系统(GISIS)(网址:https://gisis.imo.org/Public/)历年海运事故报告整理而得。

《安联保险 2023 年度海洋运输风险报告》显示,"30 年前,全球船队每年报告损失 200 多艘船只。而 2022 年全年报告的船舶全损只有不到 40 起。在过去六年时间里全球报告船舶全损少于 100 起"。

二、严重海运事故占比增加

严重海运事故的占比有上升的趋势。如图 6.2 所示,2023 年全球严重海运事故发生的次数达到 127 次。这一数字占全球海运事故总数的 68.28％。在 2000 年,该两项统计数据分别为 198 次和 32.46％。严重海运事故占比的增加,意味着单次损失的金额增加。

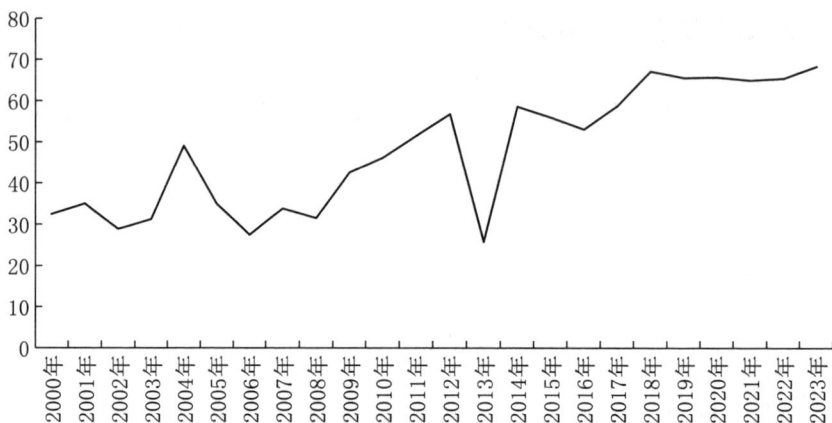

图 6.2　全球严重海运事故次数在全球海运事故次数占比(％)

资料来源:作者根据国际海事组织(IMO)的全球综合航运信息系统(GISIS)(网址:https://gisis.imo.org/Public/)历年海运事故报告整理而得。

本研究认为,有两个主要因素导致严重海运事故占比增加:一是船舶大型化。船舶大型化是 21 世纪远洋运输的一大特点。例如,20 世纪 70 年代初,吨位最大的集装箱船舶仅为 2 000 TEU 型。目前,吨位最大的集装箱船舶已达 20 000 TEU 型。这既是造船技术发展的产物,也是基于经济考量的结果。资料显示,船舶越大,燃料效率越高。因为在航行距离相同的情况下,船舶越大,通过减速航行,所燃烧的燃料量比较小船舶要少。更为重要的是,船舶大型化确实有效地提升了贸易运输效率。但船舶大型化给远洋运输风险造成了巨大影响,其中之一是一旦出险,损失可能更大。因为:第一,船舶潜在风险更大。大型船舶建造费用更高。例如,2014 年交付的民生多用途钻井船的造价高达 3 亿美元。第二,大型船舶运输的货物数量和种类更多,导致货物价值也更高。一旦发生意外,潜在的货物损失也更大。例如,大型集装箱船的集装箱可以堆放多达 26 层。第三,损失评估更复杂。因为搭载的货物数量、种类更多样,前期制定费率和后期损失评估,无疑都更加复杂。第四,打捞费用更高。一方面,有能力维修超大型船舶的船厂相对较少,打捞起来的船舶必须被远距离拖行。另一方面,出险地的政府为减少环境影响,通常要求完整打捞失事船舶,这使得打捞作业更为复杂。《安联保险 2023 年度海洋运输风险报告》显示,目前全球有 50 多艘集装箱船的运力超过 21 000 箱,且都是在过去五年内建造的。预计未来两年内,新增加的 65% 的集装箱船队将集中在 15 000 箱以上的船舶领域。

　　二是新型货物和新型风险的出现。例如,交通运输是产生碳排放的主要领域之一,也是应对气候变化和实现环保与生物多样性的重点关注行业之一。2022 年 9 月,第五届年度《全球海事问题监测报告》认为,2022 年最具影响力的问题是航运脱碳问题。为推动航运脱碳,国际航运减排规则不断趋严,国际海事组织、国内外各经济主体先后出台多项政策措施,不断加强国际航运业低碳管理要求。如欧盟碳排放交易体系(EU-ETS)已于 2024 年 1 月起正式对航运业实施。在此背景下,远洋船舶不仅面临碳市场价格波动的风险,还要承担绿色低碳航运带来的成本增加,同时也给航运安全带来新的挑战。为此,航运保险业推出"航运业欧盟碳排放成本价格指数保险"等新产品,也对在建船舶、纯电动集装箱船舶提供相应的船舶保险服务。从目前发展的现状来看,对保险人而言,纯电动集装箱船至少存在以下挑战:统一技术标准缺失、船/电分离的责任划分复杂、环境污染风险需要法律法规进一步调整、电池周转延误可能带来的商业风险、救援难度增加,等等。这些挑战对保险人而言是新型的运营风险,既缺少做参考的历史数据,也需要技术、法律、管理等多方面协同统筹管理。但必须承认的是,航运保险人正在积极探索。又如,随着绿色发展理念的不断深入人心,新能源汽车生产、销售、运输正在迅猛发展。这些电动汽车和依靠电池驱动的货物,给航运运输带来了与以往不同的风险。首先,这些货物目前仍以集装箱运输为主。为此,汽车船运力近年来也得到相应增加。其次,锂离子电池的"热失控",是一种可导致爆炸的快速自热火灾。尽管锂离子火灾的主要原因是制造不合格或电池单元或设备损坏、过度充电和短路造成,但一旦使用锂离子电池汽车发生火灾,火灾燃烧猛烈、难以扑灭,且能够重新自燃。因此,锂离子电池的普及对集装箱运输和汽车运输带来的风险也在不断增加。有资料显示,从 2013 年到 2023 年的 10 年间,全球累计发生 29 起较重大的汽车船运输安全事故。其中,不少事故的损失金额超过 1 亿美元(如表 6.2 所示)。《安联保险 2023 年度海洋运输风险报告》显示,2022 年损失的船舶中,火灾/爆炸是造成损失的第二大原因。

表 6.2　近年来全球新能源汽车运输船风险及损失情况

船舶名称	损失金额 (亿美元)	损失的人财物	时间、地点	船舶所属国
Fremantle Highway	2	3 783 辆宝马等	2023 年 7 月 5 日,北海海域	日本
Felicity Ace	3	3 965 辆大众	2022 年 2 月 16 日,大西洋	日本
Hoegh Xiamen	0.4	2 400 辆二手车	2020 年 6 月 4 日,美国海域	挪威
Golden Ray	10	4 200 辆奔驰等	2019 年 9 月 8 日,美国海域	韩国

续表

船船名称	损失金额 （亿美元）	损失的人财物	时间、地点	船船所属国
Diamond Highway	1.22	3 500 辆宝马、大众	2019 年 6 月 15 日，中国海域	日本
Grande America	1	2 000 辆保时捷和奥迪，等	2019 年 3 月 10 日，法国海域	意大利
Sincerity Ace	1.37	5 名船员失踪，3 500 辆日产电动车	2018 年 12 月 31 日，太平洋海域	日本

资料来源：葛琪等：《浅谈新能源汽车运输船安全》，《上海航运保险协会期刊》2024 年第 2 期，第 21—24 页。

三、海运事故区域分布更加集中

海运事故发生地也呈现一定的规律。如表 6.3 所示，《安联保险 2023 年度海洋运输风险报告》显示，过去 10 年中，三个船损热点地区分别是南中国海、中南半岛海域、印度尼西亚和菲律宾海域，东地中海和黑海及日本、韩国和华北，全损船舶分别达 204 艘、118 艘和 76 艘，占全球报告全损数量的 50％左右，如表 6.3 所示。近年来，阿拉伯湾、不列颠群岛和西地中海水域的损失有所上升。

表 6.3　全球海运事故发生地分布状况

发生的海域	排位	全损船只数量（艘）
南中国海、中南半岛海域、印度尼西亚和菲律宾海域	1	204
东地中海和黑海	2	118
日本、韩国和华北	3	76
全球		807

资料来源：根据《安联保险 2023 年度海洋运输风险报告》整理，https://www.163.com/dy/article/ILKCVV9J0514C1PI.html。

第三节　风险管理技术进一步提升

随着社会的发展,人类不断提升识别、衡量、转移和处理风险的能力。其中,尽管数字技术对人类的影响尚未完全显现出来,但其产生的影响程度无疑是深远和巨大的。

一、提高了风险识别和衡量能力

风险识别和衡量是实现有效风险管理的基本前提。应对新型风险和巨额损失的发展新趋势,精准识别和衡量风险显得尤为重要。得益于数字化转型及海上风险管理经验的长期积累,人类正不断提升识别和衡量风险的能力。

(一) 收集整理信息的能力显著提高

尽管航运保险面临的风险不如普通财产或寿险那样数量众多,但海上运输面临的各种风险数据仍是大量的。如何高效且精准地收集和整理这些数据,并科学绘制航运风险谱系,是人类孜孜不倦探索、征服神秘海洋世界的一个重要举措。

经过 600 多年的经验积累,尤其是数据科学和人工智能的问世,人类收集和整理风险信息的能力得到显著提升。一是能更加系统地收集风险数据资料。当前收集和整理的信息,不仅涉及定性描述性资料,还包括大量的、系统性的数据资料。作为一种可以直接度量或者识别的信息,数据资料显得更加精细化和精准化,也更加方便信息的储存、处理和使用。例如,运用信息化和数字化技术,电子保险年鉴已成为一种普遍使用的数据资料。二是定性信息与定量信息的边界不断被突破。例如,许多经济学家,尤其是从事金融学和会计学研究的专家学者,正在使用自然语言处理技术对客户满意度、投资者情绪或风险态度等重要的心理变量进行测度。这些变量在过去是无法测量的,如今借助大数据和自然语言处理技术,变得可测了。这种从定性信息向定量数据的转化,不仅意味着信息收集整理能力的提升,而且可能催生出全新的研究方法和工具。

总之,信息化和数字化技术为收集和整理信息提供了技术支持。航运保险领域的信息收集和整理能力,已得到显著提升。

(二) 使用数据的能力显著提高

航运业使用数据的能力显著上升,能更有效识别风险的同时还能更精准地衡量风险。相当一部分企业已经在做航运风险衡量的工作,它们采集了大量的有关船舶航线和船舶物理属性的数据,通过量化方法评估船舶风险,并对船舶提出预警和创新部分险种的申报程序。典型的案例是中远海自保公司开发的船舶特战险申报平台。2018 年起,中远海自保公司开始尝试利用船舶自动识别系统(AIS)所提供的船舶定位功能和虚拟围栏技术(Geofencing),开发船舶特战险申报平台。该平台根据战争险承保委员会(该委员会由劳合社、保险协会等专门成立,Joint War Committee,简称"JWC")发布的最新特战区,在数字地图上绘制出虚拟地理围栏,通过船舶 AIS 系统定期发送的船舶动态位置信息,自动识别出船舶进、出特战区域的时间,计算出船舶在该区域停留天数,并自动生成船舶在特战区域航行记录。在此基础上,结合航次、挂靠港、空满载和船上安保人员配备情况等风险要素分析,该系统自动生成报价,并计算出船舶特战险的加保保费金额。该船舶特战险申报平台,还实现了船东在线填写特战险申报信息的功能。通过这个平台,我们不仅可以看到科技以及数字给航运保险带来的积极变化,而且也在某种程度上为船舶保险开启了新的模式。2023 年的全球保险科技大会,创造性地引入了"航运产业与航运保险"巅峰对话环节,标志着航运保险行业开始重视数字技术的应用。

与此同时,航运保险公司的员工的风险识别能力也在不断增强。早期,风险识别的资料收集、整理,完全依靠人力。对此,保险企业的投入也比较大。例如,培养一位优秀的保险精算师,不仅要有相当数额的资金投入,而且需要有多年的行业历练。如今,作为较早实现信息化的一个金融领域,掌握信息化办公能力成为保险公司员工必备的一项技能。各种线上培训还为保险公司员工提升数字化水平提供了新的学习途径和可能。此外,相关信息资料也开发了电子化产品,例如,部分早年的统计年鉴也有电子版呈现。这种电子版产品,使得查阅、使用相关资料更加方便,促进了识别风险和衡量风险能力的提升。

二、风险预防能力提升

20 世纪中期以来,人类通过提升航海技术和海事救助水平等渠道提升了海上风险防御能力。

(一) 数字化赋能风险防范

航海技术的提升对航海安全提供了巨大保障。当前,航海技术在以下三个方面得到显著升级:第一,自动化驾驶技术。随着通信、计算机等技术的发展,自动化驾驶技术在 20 世纪应运而生。例如,根据气象导航,及时做好、调整航行计划;对船只的行驶方向、行驶位置和其他数据进行实时监控;使用 GPS 定位系统,对船位精准定位;通过雷达系统以及专业性较高的避雷系统预防事故发生,等等。第二,交通管理自动化技术。目前,AIS 系统被广泛地应用到船舶运输活动中,不仅实现了对信息的及时收集与传递,并且具备了监控、通信和其他相关功能。这种自动交通管理技术的应用和升级,强化了对航行方向、航行速度以及其他相关数据信息的收集和监测,能更有效地保障船只安全运行。第三,自动化轮机技术。随着科技水平的不断提升,轮机技术逐渐实现了轮机设备控制自动化、维护维修自动化和轮机管理自动化。例如,由于运用许多高科技的设备,日常的良好维护工作成为船舶运营的必要环节。因此,维护维修自动化技术的突破,提升管理水平的同时,极大提高了船只运行安全。以上这些技术,尽管需要在海员素质和管理能力提升的基础上,才能充分发挥效应,目前仍亟待完善。但必须承认,这些航海技术的运用已经带来了巨大效应。安联保险集团(AGCS)发布的《2022 年度安全与航运报告》显示,2021 年全球报告了 54 艘船舶全损事故,与 2020 年相比减少 11 艘(下降 17%);近 10 年船舶全损数量下降了 57%(2012 年为 127 艘),相比 20 世纪 90 年代初全球船舶每年要损失 200 多艘,船舶安全出现了显著改善。

当然,航海技术的发展对航运保险制度的影响是多方面的。一方面,伴随远洋运输风险的降低,风险管理需求随之减少。另一方面,技术提升促进航程、贸易量增加,航运保险需求提高。但从供给来讲,航运保险价格与航运风险显著相关,且成正比。因此,航海技术发展有可能降低远洋运输保险需求,更能显著降低远洋运输保险的价格,有效提升远洋运输保险的供给。

(二)海难救助能力提升

有效的海难救助是预防损失进一步扩大的重要手段。因此,提升海上突发事件的处置能力,能有效降低海上风险及损失金额。

当前,全球海上搜救力量与装备水平明显提升,海上搜救科技化水平和对外交流与合作程度也显著提高。这些因素共同促进了海难救助能力的提升、有效减少了损失扩大、最大限度保护了人类生命和财产安全。例如,许多国家或地区正在积极构建"海灾智防平台"。这类平台通常拥有灾害智能感知、风险智能研判和应急智能防控三大主要功能,不仅能够 24 小时监控海洋实况,系统智能研判结果并发布预警,而且能将预警信息推送到应急指挥系统,方便海上救援队和管理人员及时开展搜救任务。显然,这类平台可在世界各国海事相关部门构建的海上突发事件应急预案、应急管理机制及组织人员保障体系中发挥重要作用。

伴随海难救助能力的提升,海难救助的国际合作也得到进一步加强,并以法律法规的形式加以确立。以国际救助公约为例,《1910 年国际救助公约》中的救助标的仅限于船上财产,而《1989 年国际救助公约》不仅扩大了救助船舶和水域范围,而且强调无偿救助人命原则。

(三) 国际协同合作能力效果明显

以技术为纽带的多方协同合作,能更加有效地提升风险防范能力。随着数字技术的广泛运用,贸易和运输方式也出现新的变化和发展趋势。例如,贸易便利化能缓解许多供应链中断和物流拥堵问题。在发展中国家或最不发达国家,这种贸易便利化的表现之一是数字化。因为数字化可以提高透明度,加速清关,便于进行风险管理及抵达前的业务办理,并使得流程更加快速,更加灵活。如使用电子单据和电子支付,可以加快单据处理,甚至可以在货物抵达前开展业务办理。此外,还可将放行与清关分开进行,货物可直接送往可信进口商的仓库,随后再等待清关,甚至可以减少实物检查。

显然,贸易和运输方式出现的新变化、新趋势,无疑也引起贸易和远洋运输面临新的风险种类或损失程度。作为风险管理的主要方式,航运保险提供的相关服务也相应需要进行调整。

三、风险分摊机制进一步完善

保险是风险管理的重要机制之一。但包括保险在内的风险管理机制仍处在不断完善中。以下两个方面尤其值得关注。

（一）平台成效逐渐显现

目前，生产型和消费型的各类平台的开发方兴未艾。从生产效率来讲，平台的开发使用，将显著提升经营管理效率。但从风险分摊机制来看，需要关注平台经济引起的责权利调整，以及由此导致的风险应对方式的转变。

相关研究认为以下两类平台值得进一步关注。一是保险人研发的销售平台。与其他保险产品相比，航运保险—互联网具有局限性，但数字科技在航运保险的运用仍有目共睹，且将产生深刻影响。航运保险—互联网之所以具有局限性，是因为航运保险的专业性和复杂性。互联网保险销售的产品，通常是容易被大众认知的产品。尤其是在中国，人们投保意识相对不强，较少主动通过互联网去了解、选择保险产品。这也是目前在线销售的保险产品以定额保险为主的主要原因。但航运保险的投保需求或保单内容，大多具有独特的个性，是针对具体客户量身定制的，无法使保险需求格式化。目前，各类货运平台因汇集了大量的货主及物流运力，拥有潜在的保险产品需求者，具有较高的话语权。二是航运保险再保险平台。再保业天然具有平台型公司的独特价值，但再保险的交易周期长、环节众多，对信息交互和信用增进的需求较大。在传统的再保险中，原保险人与再保险人面对面磋商是行业惯例。数字化时代，再保险交易基础场所不断完善。以区块链技术为核心的数字化平台，为保险业打造了数据资源聚合和跨行业数据连接等优势。依托这种类型的平台，航运保险人能全面促进直接保险和再保险融合、产业融合和政企融合也可大力推动"再保＋科技＋服务"的创新模式。研究发现,这种融合和创新,是逐步实现从被动的损失分摊向主动的风险减量全过程管理转型的过程,属于从单一风险保障的提供者向综合风险解决方案的提供者转型的过程。因此,投保人和保险人的角色和定位也需要重新调整,并对"科技—产业—保险"循环畅通的生态圈提出新的要求。例如,在风险管理程序前置的过程中,保险人需要如何调整人才布局、如何完善定价机制等。

总之,平台经济的发展和壮大是社会进步的表现,也需要我们更加重视由其引起的责权利调整以及由此导致的风险应对方式的转变。

(二) 第三方机构作用增大

航运保险的市场化程度非常高,不管是早期英国的以私营小公司为主体的航运保险市场,还是 20 世纪中期以后美国的以股份制大企业为主体的航运保险市场,市场都为内生发展动力,并对制度的完善起着重要作用。例如,由于船舶技术状况直接影响远洋运输的安全,船舶保险有必要了解船舶的技术状况。因此,专业性第三方机构在海上保险中具有独特地位,不仅是海上保险重要的市场监督力量,而且是促进风险分摊的重要力量。

以船级社为例,在 1760 年,作为海上保险中心,劳氏咖啡馆创立了世界上最早的船级社——劳埃德船级社(Lloyd's Register of Shipping)。其主要职责是从事船舶检验和登记入籍。之后,各航运发达国家和部分发展中国家也相继成立了自己的船级机构,以发展本国(地区)航运事业。船级社制度亦成为海上保险的一项特有制度。第一,该制度完全是市场自主产生的。18 世纪的海上保险中心是英国的劳埃德咖啡馆。世界上绝大部分船舶保险和货物保险均在此办理。在办理业务时,保险商需要了解船舶的技术状况。同时因咖啡馆又是船长或者船员们经常聚会的场所,不管是在职的还是退休的,都乐意无偿共享相关信息。在某种程度上,已退休的船长或者船上的木匠更懂得船舶技术,且因不再有利益关系而能对船舶技术作出更加公正的评定。因此,早期的劳氏船级社雇用退休的船长或船上的木匠作为验船师,本着自愿原则,公益性和非营利性地在劳埃德咖啡馆为从事船舶生意的人们提供识别船舶优劣的相关服务。因此,早期的船级社纯属民间组织和自愿。第二,该组织发挥了市场监督作用,并逐渐承担了部分政府监督功能。这些验船师根据他们丰富的实践经验,把船舶、帆和锚等各种船舶设备划分为五个等级:最好、较好、中等、较坏和最坏,以及三个等级:好、中和坏。他们对船舶技术的等级鉴定逐渐成为市场标准,具有一定的市场约束力。海上保险人根据他们对船舶技术做出的鉴定等级,相应给予不同的费率标准。随着远洋运输业和船舶制造业的蓬勃发展,船级社被赋予越来越多的责任和权利。例如,法律法规明确规定,船舶在设计、建造、营运和维修的各个阶段都要接受船级社的监督,船级社在一定程度上代表政府执行有关国际公约等。至今,几大国际船级社依然是船舶协会的核心会员,并为海上保险提供关键的技术支撑和监管平台。

(三) 多式联运方式直接扩大了航运保险的内涵

20 世纪 60 年代以前,很大一部分的海运时间耗费在货物的装卸和装载上。同时,由于货物的装卸和装载又主要是通过码头工人完成,人工成本非常高。因此,当集装箱运输方式,尤其是集装箱标准化运用于海上运输中,海运集装箱运输量呈现爆炸式增长。1970 年,世界海运集装箱量是 600 万标箱。2017 年,全球海运集装箱量达 7 亿多个标箱。伴随集装箱运输的发展,多式联运也出现快速发展,并最终使世界航运业发生了巨变。

多式联运是指两种及两种以上的交通工具相互衔接、转运而共同完成的运输过程,又称复合运输。多式联运被认为是当今世界上最有效的运输服务。在过去的 100 多年中,人们对其进行了多次改进和尝试。改进或尝试的主要问题是解决各种运输方式之间更加有效衔接的问题,如提升多种运输方式换装效率、节约换装时间。集装箱运输业与其他交通方式的衔接尽管并不是那么顺利,但因其极高的运输效率、较小的货物灭失损害和延误的风险相对较小,成为物流业主要发展方向。例如,20世纪80年代起,美国率先撤销了以前制定的关于多式联运的限制措施。

海运与其他运输方式之间同样也先后解决了一系列衔接问题。例如,飞机装运ISO集装箱时需要解决集装箱的自重,公路运输量小、不适合长途,铁路公司担心半挂车出现牵引车分离等,由此极大地改变了世界航运业。目前,国际多式联运基本上是国际集装箱货物多式联运。

与此同时,作为连接多种运输方式的平台和纽带,高效的集疏运体系就成为提升港口服务功能和物流服务效率,促进多式联运发展、提高物流运输效率的重要因素。在港口集疏运各个环节中,"集"是指从发货人指定场所将出口的货物运至港口,集中堆放在码头、码头附近的堆场或仓库;"疏"是指将进口货物从船上卸下,堆放在码头后方堆场、码头附近的港外堆场或仓库。可见,港口集疏运体系效率的高低,直接与海上运输效率、港口潜力密切相关。集疏运系统通常包括集疏设施、集疏运方式和集疏运管理。其中,集疏设施通常指公路、铁路、港口、机场、仓库、堆场等基础设施;集疏运方式主要有水路运输、铁路运输、公路运输和航空运输;集疏运管理指对运输计划的制定、组织、协调等。在日益激烈的国际航运竞争格局中,各国纷纷把完善港口集疏运体系作为一个重要着力点。

正是在这样的背景下,航运保险从仅包括海上保险的狭义内涵扩展到包括海上保险、航空保险、邮轮保险和港口基础设施及货物在内的相关保险在内的广义内涵。如2014年《国务院关于加快发展现代保险服务业的若干意见》明确提出"积极发展航运保险"。如果根据广义内涵统计航运保险规模,航运保险规模必然较之前有显著增加。显然,承保范围和承保标的扩大有利于风险分担。

第四节　小　结

伴随第四次科技革命的产生与发展,以及全球经济与社会环境发生的巨大变化,国际贸易和远洋运输所面临的风险种类和风险发生的概率、损失程度等,也随之出现了新的变化。

从风险种类来看,自然风险和地缘冲突依然是国际贸易和远洋运输所面临的最主要风险类型;供应链中断及其累积风险不断上升;网络风险和影响海洋生态环境的事故风险越来越多;但航运数字化和智能化在客观上减少了人为风险。

此外,船舶大型化和智能化等因素导致的船舶造价和货物价值增加,使得海运事故次数减少的同时,单次海运事故损失程度也在不断提高。风险频率及损失程度的这一新变化,导致保险经营中“不确定性”增加,从而使相应的损失离散程度均方差、稳定系数 K 和纯费率出现上升。在此情况下,如果管理水平保持不变,航运保险供给曲线将向左偏移。换句话说,如果航运保险市场要保持原有的供需水平,需要提高供给价格。

值得庆幸的是,人类的风险管理技术处于不断进步中。随着数字化和智能化技术的应用,风险识别、衡量以及风险预防的能力得到显著增强。国际协同合作和第三方平台构建进一步完善了海上风险分摊机制。

第七章
上海航运保险需求分析

上海因海而生、向海而兴。上海在中国经济的高速增长尤其是外向型经济快速发展中发挥着举足轻重的作用。航运保险作为上海发挥其作用的重要载体，亦因此获得广阔的发展空间。

第一节　外向型经济与货物运输保险的需求

上海港进出口贸易规模的逐年扩大，需要航运保险业提供相应的保险服务。

一、庞大的进出口贸易规模为航运保险提供了充沛的保源

（一）上海港集装箱吞吐量连续 15 年位居全球第一

2024 年，上海港集装箱吞吐量突破 5 000 万标准箱（TEU），全球首个年吞吐量超过 5 000 万标准箱的世界大港，连续第 15 年蝉联全球第一。其中，洋山港作为上海国际航运中心的集装箱深水枢纽港，其四期码头已成为全球规模最大、自动化程度最高的集装箱码头。2024 年，洋山港区的集装箱吞吐量突破 2 600 万标准箱。

2024年，上海口岸的进出口总额达11.07万亿元人民币，连续四年突破10万亿元人民币大关。规模巨大的口岸进出口额及集装箱吞吐量，需要航运业提供运输服务的同时，也对高质量的货物运输保险和船舶保险服务提供了巨大的发展空间，并提出了新的要求。

当然，航运保险提供的服务还与运输距离相关。2024年，上海水运货物周转量达3.57万亿吨公里，占上海所有货物周转量的96%（根据上海统计局数据计算）。可见，航运保险提供的货物运输保险可覆盖绝大部分的运输货物。

(二) 长三角地区进出口贸易规模庞大

长江三角洲地区拥有中国最好的产业基础和产业链，交通运输网络体系完备，良好的营商环境条件，在对外经济贸易中占据绝对优势。从20世纪90年代中后期开始，江浙沪皖三省一市的进出口总额逐年增长。2001年中国加入世贸组织后，长三角地区的进出口总额占全国的比重近四分之一。见表7.1和图7.1。

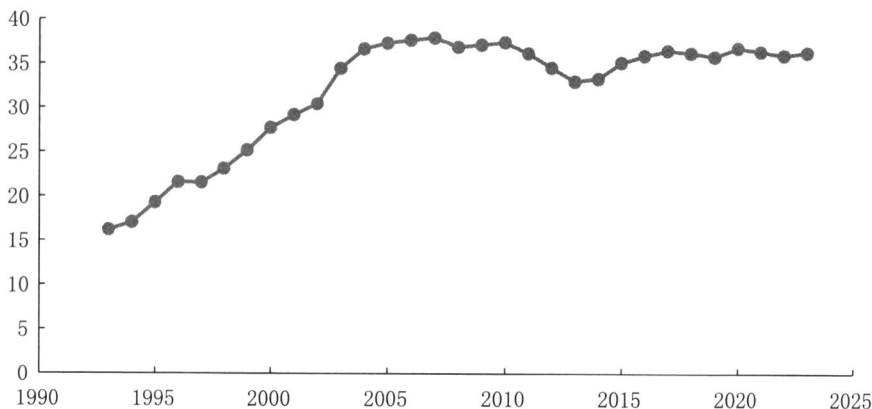

图7.1　长三角GDP占全国的比重(%)

资料来源：根据国家统计局官网(stats.gov.cn)相关数据整理而得。

表 7.1 长三角 GDP 总值占全国的比重(%)

年份	长三角生产总值占全国的比重	年份	长三角生产总值占全国的比重
1992	20.05	2008	23.90
1993	21.07	2009	24.08
1994	20.80	2010	24.25
1995	21.40	2011	23.98
1996	21.42	2012	23.72
1997	21.74	2013	23.69
1998	22.08	2014	23.72
1999	22.40	2015	24.02
2000	22.59	2016	24.22
2001	22.68	2017	24.14
2002	23.23	2018	24.07
2003	24.24	2019	23.92
2004	24.43	2020	24.12
2005	24.57	2021	24.16
2006	24.45	2022	23.99
2007	24.23	2023	24.20

资料来源:根据国家统计局官网(stats.gov.cn)相关数据整理而得。

庞大的进出口贸易规模,不仅极大增加了上海港口运输吞吐量的保险需求,而且因多式联运的发展而放大了对海上保险服务的需求。因为传统海上保险承保的货物主要是指远洋运输的货物。伴随水水中转、多式联运等方式的兴起,部分沿海、内河甚至陆路运输货物成为航运保险合同中的一部分。

目前,在一体化发展战略驱动下,长三角地区正进一步完善沿海、沿江联动协作的港口航运体系,并进一步推动江海联运、海铁联运等多种联运体系的建设。《长江三角洲区域一体化发展规划纲要》明确指出,长三角地区要协同推进港口航道建设,推动港航资源整合,优化港口布局,健全一体化发展机制,增强服务全国的能力,形成合理分工、相互协作的世界级港口群。这种港口群和多式联运体系建设,将进一步扩大上海航运保险服务的覆盖面。

二、贸易结构优化需要与之相适应的货物运输保险新产品

近年来,中国不仅保持外贸规模的平衡增长,还持续优化贸易结构。贸易结构的优化过程也是对保险服务提出更高要求的过程,并促进与之相适应的航运保险创新。

(一)产品结构优化

在中国出口产品结构中,机电产品等先进制造业和传统劳动密集型产品的出口均呈增长态势,"新三样"——电动载人汽车、锂电池和太阳能电池,已取代"老三样"——服装、家具、家电。尤其是新能源汽车出口,拉动了外贸出口增长。新能源汽车具有传统产品的优势,又属于高技术、高附加值和绿色转型产品。如表 7.2 和表 7.3 所示,近年来,上海高新技术产品出口

表 7.2　2011—2024 年上海高新技术出口占比

年份	高新技术产品出口额(亿元)	在上海市出口总额占比(%)
2024 年	5 753	31.65
2023 年	5 765	33.17
2022 年	6 234	36.38
2021 年	6 051	38.50
2020 年	5 782	42.13
2019 年	5 647	41.16
2018 年	5 742	42.02

续表

年份	高新技术产品出口额(亿元)	在上海市出口总额占比(%)
2017 年	5 696	43.41
2016 年	5 219	43.11
2015 年	5 354	43.78
2014 年	890	42.34
2013 年	887	43.44
2012 年	906	43.81
2011 年	933	44.49

资料来源:根据上海统计局网站(https://tjj.sh.gov.cn/ydsj54/index_8.html)相关数据整理而得。

表 7.3　中国新能源汽车发展重要节点

时间	重大事件	举　　要
2009 年	中国成为全球最大的汽车生产国	超 1 360 万辆
2015 年	中国成为全球最大的新能源汽车生产国	超 50 万辆
2022 年	中国新能源汽车出口增长率超100%	新能源汽车出口 67.3 万辆,增长率达120.2%,新能源汽车出口量占汽车出口量的 21.7%
2023 年	中国新能源汽车出口超 100 万辆	新能源汽车出口 120.3 万辆,增长率达 77.6%,新能源汽车出口量占汽车出口量的 24.5%
2024 年	中国成为全球首个新能源汽车年产量达 1 000 万辆的国家	新能源汽车年产量首超 1 000 万辆

资料来源:2022 年和 2023 年数据为中国工业协会网站数据(http://www.caam.org.cn/chn/4/cate_39/con_5236359.html),其余为网上公开数据。

在上海市出口总额的占比保持在 35%—45% 之间。中国作为新能源汽车生产和出口量最多的国家,2023 年,新能源汽车出口量超 100 万辆。在快速增长的汽车出口量中,新能源车出口占比达 30%。2024 年,中国新能源汽车年产量首超1 000万辆。出口产品结构转型需要有与之相适应的航运保险新产品和新条款。

（二）外贸主体结构优化

从贸易主体结构来看，民营企业已成为中国外贸中日益重要的经营主体。如表7.4所示，2024年，民营企业出口总额占当年出口总额的42.59％，比2011年提高了27个百分点。2024年，民营企业的出口总额占比与国有企业的出口总额占比相比，高出近30个百分点。两者之和高于外商投资企业出口总额。外贸主体结构的优化，需要航运保险公司提供更加个性化和灵活化的服务，也可能对航运保险价格产生更大的影响。

表7.4　2011—2024年上海私营企业出口占比

年份	私营企业出口总额(亿元)	在上海市出口总额占比(%)
2024 年	7 742	42.59
2023 年	6 912	39.78
2022 年	6 182	36.08
2021 年	4 184	26.62
2020 年	3 699	26.95
2019 年	3 471	25.30
2018 年	3 156	23.09
2017 年	2 717	20.71
2016 年	2 355	19.45
2015 年	2 337	19.11
2014 年	389	18.50
2013 年	361	17.68
2012 年	339	16.39
2011 年	308	14.69

资料来源：上海统计局网站，https://tjj.sh.gov.cn/ydsj54/index_8.html。

(三) 贸易伙伴结构优化

从贸易伙伴结构上看,我国出口目的地分化趋势进一步加剧。例如,自《区域全面经济伙伴关系协定》(RCEP)签订和生效以来,东盟继续作为我国第一大贸易伙伴,中国已连续15年保持东盟最大贸易伙伴地位,贸易往来持续升温。2024年前4个月,我国与东盟贸易总值2.09万亿元,增长13.9%。同期,我国进一步优化市场布局,积极开拓贸易伙伴多元化发展,与"一带一路"以及新兴区域市场和发展中国家建立了密切的双边贸易往来。

但从上海来看,按出口市场分,通常依次为欧盟、美国、中国香港地区和日本。例如,2024年上海市出口总额中,出口市场为欧盟、美国、中国香港地区和日本的商品总额占比分别为16.5%、15.25%、9.4%和6.8%,共计高达47.95%。

贸易伙伴结构优化意味着航运保险服务对象发生变化。不同国家或地区的投保人,对保险服务的要求并不相同,需要上海航运保险市场适时做出调整。首先,与美欧国家相比,东盟或"一带一路"共建国家的航运保险服务水平相对有限,对上海航运保险市场需求更大。上海可以为中国与东盟进出口贸易和远洋运输提供更多的保险服务。其次,上海出口市场的特点,使得上海航运保险业必须参与全球竞争,必须借鉴欧美发达航运保险市场经验,乃至与国际航运保险业加强合作。再次,上海作为再保险市场的需求方,上海本地航运保险人需要为贸易伙伴国提供更多的再保险需求。

第二节 航运业发展与船舶保险及相关责任保险的需求

中国是世界上的航运大国,拥有着数量庞大的船队,据联合国贸易和发展会议（UNCTAD）统计，截至 2023 年中国拥有的船舶数量位居世界第一，船舶总吨位仅次于希腊，位居世界第二。但航运大国并不等同于航运强国。中国建设航运强国，不仅需要资本、技术的投入，也需要船舶保险和船舶保赔保险保驾护航。

一、位居世界前列的海上运力需要航运保险业保驾护航

（一）海上运力规模快速提升

目前，我国船队运力规模位居世界前列。如图 7.2 和图 7.3 所示，2023 年中国船舶数量已达到 9 418 艘，是 2011 年船舶数量的 2.6 倍，位列世界第一。中国船舶吨位达到约 3 亿载重吨，占全球船舶总吨位的 13%，仅次于希腊。庞大的船队运力规模，为中国船舶保险发展提供了巨大的潜在市场。

如前所述，船舶保险是远洋运输船舶在他国领海航行、停泊或他国港口靠岸的必要条件。换言之，船舶保险保证了海上船队正常投入使用，并促进庞大的船队运力顺利产生经济效益。但前文也分析了船舶保险的特殊性，如船舶保险具有承保标的的价值高、风险复杂等特征。这些特征导致船舶

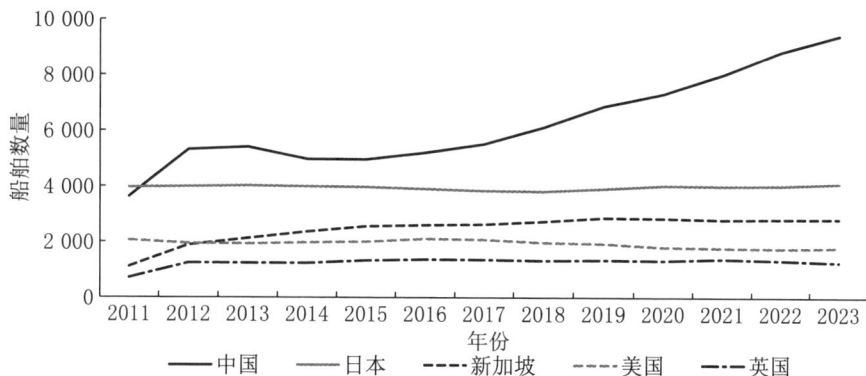

图 7.2　2011 年至 2023 年各国船舶数量变化趋势

资料来源：联合国贸易和发展会议国际海运回顾报告（2011—2023）。

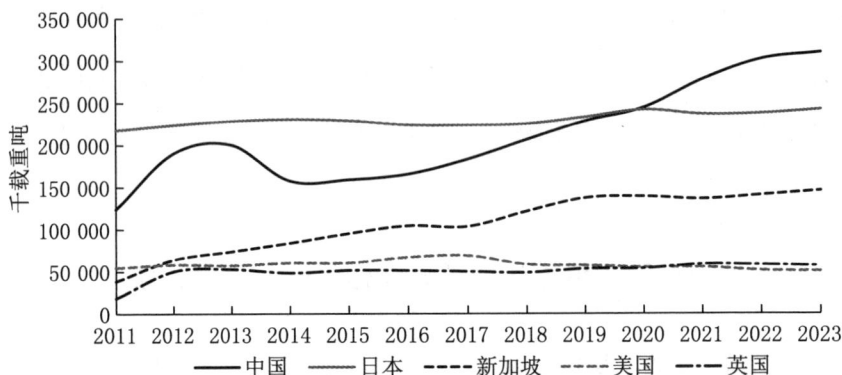

图 7.3　2011 年至 2023 年各国船舶总吨位变化趋势

资料来源：联合国贸易和发展会议国际海运回顾报告(2011—2023)。

保险高度依赖再保险市场，并逐渐形成了船舶所有人向非船籍所在国的保险人投保的惯例。因此，上海作为中国最大航运保险市场，必须提供更高质量的服务才能满足船东或运营人的保险需求，才能让潜在的航运保险需求转变成中国航运保险发展的动力。

图 7.2 和图 7.3 还显示，中国海上运力规模快速提升，主要发生在 2010 年以后。2012 年，中国拥有的船舶数量超过日本，位居世界第一。2020 年，中国船舶总吨位超过日本，仅次于希腊，位居世界第二。快速增长的运力规模，需要上海航运保险业的承保能力也相应地快速提升。分析发现，上海航运保险业发展节奏与中国海上运力的发展历程是相吻合的。例如，2009 年 12 月中国人民财产保险股份有限公司、太平洋保险财产航运保险运营中心先后在上海开业。随后三年间，上海航运保险业发展出现小高潮。

(二) 航运数字化转型

航运业数字转型是指利用云计算、5G、物联网、人工智能等技术，升级现有设备和系统的数字基础设施建设，并以标准化历史数据、打破系统间的数据壁垒实现深度挖掘数据、优化业务流程并提高效率的数字赋能过程。

目前,全球航运数字化均处于起步阶段。中国有望在此道上实现弯道超车,确立与海运地位相匹配的航运话语权。航运数字化转型也对航运风险及管理产生巨大影响。

第一,提升风险管理能力。目前,长江航道已经实现了对航道航标、水位、船舶等要素的信息采集、管理和数据分析,一线水上作业监测数字化也已进入正式推广应用阶段。远洋航行中,部分航行的船舶能提前预知前方航道、停靠港情况。这些航运数字化均对航运效率的提升起到了较大作用。《上海国际航运中心建设"十四五"规划》明确提出,到2025年,基本建成便捷高效、功能完备、开放融合、绿色智慧、保障有力的世界一流国际航运中心。其中,数字化转型成为新亮点。如表7.5所示,2020年,上海港完成智能管控系统(ITOS)研发,极大提高了整个航运及港口物流、货物装卸及管理体系。航运效率的提升,一方面为航运保险提供了更多的标的基础,另一方面也提升了风险管理水平。例如,操作人员的减少,在一定程度上降低了人员风险。因此,航运保险承保标的将更多地转向货物和财产。

表 7.5　上港智能管控系统(ITOS)情况

目标	面向超大型自动化集装箱码头装卸、堆存、转运、进出道口等多种作业场景,重点解决基于大数据的码头全域协同优化与智能决策这一关键科学问题	
思路	聚焦作业协同智能规划、大数据分析与应用服务、智能管控系统构建等关键技术开展产学研用密切协同攻关,应用大数据、云计算和数字孪生等新一代信息技术,从计划、调度、工艺和过程控制等各方面进一步提升超大型集装箱码头作业管控系统的智能化水平,进一步减少人工干预,优化资源任务匹配,从而突破制约自动化码头效率进一步提升的各类瓶颈,实现港口运营管理能力和综合服务能力的不断提升	
成效举要	配载一艘船的时间	从4小时到15分钟
	轨道吊操控效率	从108台轨道吊需要108名操作人员到只需要7名
	生产效率显著提升	是传统码头的213%

资料来源:根据上港官网资料整理,https://www.portshanghai.com.cn/yszt/1995.jhtml。

第二,网络风险不可忽视。如前第五章《不确定加剧下的海上风险》第一部分指出,近年来,网络风险已经上升为全球航运业的最大风险。如何缓解、转移这种新型风险,对航运保险人而言,既是挑战也是发展机遇。对服务航运业而言,更是不可推卸的责任。

二、快速发展的船舶制造业需要船舶保险服务

中国已是船舶建造大国。由于船舶保险承保标的已从航运中的船舶延伸到在建船舶。中国造船工业和造船技术的发展必将成为推动航运保险业发展的重要动力。从船舶建造大国迈向建造强国,上海航运保险业大有可为。

(一)造船技术取得突破性发展

近年来,中国的造船技术取得了辉煌的成就,集齐造船工业上的"三颗明珠",并取得了领先全球的绝对技术优势。

一是中国已经成为全球第五个有能力制造大型邮轮的国家。2023年7月,我国自主设计建造的首艘大型邮轮"爱达·魔都号"圆满完成第一次试航的所有实验项目,并于2024年1月1日从上海吴淞口国际邮轮港出发,带领16个国家和地区的3 000多名游客前往韩国的济州岛、日本的长崎和福冈,开启了为期7天6晚的首次商业航行。

二是大型LNG运输船研发制造水平属于世界一流。大型LNG运输船是供远洋运输零下163摄氏度液化天然气的专用运输船,涉及系统100多个,零部件550多万个,这种特殊的低温专用运输装备是世界公认的具有高技术、高可靠性和高附加值的产品。公开资料显示,中国船舶集团下属的沪东中华造船(集团)有限公司全方位打造LNG船的产业链。2008年,设计建造并交付了第一艘LNG运输船。2023年起,平均每两个月就可以交付

1艘，单船建造总周期共17个月零8天，数量和速度均创历史新高。2024年，沪东中华开发研制出了27.1万立方米的LNG运输船。该船是全球迄今为止最大型的LNG运输船，一次可运输1.55亿立方米的天然气。

三是深海探测能力建设和装备现代化建设迈出了关键一步。2023年12月18日，由中国船舶集团承担设计建造，150多家参研参建单位密切协作完成的首艘大洋钻探船"梦想号"在广州南沙下水启动试航。"梦想号"总长179.8米，宽32.8米，续航力15 000海里，自持力120天，稳定性和结构强度能抗16级台风海况，具备全球海域无限航区作业能力和海域11 000米的钻探能力。研究人员还为"梦想号"配置了最新一代30兆瓦闭环环网电站，全球首次同时将蓄能技术和闭环电网应用于DP-3级动力定位系统，船舶经济性和可靠性大幅提升，且节约能耗超过15%。与"梦想号"配套的钻探保障船"海洋地质二号"是国内首艘由海工船改造的科考船，具备伴随"梦想号"进行全球航行的作业能力。"梦想号"具有国际领先的大洋科学钻探能力，此举标志着我国深海探测能力建设和装备现代化建设迈出了关键一步。

2023年，我国深海电磁探测技术也取得了巨大突破。2023年6月，中国科学院南海海洋研究所与中国地质大学（北京）的科研人员开展合作，首次在南海中央海盆水深约4 000米处，进行了我国第一条跨洋中脊深海人工源电磁与大地电磁联合探测剖面的实验，这标志着我国在复杂的深海地形条件下，大功率人工源电磁探测技术取得了进一步突破。

2024年2月24日，由中集来福士集团改装建造的30万吨级海上浮式生产储油船从烟台出发前往巴西，该船总长341.2米、最大宽度77米，体量超过了目前世界上最大的航母，是一座集生产处理、储存卸载、人员居住、生产指挥于一体的"海上石油加工厂"，日可处理原油18万桶，储油量可达145

万桶,被称为"海上油气巨无霸",将安装在约 2 050 米水深的作业地。

2024 年 3 月 3 日,"华瑞龙"在宁德港灶屿锚地通过"搭积木"的方式,装载 14 艘"福建造"船舶,启程前往"一带一路"共建国家,预计将于 45 天后运抵几内亚,满足"一带一路"共建国家重大土建工程项目建设的需要。据了解,"华瑞龙"是全球第三大半潜船,总长 252 米,型宽 60 米,型深 14.8 米,航速最快达 15 节,是亚洲第一艘无常规艉楼、四导式设计的新型半潜打捞工程船。主要用于大型船舶的应急抢险打捞,兼顾海洋石油和天然气勘探、开采所需大型海上装备、大型船舶的装载和运输等。

中国在无人驾驶船舶的研发和建造上也取得了技术上的突破。在辽宁大连,一支平均年龄不足 40 岁、由跨学科多专业组成的科研团队,正在打造世界领先的无人驾驶船。这艘 100% 我国自主知识产权的无人驾驶船安装了 15 000 多个自动化控制点,是普通船只的 30 多倍;安装的 4G 和 5G 网络系统,能够保障行船大数据的迅速传输。它能够自动靠泊、智能避碰、自动感知行船环境与周围船只的情况,智能化水平全球领先。

总之,中国造船技术取得了领先全球的绝对优势。这种技术助力中国建造的船舶数量稳定增长,也明显丰富了中国建造的船舶种类,并使更多数量、更高质量的中国造船舶应用到远洋运输中。显然,在这"国船国运"过程中,中国的航运保险业能够且必须大有作为。

(二) 在建船舶数量连续多年高居世界第一

中国是世界上最早制造舟船和进行航海的国家。近年的考古发现表明,早在 8 000 年前,中国浙江省萧山地区跨湖桥遗址的先民们已经会制造独木舟了。马可·波罗是一位在元朝时期来华的意大利旅行家,在元朝廷供职 17 年,游历遍及整个中国。他对中国元朝造船技术进行过详细观察与研究。在《马可·波罗游记》中就有中国古代造船技术的记载。如,中国人发明的水密舱壁、舵、车轮舟、指南针、六层外板,使用桐油、麻丝、石灰调制舱料填补船板缝隙。马可·波罗还将众多先进的中国古代造船技术向欧洲进行传播,中国对世界造船与航海技术做出了重大贡献。明代时期,中国的造船与航海技术达到顶峰,"郑和七下西洋"显示出我国在造船和航海方面的辉煌成就。

改革开放后,中国造船业焕发出蓬勃生机,已逐步建立起一个具有自主研发、设计、配套、建造和总装能力的船舶工业体系,并走向国际市场,逐步跨入建设世界造船大国和造船强国之路。2024 年 4 月 4 日的《新民晚报》报道,上海中远海运重工已经"领跑"油气平台改装领域。2024 年 3 月,中远海运重工承接的首例修理、延伸、改装、全模块吊装、集成和调试的 FPSO(浮式生产储油卸油船)项目正式完工,标志着上海中远海运重工已具备改装 FPSO 的全链条工作能力。2008 年中国新接订单成为世界第一以来,除 2011 年和 2018 年略低于韩国外,其余年份中国新船订单稳居世界第一。《2024 年世界海运报告》显示,2023 年中国船舶建造数量首次占据全球产能的半壁江山。造船业新接订单量占国际市场的 70％以上,这是一个前所未有的纪录。

上海是中国船舶制造业的重要基地之一。2023 年,中国船舶制造业大省(市)依次为江苏、上海、辽宁、浙江和广东。这 5 省市造船完工量(运力计)合计占比高达 87.6％。此外,造船完工量(运力计)前 10 家和新接订单(运力计)前 10 家分别占比达 58.4％和 60.7％。见图 7.4。产业高度集中的同时,风险也呈集中趋势。上海作为中国第二大造船省(市),必然有巨大的在建船舶保险需求。如表 7.6 所示,在 2022 年和 2023 年的造船完工量(运力计)前 10 家和新接订单(运力计)前 10 家中,上海占比约五分之一。

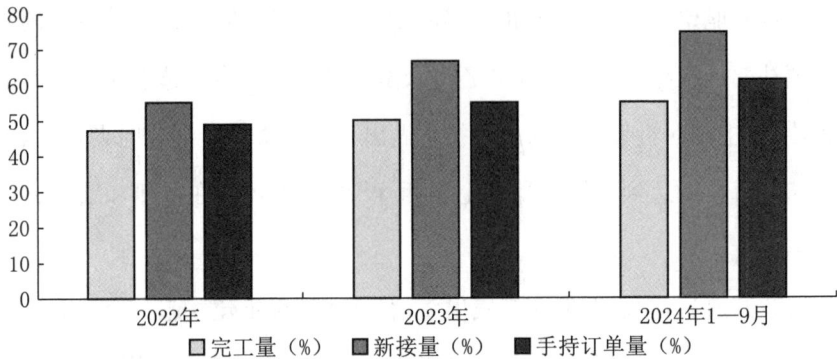

图 7.4　中国船舶占世界市场份额(按运力计,%)

资料来源:中国船舶工业行业协会网站:《一图读懂|年度船舶统计数据》,https://www.cansi.org.cn/cms/document/19500.html。

表 7.6　上海造船业

造船完工量前 10 家		新接订单量前 10 家	
2022 年	2023 年	2022 年	2023 年
上海外高桥造船有限公司(2)	上海外高桥造船有限公司(3)	沪东中华造船(集团)有限公司(5)	上海外高桥造船有限公司(8)
江南造船(集团)有限责任公司(9)	沪东中华造船(集团)有限公司(7)	江南造船(集团)有限责任公司(7)	
	江南造船(集团)有限责任公司(8)		

注:括号内数字代表该年度该企业在前 10 家中的排位。
资料来源:中国船舶工业行业协会网站:《一图读懂|年度船舶统计数据》,https://www.cansi.org.cn/cms/document/19500.html。

　　船舶建造业快速发展的同时,必然也面临"未来燃料和技术不确定、全球造船厂的产能限制、高昂的建造成本、船舶报废率过低等因素的制约"。这些制约因素在一定程度上都是建造风险。因此,对在建船舶提供保险或担保,成为促进船舶建造业发展的重要动力。反之,船舶建造业的发展,也为航运保险业提供了巨大需求。

　　根据《中华人民共和国保险法》和《中华人民共和国海商法》相关规定,

船舶建造保险属于海上保险的一种特殊险种,涉及船厂、船东、承包商、供应商等多方利益。随着国际海运业务的不断发展,船舶建造项目面临的风险愈加复杂。例如,随着国际造船合同和跨国建造项目增多,保险责任、除外责任与赔偿标准都受到相关国际海运惯例和相关国际公约的影响。其中,设计缺陷、材料缺陷和故意损害等情况构成的除外责任,成为保险理赔的纠纷焦点。一旦发生争议,不仅涉及法律问题,而且还涉及技术问题。因此推动船舶建造保险市场发展,还需要培育相应的专业服务机构,如打造专业海事律师团队。总之,伴随船舶建造保险需求逐渐增加,上海航运保险业包括专业中介体系,也将进一步加快发展。

（三）智能、低碳船舶数量快速增加

21世纪以来,全球新造船市场先后出现了两个周期。第一个周期是2000—2011年。第二个周期是2021年至今。2023年,有1 665艘船舶交付,为现役船队增加了6 480万总吨的运力,全球船队增长3.4%。

与上一个周期相比,本轮新造船市场呈现三大特征。第一,不确定性显著增加。例如,上一个周期处于全球经济与贸易高速增长的黄金时期。经济平均增速高达5%。而本轮周期,却出现在全球经济增速趋缓、预期偏弱、海运贸易重回高增长的潜力有限的情况下,经济增速回落至3%。同时,金融市场不确定性也更加凸显。第二,船舶制造业集中度大幅度提升。21世纪,科技发展加快了产品创新的步伐和成效。航运货物亦呈现出鲜明的时代特征。除粮食、石油、铁矿石和钢材等传统大宗商品之外,还出现了对运输工具要求较高的货物,如原油、危险有害的化学工业品、天然气、液化天然气和电动新能源汽车,等等。这就要求远程航运船舶体量更大、性能更强,低碳环保、节能减排、安全性更高,同时具备能够抵御极端天气和复杂海况影响的抗风险能力。这种制造水平和要求,在某种程度上会淘汰相当数量的船舶制造企业。2021—2023 年,全球活跃造船厂数量减少了约 24%。造船厂数量减少,产业集中度大幅提升。第三,行业门槛明显提高。大型化和绿色化船型持续升级,综合技术门槛显著提高。有资料显示,2023 年包含采用可替代燃料和预留能力的新船订单占全年总量的 50.2%(运力计);采用一项或多项船用节能技术的订单接近 30%。正如《2024 年世界海运报告》指出,"随着全球气候变化的加剧,减少温室气体排放、推动海运业向清洁能源过渡已成为行业共识。双燃料船舶的订购以及节能技术的广泛运用,正成为推动这一转型的关键力量。尽管船队更新速度依然缓慢"。

上述第一个特征意味着船厂、船东、承包商和供应商面临的更大的造船风险,对在建船舶保险的需求也相应增加。第二个特征意味着造船业高度集中。一方面,中国已经成为全球造船业大国;另一方面,中国造船业高度集中。2023 年,中国 5 个船舶制造业大省(市)造船完工量(运力计)合计占比达 87.6%。高度集中的造船业,也使得船舶建造风险呈现集中态势,要求风险管理举措相应做出调整。第三个特征意味着绿色、智能船舶不断增多。一方面,绿色低碳环保型船舶越来越符合当今世界经济的发展潮流和发展趋势。另一方面,造船工业"皇冠上的三颗明珠"——大型邮轮、大型液化天然气运输船和航空母舰,因为设计复杂,建造过程长,难度大,同时具有技术密集和劳动密集型的特点,真正体现了一个国家的工业实力和科技水平。这种船舶技术的开发和应用,也需要航运保险保驾护航。

上海是中国智能低碳船舶制造中心。如表 7.7 所示,目前,沪东中华是全球唯一能够同时建造 NO96、MARKIII 两种 LNG 船型的企业,已经累计交付各类 LNG 运输船(装备)40 多艘。沪东中华开发研制出的 27.1 万立方米的 LNG 运输船,是全球迄今为止最大型的 LNG 运输船,一次可运输 1.55 亿立方米的天然气,差不多可供上海市 470 万户家庭一个月的用气量。

2021年,沪东中华制造的首艘17.4万立方米浮式液化天然气储存再汽化装置(LNG-FSRU)和全球最大20 000方LNG运输加注船顺利交付。上述17.4万方LNG运输船(该型船搭载多项低碳节能技术,具有综合能耗低、低温性能好、载货能力强、操控运维巧等特点,单日航行碳排放可减少10吨以上,通达全球各大洲120个LNG岸站,具有卓越的全球通航性)是沪东中华造船(集团)有限公司与法国GTT公司联合研发的。作为全球最新一代LNG运输船,该船获得日本商船三井株式会社的认可。2022年,沪东中华造船(集团)有限公司又获得6艘建造合同。这是中国船企在LNG运输船建造领域一次性生效数量最多(6艘)、合同金额最大(75亿元)的订单。2023年,沪东中华研发出甲醇、氨燃料等8艘绿色动力环保新船型。上海江南造船厂是另一家具有强大研发能力的船舶制造厂。2024年1月18日《新民晚报》报道,中国船舶集团旗下的上海江南造船厂建造的200米长,38米宽,13层楼高,拥有7 600个车位的"上汽安吉申诚号",创新采用LNG双燃料清洁动力的汽车滚装船,载满上汽、东风等自主品牌的新车,从上海海通国际码头驶向欧洲,开启了汽车运输船的首航。由江南造船厂建造的全球最大93 000立方米超大型液化气运输船(VLGC)、99 000立方米超大型乙烷运输船(VLEC)和外高桥造船厂建造的11.4万吨阿芙拉型成品油船、19万吨LNG双燃料动力好望角型散货船,以及12艘7 000TEU中型集装箱船等38艘船舶都在2024年上半年顺利交付。该媒体曾在2023年12月25日报道,中国自主研制,由振华重工建造的国内首艘、全球最大,设计泥舱最大舱容17 000立方米,配备国内最先进、智能化程度最高的双燃料动力挖泥船"新海鲟"轮,于2024年9月交付,主要用于沿海港口、深水航道的疏浚及海岸维护等工程。该船是我国打造的新一代绿色、智能、环保型疏浚重器。2024年1月16日该报又发布新闻,上海中远海运重工在旧船改造技术取得突破性进展基础上,成功完成了对塞浦路斯的一艘旧 Moss 型 LNG 运气船改造成浮式储存和再气化装置(FSRU),它将与陆地管网链接,成为一座"海上天然气化工厂",源源不断地为城市输送清洁能源。这是中国首个 Moss 型 FSRU 改造项目,处于世界领先水平。据 2024 年 7 月 15 日《澎湃新闻·澎湃号》报道,仅 2024 年上半年,上海船企就承接了 65 艘新船订单,包括全球最大 10 800 车 LNG 双燃料动力 PCTC、全球最大 14 000TEU 级 LNG 双燃料动力超大型集装箱船。新船订单中特种气体船占比超 60%,创历史新高。可见,在中国绿色智能制造业快速发展的过程中,上海造船业发挥着重要作用。

表 7.7 部分上海船舶制造能力

公司名称	技术水平	产品举要
沪东中华	全球唯一能够同时建造 NO96、MARKIII 两种 LNG 船型的企业。开发研制出的 27.1 万立方米的 LNG 运输船,是全球迄今为止最大型的 LNG 运输船	2021 年,交付 17.4 万立方米 LNG-FSRU 2022 年,获中国一次性生效数量最多(6 艘)、合同金额最大(75 亿元)的订单
上海江南造船厂	全球最大汽车滚装船制造厂	2024 年交付 93 000 立方米超大型液化气运输船
振华重工	绿色、智能、环保型疏浚重器研发、制造水平位于全球前列	2024 年 9 月交付的"新海鲟"轮,国内首艘、全球最大
外高桥造船厂	业内最具规模化、现代化、专业化和影响力的造船企业之一	2023 年 11 月 4 日顺利完成命名交付国产首艘大型邮轮

资料来源:作者根据网上公开资料整理。

智能船舶、智能合约等新兴技术也改变了航运保险企业所面临的风险特征,需要企业与时俱进,推出更加契合当前风险管理的产品。远洋运输船舶由于工期长、结构复杂、设计建造成本高、航程远、作业过程不确定性较大,使得普通保险公司无力承保,增加了航保企业的经营风险。而现代化的航海技术和数字航海技术的发展,降低了船舶的事故发生率,可以对冲航保企业的承保风险。作为绿色、智能船舶制造重地,上海航运保险业承担着新型船舶"中国条款"制定的使命。

第三节　中国式现代化建设与高质量航运保险业需求

中国航运保险承保能力和全球服务水平的高低,直接影响保险业是否能满足中国经济发展的需求。改变目前"保险资源多、保费留存少,低端业务多、高端产品少,被锁定在航运产业链价值链的低端"的现状,需要保险业提供更高质量的保险服务,加快改善中国在全球航运保险定价权、话语权构建中的地位和角色,这也是上海航运保险业的发展方向。

一、更多航运保险新产品的需求

国际贸易和海上运输方式在持续发展,对航运保险产品的需求也在不断变化。不同类型的货物、船舶或企业对保险需求是有差异的。这不仅体现在对保险标的、可保风险或保险期限等方面的不同要求,而且表现在合同适用何种法律法规等制度层面的新需求。这是中国式现代化在建设过程中对航运保险业提出的必然要求。

(一) 庞大的新产品需求

近年来,中国聚焦"低碳、绿色、智能",持续为实现人类命运共同体做出大国贡献,也推动中国经济社会转型发展。国际贸易货物种类的变化及运输工具或方式的转变,对航运保险产品开发提出了更多的要求。保险人并不能简单使用现成的航运保险条款,除了保险标的、可保风险、保险金额和可保期限等基本要素作必要调整之外,通常需要对保险责任、除外责任、防灾减损要求等作调整甚至重新拟订。

以货物运输保险为例,新能源汽车出口是一个典型的案例。得益于比亚迪、特斯拉、蔚来等新能源汽车相关企业落户在上海和安徽,上海和安徽在中国新能源汽车领域占据绝大多数市场。而上海港江海联运优势,为集聚了长三角甚至长江经济带省市兄弟的产品出口提供了条件。这些汽车的出口,对中国航运保险提出了新的需求。上海航运保险市场,因临近这些货源地,又成为货主或营运商的投保首选。如何满足这类货物运输和贸易的保险需求,必然需要开发与之相适应的航运保险新险种。

(二)话语权提升的需求

航运保险新险种的开发和应用,也是逐步提升中国航运保险业定价权的过程。实践已显示,中国航运保险定价权的提升,有望在航运保险新领域中率先突破,或者是在中国具有优势的航运保险险种方面获得机会。

以汽车运输船带来的船舶保险为例。随着我国汽车业发展及汽车产品出口结构的调整,用于运输汽车的船舶保险需求也日益增加。运输车辆的船舶具有以下特点:首先,一旦发生事故,损失通常较大。运输车辆的船,通常叫汽车船,又叫滚装运输船,部分滚装运输船承载的车辆高达一万辆及以上。由于单次运输量较大,所以单次事故损失也较大。其次,事故发生率相对也较高。为了满足运输更多汽车的需求,汽车船往往涉及多层甲板,导致与其他类型船舶相比,其重心偏高,稳定性较差。对此,国际海事组织和国际保险协会联盟等国际组织已关注到此种船舶的风控问题,许多国际成熟航运保险市场甚至普遍采取除外责任措施。但中国各保险主体在这方面做了多种实践研究,有望在此领域做出贡献。

上海海通国际汽车出口码头是中国最大的汽车出口码头(见表7.8)。

近年来,中国船东投资建设的各类汽车船或外籍大型汽车船从该码头出发,将中国制造的汽车运送到世界各地。如远海汽车船公司继波斯湾航线、东南非航线和欧洲航线开通后,于 2024 年 11 月开通了第四条班轮航线——南美航线。这些船舶本身造价高、运输货物(汽车)价值也高,需要上海航运保险业制定新险种条款、设计共保分保新机制,为中国的交通强国、汽车强国战略保驾护航。在此过程中,中国航运保险可充分积累数据资料,在与世界航运保险业保持并跑甚至领跑的过程中,提升航运保险话语权并努力争取定价权。

表 7.8 近年来上海海通国际汽车出口码头部分运输情况

船　名	航行出发时间	运输汽车情况	注
上汽安吉申诚号	2024 年 1 月 17 日	5 000 辆上汽、东风和宇通新车驶往欧洲	新能源燃料船
"中远腾飞"轮	2024 年 11 月 14 日	2 756 辆车,前往秘鲁及南美其他地区	
"久洋兴"号	2023 年 12 月 7 日	7 000 辆标准乘用车	中国首艘大型滚装船
MV Tannhauser	2022 年 10 月	3 600 辆,前往比利时	中国制造,瑞典所有

资料来源:根据公开网上资料整理。

二、率先提升航运承保能力的需求

上海不仅有得天独厚的航运优势,还具有国际经济、贸易、金融和科技创新中心的优势。上海航运保险高质量发展是服务上海"五个中心"协同发展战略的需要,同时也推动上海航运保险业率先提高航运承保能力。

20 世纪 90 年代中后期,上海抓住全球经济一体化和我国积极争取加入世界贸易组织的机遇,前瞻性地把"国际航运中心"功能定位纳入城市总体规划中。上海城市功能定位由"国际经济、金融、贸易"三个中心变为"国际经济、金融、贸易和航运"四个中心,并在《国务院关于推进上海加快发展现代服务业和先进制造业建设国际金融中心和国际航运中心的意见》(国发〔2009〕19号)中的"国际航运中心建设的主要任务和措施"部分,明确提出了"支持开展船舶融资、航运保险等高端服务"。近年来,上海持续加快推动"五个中心"建设,并提出"五个中心"协同发展路径和目标。国际经济和贸易中心为航运保险业发展提供的基础支持,前文也有详细分析。在此不再赘述。本小节主要分析国际航运中心与国际金融中心和科技创新中心建设协同发展对航运保险提升承保能力的新要求和新支撑。

(一) 进一步扩大资本规模

航运保险是上海国际航运中心和上海国际金融中心协同发展的重要链接点。

首先,国际金融中心为航运保险提供坚实的资金支持,反过来也促进了上海金融市场规模的进一步扩大。资本规模是航运保险业提高承保能力的关键因素。航运保险企业在面对远洋运输风险增大和再保险市场供给不足的双重压力时,需要提高自留风险的比例。但提高自留风险的必要前提之一是保险人的资本规模需要相应提升,并满足偿付能力监管要求。上海是国际金融中心,拥有较为健全的金融市场体系和较为成熟的金融服务经验,可为航运保险人经营管理需要提供坚实的资金支持。同时,因保险人通常也拥有大额资金需要管理,上海国际金融中心建设为其提供了资金运用管理的良好生态,有利于航运保险人资本规模提升。

《保险公司偿付能力监管规则第1号:实际资本》第九条明确规定"认可资产包括以下类别:……(二)投资资产,是指保险公司资金运用形成的资产,包括定期存款、协议存款"。目前,落户上海的保险资产管理公司共有10家,约占全国保险资产管理公司数量的三分之一(见表7.9)。这些资产管理公司是中国保险业的重要组成部分,有力推动了上海资产管理业的发展。它们也是与经营航运保险业务的保险公司相关的资产管理公司,如中国人保资产管理公司、太平资产管理有限公司分别是中国人保和太平财险公司旗下的资产管理公司。显然,这些机构数量的增加和资产规模的扩大,有利于上海国际金融中心建设,是上海国际金融中心和国际航运中心协同发展的重要链接点。

表 7.9 中国保险资产管理公司基本情况

公司名称	成立时间	总部
中国人保资产管理有限公司	2003 年	上海浦东
人保资本保险资本管理有限公司	2008 年	北京
中国人寿资产管理有限公司	2003 年	北京
国寿投资保险资产管理有限公司	1994 年	北京
中再资产管理股份有限公司	2005 年	北京
平安资产管理有限责任公司	2005 年	上海浦东
太平资产管理有限公司	2006 年	上海浦东
太平资本保险资产管理有限公司	2017 年	北京
民生通惠资产管理有限公司	2012 年	上海虹口
阳光资产管理股份有限公司	2012 年	北京
新华资产管理股份有限公司	2006 年	北京
华泰资产管理有限公司	2005 年	上海浦东
华安财保资产管理有限责任公司	2013 年	天津
生命保险资产管理有限公司	2011 年	深圳
永诚保险资产管理有限公司	2016 年	宁波
大家资产管理有限责任公司	2011 年	北京
合众资产管理股份有限公司	2012 年	北京
长城财富保险资产管理股份有限公司	2015 年	北京

续表

公司名称	成立时间	总部
英大保险资产管理有限公司	2015 年	北京
国华兴益保险资产管理有限公司	2021 年	上海普陀
百年保险资产管理有限责任公司	2016 年	上海浦东
建信保险资产管理有限公司	2016 年	深圳
安联保险资产管理有限公司	2021 年	北京
工银安盛资产管理有限公司	2019 年/人寿	上海黄浦
交银康联资产管理有限公司	2010 年	上海浦东
中信保诚资产管理有限责任公司	2020 年	上海浦东
光大永明资产管理有限公司	2012 年	北京
中央益利资产管理股份有限公司	2013 年	北京
招商信诺资产管理有限公司	2020 年	北京

资料来源:作者根据公开资料整理。

其次,上海国际金融中心建设为航运保险业务承保的保险标的提供金融服务,间接促进航运保险发展。例如,许多航运保险标的的经营管理,如船舶制造和港口建设等,需要银行金融机构提供大量融资支持。

(二) 强化数字科技赋能

加快建设上海科技创新中心是上海"五个中心"协同发展的重要内容。科技创新需要大量的应用场景,也需要相应的保险服务为其保驾护航。航运保险业发展,不仅为航运业科技创新提出技术需求,提供广阔的应用场景,同样也为相关科技创新提供转移和管理风险的服务。

以区块链为例,航运保险利益相关方较多,各方的信息呈现繁多和权责分摊复杂的特点。传统航运保险模式下,一旦发生保险事故,从现场查勘,到定损、理赔,且不说可能存在责任分摊纠纷,就是普通的保险事故,理赔流程也至少几个星期。伴随区块链的出现和应用,可有效降低"信任成本"。如东海自保公司通过"好运"平台和中海运新一代货运险信息系统,将投保货物的装卸、船只的航行情况和港口的摄像头等数据都实现"上链"。因各方信息具有不可篡改、透明和去中心化等特点,一旦发生事故即可由多方同时调取,并确定各方责任和分摊的具体理赔金额,各方不会质疑对方提供资料的真实性。这个流程使航运保险快速履约成为可能。与此同时,区块链技术在此场景运用中也得到提升。

目前,上海多家航运保险经营单位已成功建设了多个"航运保险 e 平台"。这些平台面向客户提供投保、理赔、结算,以及特战申报服务等航运特色线上保险服务,还开展了"船舶智能防损"项目,打造了针对船舶的风险评估和风险预警系统,护航船舶航行,也促进再保险数据中心的建设。这些技术运用和航运保险经营管理相辅相成,进一步完善了风险管理模式,也有效推动了科技创新。

三、加快提高全球服务水平的需求

上海是我国改革开放的前沿阵地,也是深度链接全球的国际大都市。中国企业走出去、中国商品出口及中国航运业服务世界等诸多经济活动都通过上海这个桥头堡完成,或者需要上海企业提供相应的服务。同样,上海航运保险业也在一定程度上充当桥头堡的作用。伴随中国企业走出去,特别是国际贸易和运输业发展,上海航运保险业服务对象进一步延展到走向世界的中国企业和中国航运业。因此,上海航运保险业必须率先提升全球服务水平和能力。

以"一带一路"建设为例,国务院发展研究中心出版的《构建"一带一路"设施联通大网络》中的专题报告《"一带一路"基础设施建设投融资需求及推进》预测,2016年到2020年,"一带一路"沿线国家(不计埃及)基础设施合意投资需求(合意投资需求指能保持经济较快增长的基础设施投资,范畴包括能源、交通及市政公共基础设施)至少在10.6万亿美元。其中,中国之外的沿线国家投资需求约为1.4万亿美元。"如此巨大的投资体量和广泛的设施建设,如果没有风险防护机制,必然后果堪虞。海内外工程险、货运险、财产损失保险、船舶保险、境外投资保险等保险产品都是不可或缺的风险保障工具,特别是涉及航运业的船舶、海洋工程设备等重大技术装备保险、港口投资保险等将成为支持中国装备'走出去'的重要支持";"特殊的'另类'航运保险。如跨境并购保险、涉及人员安全的险种,例如海盗、战争险、船舶油污险、船东互保险等,以及风险的转移,如再保险,以及巨灾保险等涉及航运保险"(甘爱平,2016)。

2017年,中国保监会发布了《中国保监会关于保险业服务"一带一路"建设的指导意见》,明确指出"保险业要充分认识服务'一带一路'建设的重要意义,坚持'保险业姓保',积极服务大局,主动对接'一带一路'建设过程中的各类保障需求和融资需求,努力使保险成为'一带一路'建设的重要支撑";"要构建'一带一路'保险支持体系,大力发展出口信用保险和海外投资保险,对风险可控的项目应保尽保,推动国家重大项目加快落地,服务'一带一路'贸易畅通。围绕'一带一路'建设中的特殊风险保障需求,不断创新保险产品服务,为'一带一路'沿线重大项目建设保驾护航。鼓励保险机构发挥保险资金优势,积极创新保险资金运用方式,多渠道、多方式投资'一带一路'重大投资项目,促进共同发展、共同繁荣"。上海航运保险业,在此过程中必然承担重要任务,率先加快提高服务全球水平。

第四节 小 结

上海航运保险需求巨大,但也面临前所未有的发展挑战。

从微观层面看,贸易规模持续增长和船舶制造业的迅猛发展,释放了庞大的传统航运保险需求。贸易结构转型和低碳智能船舶的出现,为上海航运保险业提供了并跑甚至领跑的机会。从宏观层面看,航运和交通等强国战略,为上海航运保险业高质量发展提供了新机遇。上海作为中国航运保险运营中心,新能源汽车出口、滚装船建造和使用等都需要上海航运保险业保驾护航,并以此为契机,更快更好地推动中国航运保险业走向世界航运保险中心。

当然,上海航运保险也面临许多挑战。全球贸易和金融的不确定性仍然存在,单次海运事故损失金额显著增加。同时,以船舶、新能源汽车为代表的中国制造业发展甚至产业在中国集聚,运输贸易风险也呈进一步集聚的趋势。但再保险市场对低碳智能船舶供给减少等情况时有发生,迫切需要上海航运保险业加快提升承保能力,增加航运保险新产品,并提升全球服务水平。这不仅仅是航运保险业自身发展需要,也体现了航运保险为国家战略实施发挥保驾护航的作用。

第八章
上海航运保险供给分析

　　航运保险供给是指在一定社会经济条件下,各种保险经济组织在一定时期内向航运相关主体提供的航运保险产品和服务的总量。影响保险供给的因素主要体现在供给主体、市场环境和监管环境三个方面(王国军,2022)。本章主要从供给主体的承保能力、资本回报以及技术三个方面分析航运保险供给。市场环境和监管在后面章节展开分析。

第一节　上海航运保险市场承保能力分析

　　如第四章理论框架所示,资本规模、风险管理能力、经营管理水平、技术及再保险能力是影响航运保险市场承保能力的主要因素。因技术在下文中有专门分析,本小节仅分别对其他四个因素逐一做出分析。

一、资本规模

　　航运保险市场上的原保险体系包括传统保险公司(包括航运保险运营中心)、专业的航运保险机构、航运自保公司和船东保赔协会等。因传统保险公司承保了绝大部分的航运风险,且与保险需求方的关系最能体现当前的市场供需现状。故本章主要分析这类保险公司的资本规模、经营管理水平和风险管理能力。统计资本规模时,除了船东保赔协会,其余三类皆被统计在内。

（一）航运保险经营主体较多

上海航运保险经营主体较多。《中国保险年鉴》(2023)显示,2022年上海财产保险市场,经营"货物运输险"或"责任保险"的公司共计47家。本研究把这些公司视同航运保险业务经营公司。此外,上海拥有11家航运保险运营中心(详见表8.1)。

表 8.1

航运中心	成立时间	注册地
人保航运中心	2010 年 12 月	黄浦区
太保航运中心	2012 年 5 月	浦东新区
平安航运中心	2012 年 8 月	浦东新区
永安航运中心	2013 年 6 月	浦东新区
阳光财险航运中心	2013 年 6 月	宝山区
华泰航运中心	2014 年 7 月	浦东新区
天安航运中心	2014 年 8 月	浦东新区
大地航运中心	2014 年 8 月	浦东新区
国寿财险航运中心	2015 年 1 月	浦东新区
美亚航运中心	2015 年 8 月	浦东新区
太平财险航运中心	2016 年 2 月	浦东新区

资料来源:作者根据公开资料整理。

（二）资本规模较大

研究发现,上海航运保险业可使用的资产规模较大。

首先,上海经营航运保险业务的公司资产规模较大。本研究认为,因各保险公司的分公司或航运中心,并非以独立法人形式与其总公司或集团公司严格划分资产,故本研究将这些落户在上海的分公司或航运保险运营中心以其总公司或集团公司的资产合并统计。例如,统计上海人保财产分公司的资产时,以中国人保财产险总公司资产作为替代进行统计。上海人保航运保险营运中心作为中国人保的一个部门,则不重复计入。按此方法,整理相关数据发现,2022年上海经营航运保险业务的公司资产规模高达2.5万亿元人民币。按照目前航运保险费在财产险保费中的占比(2023年分别为254亿元人民币和15 868亿元人民币)估算,上海航运保险可使用的资本规模可达约500万亿元人民币[24 758.69×(254/15 868)≈500万亿元人民币]。

其次,上海航运保险业可使用的资产规模远高于上海市场。《中国保险年鉴》(2023)显示,2022年中国财产险公司总资产和上海保险业总资产分别为26 707.95亿元和8 748.91亿元。由此还可得到以下两个结论,第一,上海航运保险市场可利用全国财产保险业约92%(24 758.69/26 707.95×100%≈92%)的资产。第二,上海航运保险业实际利用的资产规模是上海保险业资产规模的6—10倍(24 758.69/8 748.91/2≈6)。显然,上海航运保险业可使用的资本规模远超过上海本地保险业的资产规模。

再次,上海航运保险发展空间巨大。根据保险公司偿付能力监管规则第4号第七条、第九条和第十二条的规定推理,航运保险最低资本与风险显露之比约为1∶4(第七条 各业务类型的保费风险最低资本、准备金风险最低资本采用综合因子法计算,计算公式为:$MC=EX×RF$,其中,MC为各业务类型的保费风险或准备金风险的最低资本;EX为风险暴露;RF为风险因子,$RF=RF_0×(1+K)$;RF_0为基础因子;K为特征因子。第九条 各业务类型的保费风险最低资本风险暴露为该业务类型最近12个月的自留保费,银保监会另有规定的除外。第十二条　船货特险的基础因子 $RF_0 =$ 0.232。对船货特险保费风险最低资本,根据最近 12 个月的综合成本率 C 船货特险设定特征系数 k_1。根据最近 12 个月的非比例分保净分出比例 NE 船货特险[(最近 12 个月非比例分保分出保费－最近 12 个月非比例分保入保费)/最近 12 个月自留保费]设定特征系数 k_2)。以 500 万亿计算,则上海用足全国航运保险资产规模的话,保费规模最多可达 500×4＝2 000 万亿人民币。因此,从资本规模看,上海航运保险的发展空间比较大。

（三）资本规模增长速度较快

近 20 年来,上海航运保险的资本规模增长较快。如图 8.1 所示,2022 年上海航运保险业资本规模约为 2006 年的 10 倍,达 2.48 万亿元人民币。2007 年、2010 年和 2011 年的年增长率超过 20％。资本规模快速增长,表明上海航运保险市场的供给能力迅速提高。

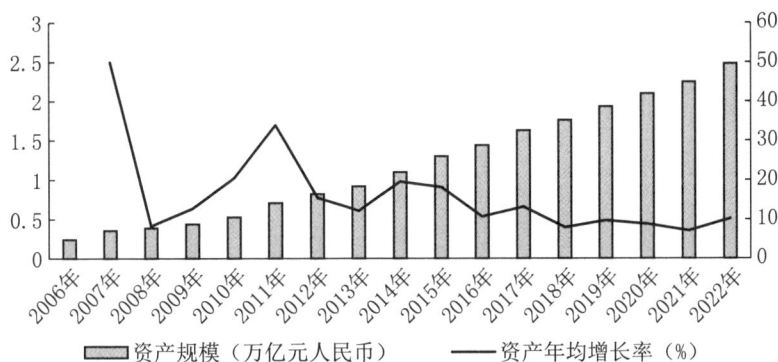

图 8.1　2006—2022 年上海航运保险业的资产规模(万亿元人民币)

资料来源:作者根据《中国保险年鉴》(2007—2023 年)47 家保险公司资产规模总计而得。

二、经营管理水平

航运保险的国际化、高风险性和复杂性特点,决定了航运保险人经营管理水平高低主要通过为客户提供便捷、高效和优质的保险服务来体现。实践显示,高质量的保险服务主要集中在承保和理赔两个环节,通过以下四个方面体现。

(一) 产品创新能力逐步增强

产品创新是企业发展的核心动力。提供优质的航运保险产品是航运保险人服务经济社会发展的一个实现载体,也是衡量航运保险人承保能力的一个重要指标。在当今竞争激烈的市场环境中,产品创新既能够帮助企业在众多竞争对手中脱颖而出,又能满足客户不断变化或长期的消费需求,实现可持续发展。因此,为确保产品创新活动顺利进行而开展的一系列管理活动,既能保证企业为社会提供价格公平、合理的产品或服务,又能充分体现公司经营管理水平。

目前,上海航运保险产品日益丰富,涵盖了航运业的各个环节。主要的航运保险产品有海上货物保险、船舶保险、海上责任保险、信用保险及能源保险等。但上海航运保险市场仍没有完全摆脱"险种发展失衡,同质化严重"的困境。以邮轮保险的产品种类为例。2024 年 1 月,伴随"爱达·魔都号"大型邮轮从上海母港开启其商业首航之旅,上海的航运保险业成功突破了欧美保险公司对大型邮轮船舶保险、战争保险和保赔保险的承保垄断,为爱达邮轮公司提供一揽子船舶保险承保服务。但船员保险、延误保险以及出轮旅游保险的个性化产品,至今仍不能满足市场需求。

对此,各级政府和上海航运保险协会也从顶层设计和机制优化等方面给予大力支持。例如,为了深化推进上海国际航运中心与上海国际金融中心联动发展,上海航运保险业结合航运业特性,建立了专项工作机制,特别关注行业内的重点产业链以及绿色、智能领域,现已初步完成绿色智能船舶保险方案和邮轮风险防控指南的编制工作,稳步推动航运保险"中国条款"

的制定工作。为深入贯彻国家金融监督管理总局和上海市人民政府有关航运保险业高质量发展、全面提升航运保险服务能级的部署要求,2024 年 10 月,国家金融监督管理总局上海监管局和中共上海市委金融委员会办公室发布《关于推动上海航运保险业高质量发展的指导意见》明确要求:"航运保险产品注册数量持续增加,航运保险示范条款使用率不断提升,在重要战略新兴领域率先制定航运保险专属产品。"

（二）全球服务水平亟待提升

全球服务水平和能力是衡量航运保险专业化和国际化的重要指标,也是航运保险为实体经济提供高质量风险保障服务的必要条件。

长期以来,保险人把提高理赔效率和解决理赔难作为提升被保险人满意度的一个核心内容。但至今,保险业仍面临现场勘查难、调查取证难、理赔控制难和依法经营难等常见问题。

例如,理赔的规章制度要求保险人的第一现场勘查率力争达 100％,而实际工作中却达不到 70％。又如,保险条款和索赔须知明确要求,发生保险责任范围内的灾害事故,被保险人要在第一时间通知保险公司。可实际上也很难得到保证。此外,由于法律层面的理赔规定不完善,部分执法人员的职业素质和事故当事人的不良动机,使得保险理赔的责任判定和实际损失的认定,充满了诸多不确定因素。为了准确认定责任损失,并尽量避免骗保现象的发生,保险公司一般都会制定严谨的理赔程序并要求提供权威证据。例如,保险人通常把气象、水文、公检法等代表国家权威部门或关联单位出具的相关证明,作为理赔处理的重要或唯一证据。从目前来看,取得这些证明文件的手续过于烦琐,给投保人或被保险人的索赔带来了不少麻烦。更有甚者,少数部门为了营利目的,不负责任地乱出证明。对权力部门的过分依赖,使得保险公司理赔工作的效率大大降低,支付了许多本不应该支付的赔款。

导致上述难点的因素是多方面的。其中一个重要因素是与航运保险标的"位移"特点有关的。航运保险标的通常处于移动状态,且远离承保人所在地。因此,全球范围内承保以及保险事故发生地距离承保人所在地较远的情况十分普遍。这种远距离关系使得航运保险提供高效理赔效率面临更大难度。例如,理赔网点或理赔人员所在地与事故发生地之间的距离如果较远,则到达勘查现场时间会较长、交通成本会更高。更为严重的是,因到达事故现场距离事故发生的时间较长,保险人较难第一时间组织并开展预防损失进一步扩大的措施。如果事故发生地与承保地分属两个国家(地区),获取权威部门或关联单位出具的相关证明的条件、程序及相关风俗习惯等事项均不相同,导致调查取证更难和理赔控制更难。

事实上,航运保险业高度重视全球服务网络或网点构建在航运保险业发展中的地位和作用。近年来,我国航运保险业也在积极推进全球服务网络的建设。例如,党的二十届三中全会审议通过的《中共中央关于进一步全面深化改革、推进中国式现代化的决定》明确提出"提高航运保险承保能力和全球服务水平"。从实践来看,上海航运保险机构在相关部门和协会的大力支持下,已与全球各种类型的航运保险组织开展交流沟通、建立不同层次的合作机制,同时正积极打造"一带一路"保险服务网络,加快布局中国海外承保、核保、理赔、核赔等网络节点。例如,截至 2023 年底,有 6 家中资保险机构在 8 个共建国家成功设立了 15 家境外分支机构。这些分支机构均具有承保航运保险业务的资格和能力。在此基础上,国内航运保险机构还充分利用中资银行和非金融企业在共建国家已有机构网点,开展相关战略合作。

不可否认的是,相比英、美、日等国,我国航运保险的全球服务网络体系明显较弱。国际航运保险巨头凭借其深厚的行业经验与遍布全球的网络布局,为全球航运业提供便捷、高效和优质的保险服务。于上海而言,尽管提升全球服务水平并不容易,但这是一条必由之路,也是上海航运保险业义不容辞的使命。

(三) 行业经验加快积累

从 1875 年保险招商局成立之时起算,中国航运保险业已有近 150 年历史,并积累了不少行业经验。在此过程中,上海始终是中国航运保险业发展中心,并为中国甚至世界提供了不少航运保险经营管理经验。

以近几年的实践为例,至少有四方面值得总结。第一,上海航运保险协会建设和重要角色担当。10 多年来,上海航运保险协会主动承担着推动中国航运保险业发展的重任和担当,在行业自律、产品注册制推动、人才培训等方面积累了相当多的经验,并代表中国航运保险业加入国际海上联盟。第二,成功打造航运保险共保体。受保险标的价值高、再保市场供给不足等因素的影响,近年来上海航运保险业不断探索共保体模式的开发。2024年,先后以共保体模式承保了近 10 个项目。这些项目的成功推出,既是上海航运保险市场高质量服务实体经济的表现,更是中国为世界航运保险业贡献的"共保经验"。第三,邮轮、新能源汽车运输等相关保险产品的开发。伴随"爱达·魔多"号邮轮下水、新能源汽车出口量增加,上海航运保险业积极开发相关产品,并努力争取国际再保险市场分保的情况下制定中国条款。第四,航运保险自保公司和船东保赔保险协会已在加速发展。

当然,航运保险经营管理经验的积累和有效运用,不仅与技术水平和经营者素质密切相关,而且还需要积累大量的相关利益者之间的关系,与保险公司品牌、声誉等制度因素不可分割。上海航运保险业如何进一步借鉴世界航运保险业经验、怎样把自身经验推广到全国兄弟省份,如何让已有的经验传递给未来的经营管理者等诸如此类的事宜,都是时不我待的。

三、风险管理能力

当今世界正处于百年未有之大变局,不确定性明显增强。不确定性在不同情景下有不同的表现形式,包括经济政策、宏观经济、货币政策、金融市场、地缘政治、贸易政策、气候政策的不确定性。保险作为一种不确定性经济学,其经营对象的不确定性叠加经营决策的不确定性,对风险管理能力提出了更高要求。

(一) 微观风险管理体系有待完善

上海航运保险业具有较强的风险管理能力,各大公司已普遍建立风险管理体系,包括风险识别、风险评估、风险控制和风险监测等环节。

当前航运保险公司的风险管理体系的两个特点。第一,系统推出风险管理相关指南。为更好地提升航运保险为航运业提供专业化、国际化的综合保障的能力,上海航运保险不定期推出风险防控指南。例如,伴随上海航运保险业先后为"H1508""H1509"等国产大型邮轮和"爱达·魔都号""地中海号"提供在建船舶保险和船舶保险,上海航运保险协会在进行大量的行业调研基础上,制定《大型邮轮风险防控指南》,为保险人提供大型邮轮运营风险、防灾防损及事故处理建议、保险理赔流程、邮轮配套保险方案、邮轮行业应遵守的国际公约等服务。这类以协会牵头、组织并编写的综合性风险防控服务手册,既进一步健全了航运保险新产品的风险管理体系,又促进了航运保险人更加经济和完整地实现风险管理目标。第二,与时俱进地完善风险管理体系。仍以上文提到的《大型邮轮风险防控指南》为例。基于中国于2020年开始开工建造"H1508""H1509"等大型邮轮项目,上海航运保险于2024年4月制定并发布了《大型邮轮风险防控指南》。

　　必须承认的是,上海航运保险业的风险偿付能力仍面临不少挑战,无法完全满足市场需求。据 2024 年 8 月 15 日《金融时报》披露,2024 年第二季度偿付能力报告的 146 家非上市险企中,共有 12 家偿付能力未达标。其中寿险公司 4 家,财险公司 8 家。8 家财险公司中,涉及航运保险经营业务的公司 4 家,分别是都邦财险、富德财险、渤海财险、华安财险。出现风险综合评级未达标的原因主要包括公司治理、声誉风险、操作风险和流动性风险等。这些风险因素既有客观的,也有主观的。例如,操作风险是指由于内部程序、员工、信息科技系统存在问题以及外部事件造成损失的风险,包括法律风险,但不包括战略风险和声誉风险。根据《保险公司偿付能力管理规定》第二十七条,对于核心偿付能力充足率和综合偿付能力充足率达标,但操作风险、战略风险、声誉风险、流动性风险中某一类或某几类风险较大或严重的 C、D 类保险公司,国家金融监管总局及其派出机构应根据风险成因和风险程度,采取针对性的监管措施。

　　(二) 行业风险管理认可度须进一步提高

　　有研究认为,不确定性因素影响着我们的决策与行为。例如,基于实物期权理论发现,当外部环境不确定性增加时,期权价值也随之提升。该理论把企业的固定资产投资、劳动力雇用或个人的生育决策等视为实物期权,且是不可逆的。如果对这些实物期权因素进行调整所需成本较高或者不确定性较大时,决策者更倾向于保持观望态度,而非贸然行动。

　　这种决策特征在航运保险领域表现为两个方面:一方面,贸易量或海上运力减少,从而相应减少了航运保险需求。市场不稳定或外部环境不确定性因素增加,国际贸易或航运业的决策者通常也不会轻率行事,甚至减少相关活动。另一方面,不稳定性缩小了企业经营利润空间,给航运保险人调整市场价格增加了难度。有资料显示,中国部分航运保险产品的价格是低于国际市场价格的。

面对环境的不确定性,航运保险人只有通过专业的风险管理水平为企业提供更加个性和全面的保险服务,同时努力扩大保险规模,降低期望损失的安全附加系数,才能提高客户对保险产品的认知度和接受度,实现保险人和被保险人的双赢效果。同时,保险公司还应加强保险产品的宣传和推广力度。

(三) 宏观风险管理效果逐步显现

为国家经济安全提供战略保障是上海航运保险业肩负的一项重要时代使命,也是中国航运保险业宏观风险管理能力发展的重要体现。目前上海航运保险服务能级和服务能力,正越来越得到国内外同行的认可,并发挥着越来越重要的作用。本研究发现,以下两个方面尤其值得重视。

第一,努力追赶国际水平。例如,上文所述的本土航运保险公司为爱达邮轮公司提供的保险服务,避免了爱达邮轮公司选用跨境保险服务商可能带来的时区和文化差异。这项服务还表明,上海打造国际航运中心所必需的配套金融服务能级在不断提升,促进了航运金融安全,并为中国在航运保险领域与国际接轨、掌握话语权、构建中国保险标准打下了基础。当然,对照国际上较为成熟的保险方案和保险条款,上述服务还有许多发展空间。

第二,积极提供新产品。面对中国汽车出口爆发式增长以及中国船东自有汽车运输船使用高峰的到来,上海航运保险业面临加快补齐高端航运保险服务短板、聚焦绿色、低碳和智能,与中国汽车业和航运业一起做好风险减量及保险保障工作、完成国家战略需求的重大挑战。如表 8.2 所示,2009 年,中国成为全球最大的汽车生产国以来,汽车业成为中国重要的制造产业。2016 年和 2021 年中国先后成为全球最大的新能源汽车生产国和出口国。显然,汽车海上运力以及运输保障是中国汽车业发展的战略需要。

表8.2 中国汽车业发展重要节点

时间	重大事件	举 要
2009 年	中国成为全球最大的汽车生产国	超 1 360 万辆
2015 年	中国成为全球最大的新能源汽车生产国	超 50 万辆
2020 年	中国汽车出口量迅猛增长	全年约 100 万辆
2021 年	中国车企出海"元年",中国为全球最大的新能源汽车市场	出口汽车 201.5 万辆
2022 年	中国品牌汽车开始布局海外市场 中国品牌汽车商打造自己的"舰队"	中远海运、招商局、上汽安吉、比亚迪、奇瑞等航运企业和汽车企业纷纷下单汽车运输船。如 2022 年,比亚迪订购 8 艘 7 700 CEU 液化天然气双燃料汽车运输船(PCTC),上汽安吉从 1 月起先后下订了 14 艘滚装船(2026 年前下水)。2023 年,奇瑞集团联合旗下的芜湖造船厂在威海打造汽车运输船建造基地,广汽集团旗下的广汽商贸与招商局轮船也投资成立了广州招商滚装运输公司
2020—2023 年	汽车运输船"一船难求"、租金高企	2020 年 8 月到 2023 年 11 月底,一艘 6 500 标准车位汽车运输船一年期的租金从 1 万美元/天一路飙升到了 11.5 万美元/天
2024 年	中国船东的汽车船订单逐步下水	1 月 1 日,比亚迪"EXPLORER NO.1",从中国到德国首航,装载了 5 449 辆比亚迪新能源汽车 1 月 29 日,"上汽安吉申城号"开启首航,是全球现役装载量最大、国产化程度最高的清洁能源滚装船(7 600 辆车)

资料来源:作者根据公开资料整理。

由于电动汽车自燃及汽车船一旦发生火灾将造成重大损失,两类风险叠加引起广泛关注。其中有一种观点认为,汽车船运输电动汽车存在巨大的风险隐患,需要谨慎对待。2023 年 7 月"弗里曼特公路号"(Fremantle Highway)汽船发生火灾造成 2 亿美元损失后,国际航运保险市场对汽车船和电动汽车保险提出更多担忧。即使海上保险国际联盟（IUMI）在2023年8月发布了"关于远洋运输锂电池电动汽车的声明"——根据研究目前没有一艘PCTC或滚装船起火是因为新造的电动汽车所引起的，电动汽车的风险并不比内燃机汽车高。但再保险市场出于对多个子险种项下的责任累积控制的考量，普遍收缩和挤压了对汽车船及运输市场自动的再保承保能力供给。"再保公司要求在再保合约中明确除外汽车船和商品车运输（特别是电动汽车）的风险……我们已经看到从2024年起，很大一部分保险公司没有能力或被要求大幅减少承保汽车船壳险以及商品车货运险业务的份额"（葛琪，2024）。此外，中国的保险机构处于再保险市场的需求方地位，因此多家保险公司的承保能力受到制约。

为更好地为中国汽车业和航运业发展提供风险减量及保险保障工作，上海航运保险业努力提升自身的风险管理能力。首先，更加主动做好风险识别及预防。例如，各相关方积极沟通风险点并将风险控制措施提前应用到船舶设计和制造过程中。中国船级社在2022年推出了《新能源汽车滚装运输安全技术指南》，规定装载新能源汽车的一般要求、装载锂电池汽车的特殊要求，以及装载氢能源汽车的特殊要求等。其次，积极与国际航运保险市场沟通交流，争取国际市场支持。2024年3月，在伦敦召开的船舶系统与设备分委会第10次会议上，中国提交了"评估现有消防措施的充分性、以降低载运新能源车辆船舶的火灾风险"提案及多份研究报告，并在大会首日做了新能源汽车运输船舶安全的专题演讲。再次，积极制定中国条款。本研究调研获悉，适用于内河沿海的新能源汽车船舶保险条款的制定和完善工作已进入尾声，即将面向市场。随着中国条款的开发、使用及更多的经验积累，适用远洋运输船舶保险，在不久必迎来中国条款。

四、再保险市场

如第四章所显示,中国再保险公司主要集中在北京和上海两大城市。上海拥有的再保险公司数量和总部机构数量尽管略低于北京,但上海的外资再保险公司的数量远超过北京,显示出更高的国际化水平。此外,上海国际再保险中心的启动和发展,为中国再保险业实现突破性发展提供了平台保障。

（一）国际化程度高且风险管理能力强

上海再保险市场呈现鲜明的国际化特征。外资再保险机构在中国再保险市场建设中发挥着重要作用。它们给上海航运保险业带来了先进的风险管理理念,也给上海航运保险机构学习国外先进的风险管理体系提供了机会。以汉诺威再保险集团为例,借助国际再保险公司的全球服务网络,该再保险公司如今在全球设有 170 多家子公司、分公司及代表处。作为落户在上海的国际再保险机构,汉诺威再保险公司向上海提供再保险服务的同时,其旗下的这些全球化网络也可向上海提供相关的保险服务。显然,这种先进的风险管理理念和国际化的风险管理体系,既提升了上海再保险市场的服务能力,也促进了上海当地航运保险机构加快学习和借鉴国外先进经验。目前,上海再保险市场拥有 6 家欧美再保险机构,见表 8.3。

表 8.3　经营航运保险业务的再保险公司

公司名称	成立时间	所在地	是否中资
大韩再保险公司上海分公司	2020 年 1 月	上海	否
RGA 美国再保险公司上海分公司	2014 年 9 月	上海	否
信利再保险(中国)有限公司	2020 年 6 月	上海	否
汉诺威再保险股份有限公司上海分公司	2008 年 5 月	上海	否

续表

公司名称	成立时间	所在地	是否中资
法国再保险公司北京分公司	2008 年 5 月	北京	否
劳合社保险(中国)有限公司	2007 年	上海	否
德国通用再保险股份公司上海分公司	2004 年 7 月	上海	否
瑞士再保险股份有限公司北京分公司	2003 年 9 月	北京	否
慕尼黑再保险公司北京分公司	2003 年 9 月	北京	否
中国农业再保险股份有限公司	2020 年 12 月	北京	是
太平再保险(中国)有限公司	2015 年	北京	是
中国再保险(集团)股份有限公司	1949 年	总部在北京，上海分公司	是
中国财产再保险有限责任公司	2003 年 12 月	北京	是
人保再保险股份有限公司	2017 年	北京	是
前海再保险股份有限公司	2016 年 12 月	深圳	是

当然,本土再保险市场的发展更为重要。除了积极增加中资再保险机构数量之外,上海还大力支持中国再保险交易中心建设。截至 2025 年 2 月,国家金融监管部门先后批复了 20 家(再)保险公司成立上海再保险运营中心。其中,17 家是中资保险公司,见表 8.4。此外,3 家保险经纪公司设立了分支机构。这些机构经营区域可以是全国范围。它们的成立,稳妥扩大了上海再保险供给,为上海再保险交易中心建设提供了必需的市场主体,有助于提升中国在全球再保险市场的话语权。

表 8.4　上海再保险运营中心

序号	公司名称	发文日期	是否中资
1	中国人民财产保险股份有限公司	2020 年 11 月 25 日	是
2	中国平安财产保险股份有限公司	2023 年 8 月 10 日	是
3	中华联合财产保险股份有限公司	2023 年 8 月 10 日	是

续表

序号	公司名称	发文日期	是否中资
4	三井住友海上火灾保险(中国)有限公司	2023 年 8 月 10 日	否
5	阳光财产保险股份有限公司	2023 年 8 月 10 日	是
6	国任财产保险股份有限公司	2023 年 8 月 10 日	是
7	安盛天平财产保险有限公司	2023 年 8 月 10 日	是
8	紫金财产保险股份有限公司	2023 年 8 月 10 日	是
9	中国人寿财产保险股份有限公司	2023 年 10 月 12 日	是
10	中意财产保险有限公司	2023 年 10 月 19 日	否
11	中国太平洋财产保险股份有限公司	2023 年 10 月 19 日	是
12	黄河财产保险股份有限公司	2023 年 10 月 19 日	是
13	中国大地财产保险股份有限公司	2023 年 10 月 19 日	是
14	东海航运保险股份有限公司	2023 年 10 月 19 日	是
15	泰山财产保险股份有限公司	2023 年 10 月 19 日	是
16	中国财产再保险有限责任公司	2024 年 10 月 21 日	是
17	安盛环球再保险(上海)有限公司	2024 年 12 月 30 日	否
18	太平再保险(中国)有限公司	2024 年 12 月 30 日	是
19	中银保险有限公司	2024 年 12 月 30 日	是
20	浙商财产保险股份有限公司	2025 年 1 月 26 日	是

资料来源:根据国家金融监督管理总局网站相关资料整理,https://www.nfra.gov. cn/cn/view/pages/index/jiansuo.html?keyWords=％E4％B8％8A％E6％B5％B7％E5％ 86％8D％E4％BF％9D％E9％99％A9％E8％BF％90％E8％90％A5％E4％B8％AD％ E5％BF％83♯1。

(二) 资本规模大但仍然是需求方市场

从国内视角看,上海再保险市场的资本规模并不小,并逐年增加。如表 8.4 和图 8.2 所示,截至 2024 年底,上海共有 7 家专业再保险公司,20 家上 海再保险运营中心。其中,7 家再保险公司的资产规模约占全国的 60％。 中国现有的再保险运营中心则全部集中在上海。

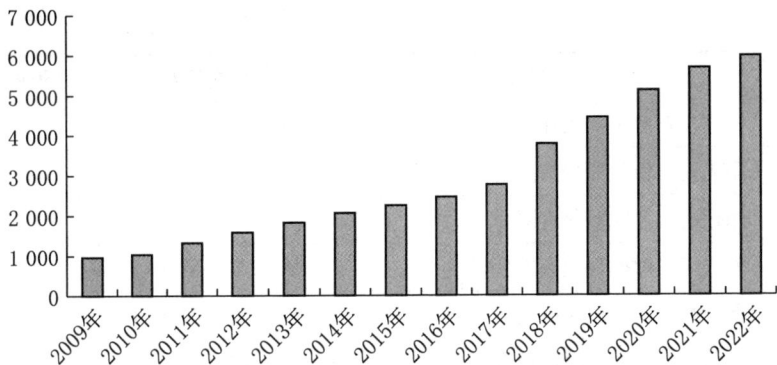

图8.2　2009—2022年上海再保险市场资产规模(亿元人民币)

资料来源:作者根据《中国保险年鉴》(2007—2023年)47家保险公司资产规模总计而得。

但上海再保险市场的资产规模仍有限。如本章第一节所分析,包括上述7家再保险公司和20家上海再保险运营中心在内的、可经营航运保险业务的47家财产保险公司的资产规模在2022年是5 972亿元人民币。与2009年相比,该指标提高了6倍多。但从中国快速增长的航运保险需求看,上海再保险资产规模仍然有限,明显制约了上海再保险承保能力。

第二节　上海保险业经营利润率分析

根据保险经济学原理,同额资本与其他经济活动获得相等利润,才能确保资本进入保险领域或继续留在保险领域。由于保险业的利润主要来自两部分,一是承保利润,二是投资收益。因此,下文分别对这两个口径的收益率做出分析。

一、利润率水平有限

数据显示,保险业经营利润率并不高,远低于同一时期银行、证券、期货、其他类金融机构(除保险、银行、证券和期货之外的金融机构)和房地产。如图 8.3 所示,2014—2023 年间,保险业的经营利润率(本研究采用了 WIND 数据库中该行业中位数)仅为 2% 左右,银行、其他类金融机构的经营利润率高达 40% 左右。房地产的经营利润率也在 15% 左右。保险业利润率直接影响保险公司股东和经营管理者的积极性。从鼓励社会资金投资保险业而言,保险业想要获得更多资本,必须进一步提升经营利润率。

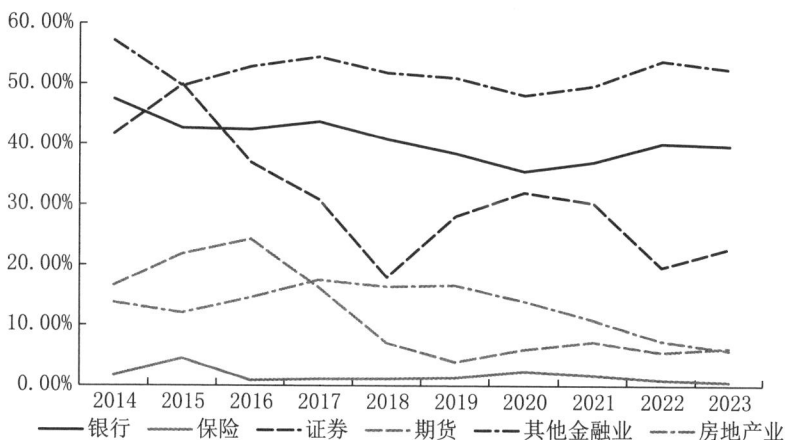

图 8.3 2014—2023 年金融业利润率比较

资料来源:根据 WIND 数据库统计整理而得。

二、投资收益率提升面临挑战

近年来保险业资金运用情况也面临较大挑战。如图 8.4 所示,2022—2024 年,财产保险公司投资收益率大致在 2%—4% 之间。尽管年化财务收益率比较稳定,但均在 3% 以下;年化综合收益率有上升趋势,2024 年达到

5%左右。但 2022 年第三季度和第四季度,年化综合收益率再次降至 2%。

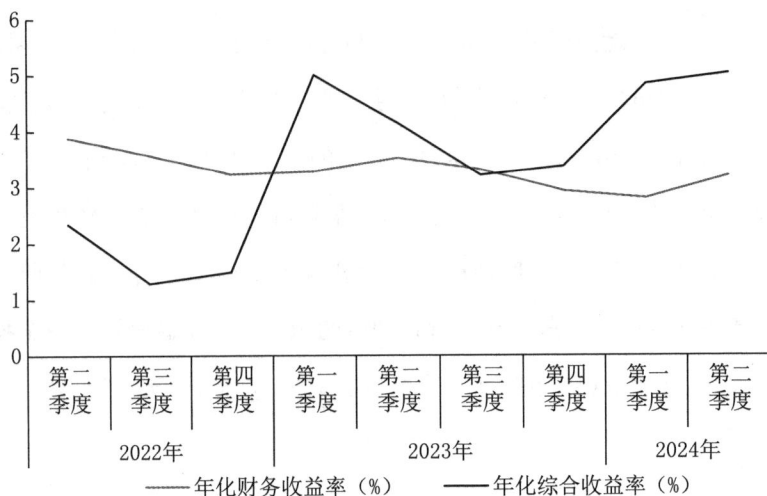

图 8.4　2022—2024 年财产险公司投资收益率

资料来源:根据国家金融监管总局网站《季度保险业资金运用情况表》整理而得。

投资收益率偏低,一方面表明保险业在资金运用方面面临巨大挑战,另一方面也制约了保险承保能力的扩大。

第三节　上海航运保险技术能力分析

上海拥有全球最先进的数字技术和数字产业,为上海航运保险数据管理和风险管理提供了巨大的技术支持。

一、再保险交易中心加速建设

再保险在航运保险市场上具有举足轻重的作用。2023 年,上海国际再保险交易中心成立。之后,再保险交易中心建设加速进行,推动了上海国际再保险中心建设,也为上海航运保险业发展提供了再保险技术支持。

一是入驻机构数量不断增加。如前文所述,截至 2025 年 2 月,落户上海的再保险运营中心已达 20 家。这些再保险运营中心均为财产保险公司。从理论上说,它们均能经营航运保险业务。

二是登记保费规模快速上升。2025 年,在上海国际再保险登记交易中心进行分入或分出的保费规模上升明显。上海国际再保险登记交易中心官网数据显示,截至 2025 年 4 月 2 日,上海国际再保险登记交易中心合约登记保费规模、临分登记保费规模和合约交易保费规模分别达到人民币 782.8 亿、132.8 亿和 72.6 亿。可见,上海国际再保险登记交易中心的业务规模呈现快速上升趋势,规模效应逐渐形成。

三是市场创新持续涌现。资料显示,多个业务类型的首例首单案例在上海国际再保险登记交易中心落地。例如,2024 年 8 月,9 家境外机构(含港澳台地区)在登记交易中心获得交易资格。8 月,安盛天平财产保险有限公司上海再保险运营中心通过登记交易中心顺利完成跨境资金便利化结算,实现首单交易、清算、结算全流程落地。中国银行作为登记交易中心合作银行,依托国际再保险业务平台实现无纸化审核、即时入账,大大提升了业务运转的效率。9 月,中国平安财产保险股份有限公司上海再保险运营中心完成了其在登记交易中心的首笔跨境业务全流程落地。可见,一个要素逐渐完备的再保险生态圈正逐步显现。

伴随业务规模效应和再保险生态圈的形成,上海国际再保险中心在构建自主风控模型、培育本土精算力量和加强企业国际化经营能力等方面,将发挥越来越大的作用,也能推动航运保险业率先参与国际规则制定。

二、人工智能技术大有可为

《大模型技术深度赋能保险行业白皮书（2023）》认为"大模型与保险的底层逻辑不谋而合，它们共同依赖于数据和模型这一基石。大模型的底层架构以数据和模型为核心，而保险业则秉承大数法则，同样以数据和模型为基础。保险与大模型之间存在着天然的契合点，使得大模型在保险行业的应用前景愈加广阔"。业内人士认为，大模型可以应用到保险领域的全业务流程，帮助保险企业更好地分析市场趋势、理解客户需求、精准化产品定价、提升营销效率、提高风险管理能力、提升理赔便捷性和改善服务质量，从而降低运营成本、提升营销和服务效能、提升客户体验。例如，某公司将大模型应用到代理人培训中，把大模型技术和心理学认知模型相结合，通过模拟出真实的客户反馈，提升了代理人销售技巧。双盲测试显示，使用该产品的中低水平代理人销售水平提高了 7.9%。

上海在数字技术和人工智能方面处于国内领先水平。2024 世界人工智能大会暨人工智能全球治理高级别会议（WAIC）已于 2024 年 7 月 4 日—7 月 6 日在上海圆满举行。2024 年 5 月 17 日，上海市经济和信息化委员会官网文章指出，上海市政府和中国移动深化战略合作，共建"上海 5G A² 示范之城"引领数智化发展新潮流，全方位赋能"低空经济、数智交通、数智工厂、数智能源、数智轨交、数智商圈"六大行业。这些技术和城市功能提升为上海航运保险的建设提供了数智技术支持。《上海统计年鉴》（2024）显示，2023 年，上海关区出口总额达 6 576 亿美元，再创历史新高，连续多年保持全球城市首位。这个成绩的取得，与上海多年来持续推进智慧口岸建设密切相关。作为全球最大的贸易口岸城市和全国首批智慧口岸试点城市，上海持续培育航贸数字化服务商生态，不断提高口岸综合运行效能。譬如，

2024年初，基于区块链技术，依托上海浦江数链，面向航运贸易领域的区块链应用——中国（上海）国际贸易单一窗口建设暨"航贸数链（TradeChain）"——正式上线。所有这一切，都为航运保险业数字化转型提供了强大的技术支持。

国内保险行业还处于探索大模型落地的初级阶段，而海外一些保险公司已经开始探索将大模型嵌入承保、理赔、审核等多个保险业务流程中。因此，这也成为上海航运保险业努力实现突破的重要方向。

三、数字化生态圈日益完善

上海主动把握金融业数字化、网络化和智能化发展趋势，并积极投身于数字化的浪潮，促进金融科技创新实践。

本研究认为，以下三个方面有利于航运保险业的数字化转型。一是成立数据交易所。2021年，上海成立了数据交易所。各类数据产品陆续在上海数交所挂牌交易。上海数据交易所网站显示，截至2024年，上海数交所挂牌的数据交易产品超过3 000个，场内数据交易规模超过50亿元。在上海数交所的"国际专区"挂牌的数据产品涵盖美国专利、生物医药、金融、商业洞察、企业数据、经济、人口统计的数据服务产品超过百个。而"城市智慧泊车""工业数擎""航班资源宝""产业链图谱"和"航天宏图"等数据产品已经盘活了数据资产。从数据产品挂牌交易到利用数据资产获得银行授信，上海数交所正全力推动数据要素市场的建设，并在数据交易配套制度、数字化数据交易系统、数据产品登记制度和数据产品说明书等方面形成了一系列创新安排。二是举办外滩大会。在2020年，上海举办了首届外滩大会，被称为一场高级别的全球金融科技盛会。此后，外滩大会永久落户上海。2023年外滩大会聚焦"科技·创造可持续未来"，汇聚了全球500多位有影响力的科技领军企业和专家学者,共同探讨前沿技术,搭建了国际科技创新和产业发展交流平台。2023年的外滩大会发布了与AI有关的银行业数字科技五大趋势,其中最重要的趋势就是"一部手机就是一个银行网点"。《2022年银行业服务报告》还显示,银行平均电子分流率97%,银行九成以上的业务已经线上化。根据2023年9月9日《新民晚报》,截至2023年6月底,中国银行App月活用户数超5亿,银行在支付宝和微信上的小程序超过200款。三是金融科技头部企业。目前,上海已经成为国内最主要的金融科技头部企业集聚地之一。以金融科技独角兽和科技企业为例,比如,万得信息、银联商务、空中云汇、X transfer等入围全球金融科技独角兽企业榜单,正在不断发展壮大。中电金信、蚂蚁链、万向区块链、零数科技、优刻得、云轴科技、冰鉴科技、数库科技、商汤科技、依图科技等一系列细分领域龙头科技公司也在持续汇集,为上海打造金融科技人才高地提供了扎实的基础。

总之,数字技术对资管业务和风险管理带来了巨大的行业变化。在数字技术的驱动下,资管机构在投顾服务、资产配置和风险管理领域普遍加大了科技投入力度。随着AI模型等新技术的快速迭代,资管机构的投研体系也向工业化和数智化进化。例如,蚂蚁金融大模型聚焦真实的金融场景需求,在"认知、生成、专业知识、专业逻辑和合规性"五大维度28类金融专属任务中表现突出,并已经于2023年8月底通过证券从业资格、保险从业资格、执业医师资格、执业药师资格等专业试题测试。

显然,日益完善的数字化生态圈,不仅给航运保险业的经营模块产生巨大的冲击,也给航运保险业的投资模块带来极大的影响。上海航运保险业如能充分利用这一良好的外部条件,就可以显著增加航运保险供给的数量,并提升其质量。

第四节　上海航运保险承保模式分析

航运保险有多种运营模式。其中比较常见的有：以经营直接保险为主的股份制保险公司、以共保形式出现的保险共保体（市场）、再保险公司（又可分为主要以再保险为主和兼营原保险两大类）以及专业航运保险公司等。另外，还有船舶保险的补充形式——船舶保赔保险。不同种类的航运保险模式，代表着不同的风险转移或分散方式。同时，由于激烈的竞争促进航运保险运营模式不断改革创新和相互借鉴。

上海航运保险正积极探索适合本地保险业发展的经营模式，且初见成效。

一、经营模式多样化

当前，航运保费规模全球排名前五位的海运保险公司，经营模式各不相同。从某种程度上说，这些公司各自代表一种主要的经营模式。

分析这些航运保险承保模式，可以得到如下两个结论：第一，承保能力最强的经营模式是共保。2023年公司年报显示，以劳合社为代表的共保模式具有最强的承保能力。2023年其保费收入达42.97亿英镑。其次是再保险模式，2023年慕尼黑再和瑞士再保费规模分别是13.60亿英镑和12.55亿美元。相对而言，专业保险或股份制保险公司的承保能力相对较弱。第二，经营效率较高的经营模式是专业保险公司。2022—2023年安联保险集团的综合成本率平均仅为80.1％，显示出明显的竞争优势。2023年海上保险的综合成本率比集团整体综合成本率低13.7个百分点（101.9％减去

88.2%）。其次,瑞士再保险的综合成本率也较低,2022—2023 年度平均为
87.7%。详见表 8.5。可见,共保模式的优势体现在承保能力,专业保险公
司的优势则体现在效率。有着悠久历史的海外航运保险市场的经营成效给
发展中国家的航运保险业带来一个思考。即,如何结合本国国情、航运保险
业发展阶段和发展目标选择发展模式。

表 8.5　2023 年全球五大海上保险公司经营现状比较

公司名称	特　点	保险规模	综合成本率	补充说明
劳合社保险①	平台式、共保模式(原保险和再保险)	42.97 亿英镑	99.1%	包括海上、航空和内陆运输保险。2022 年综合成本率为 90.3%
慕尼黑再保险公司②	慕尼黑再保险集团下设慕尼黑再保险公司、ERGO 公司和 MEAG 公司,前两者经营再保险业务和原保险业务,但原保险业务相对较少	13.60 亿英镑	84.1%	包括海上保险和航空保险。2022 年综合成本率为 133.1%
瑞士再保险公司③	典型的再保险公司	12.55 亿美元	82.1%	年度报告中,海上保险归入 specialty 类型,该类型包括机械、农业,航空,海上和网络(cyber)。2022 年综合成本率为 93.2%
安联保险集团④	设有 AGCS Marine Insurance Company Corp.,(Chicago); Allianz Fire and Marine Insurance Japan Ltd;(Tokyo); Allianz Marine & Transit Underwriting Agency Pty Ltd.(Sydney) Allianz Marine (UK) Ltd.(London) 等专业海上保险	3.54 亿英镑	88.2%	包括海上保险和航空保险。2023 年安联集团平均综赔率 101.9%。2022 年综合成本率为 72.1%

公司名称	特　点	保险规模	综合成本率	补充说明
英国皇家太阳联合保险公司[5]	海上保险作为重要业务之一的保险集团。设有专门的海上保险有限公司，如，The Marine Insurance Company Limited(UK)	7.97亿英镑	91.9%	2022年综合成本率为92.7%。2006年起，该公司细分英国、国际和新兴市场三大核心市场。2023年，一方面加强以数字技术为手段加强风险管理，另一方面加强财产、意外及特殊领域的保险业务

注：① LLOYD'S, LLOYD'S Annual Report：sharing risk to create a braver world 2023，p.30，劳合社网站；

② Munich Re, Munich Reinsurance Company Annual Report 2023，p.29，慕尼黑再保险公司网站；

③ Swiss Re, Swiss Re financial report 2023，p.163，因报告没有细分特殊领域，基于海上保险是其主要业务，作者按30%计算，即41.84亿×30%＝12.55亿美元。综合成本率同样为特殊领域整体的综合成本率。瑞士再保险公司网站；

④ Allianz, Allianz SE Annual Report 2003：courage to move forward，p.15，安联集团网站；

⑤ RSA Insurance Group Limited, RSA Insurance Group Limited consolidated financial statements for the year ended 31 December 2023，p.39，因报表中仅有安联集团的没有细分业务，作者按保费规模的20%计算，即39.87亿×20%＝7.97亿英镑。其中，保险综合成本率根据该页显示的信息计算而得，计算公式为：insurance service expense/insurance revenue，同样为整体综合成本率，RSA公司网站。

近年来，中国航运保险业已积极探索出了多种类型的发展模式。20世纪80年代，传统保险公司模式为绝对主导。21世纪以来，专业性航运保险运营中心、专业保险公司、航运自保公司以及共保体模式先后出现。这些不同类型的经营模式共同推动航运保险发展。而有效利用不同模式的优势可以保证彼此之间合作共享，能更加有效地推动航运保险市场稳定发展。但从经营状况看，当前上海航运保险机构的保费规模和经营效率相差很大。

2017年，中远海运财产保险自保有限公司在上海成立，注册资本金20亿元。作为中国第七家自保公司，中远海运财产保险自保有限公司主营航运保险业务。凭借中国远洋海运集团有限公司现有股东背景,中远海运财产保险自保有限公司很快实现盈利,并在上海航运保险市场上占据了一定的份额。2022年,中远海运自保的原保费收入达到了6.27亿元,净利润1.2亿元,并连续获得监管机构风险综合评级A级及以上。同年,东海航运保险股份有限公司上海分公司成立,主营船舶保险、船舶建造保险、航运货物保险和航运责任保险。但从经营效果看,东航航运保险股份有限公司并不及中远海运财产保险自保有限公司。因此,如何助力航运保险企业加快完善经营模式并提升合作能力,也是上海航运保险业高质量发展的重要课题。

二、共保模式的创新与发展

上海航运保险市场并没有固守现有经营模式,而是根据中国式现代化建设的需要,积极创新适用中国航运保险发展的模式。比较典型的案例是,中国航运保险业探索出了具有中国特色的共同体合作模式——吸收再保险制度中"共命运原则"的相关举措,约定首席共保人享有自行决定承保比例和理赔的权利。该模式有两大创新:一是共同保险人所在地延伸为同一城市;二是实行首席共保人制度。目前,航运保险共同体合作模式已取得显著成效。

三、多家航运保险企业组成的共保体

中国特色的共同体合作模式之一是由多家航运保险经营企业组成的共保体。例如,临港新片区管委会、中国商飞、上海保交所与人保财险、太保产险等8家保险机构及航联保险经纪共同签署国产商用飞机海外机队保险共同体合作备忘录,提升国产商用飞机海外机队的境内承保能力及保险保障与突发风险应对能力。代表性项目见表8.6。

表 8.6　中国航运保险共同体部分项目

项目名称	启动时间	特　点
"一带一路"再保险共同体	2020 年 11 月	承保"一带一路"项目。目前,成员保险公司有 23 家
国产商用飞机海外机队保险共同体	2024 年 6 月	为国产商用飞机海外机队提供风险保障。目前,成员保险企业有 8 家
中国绿色船舶保险共同体	2024 年 6 月	为我国绿色船舶产业打赢关键核心技术攻坚战提供风险保障。目前,成员保险企业有 9 家

资料来源:作者根据公开资料整理。

四、服务多式联运的共保模式

2024 年 6 月,在上海市交通委员会和国家金融监督管理总局上海监管局的联合指导和支持下,中国人民财产保险股份有限公司成功推出了全球首款满足中国"一单制"需求的多式联运集装箱货物运输创新保险方案。这一方案覆盖了从安徽合肥工厂装箱出发,经过集卡运输至车站,再通过铁路运输至上海港,最后从上海港海运至荷兰鹿特丹的全程保险服务。这一创新保险方案的推出标志着中国货物运输保险领域迎来了又一次重大突破,也是上海航运保险经营模式的又一次创新。

第一,保险公司与航运公司之间的合作不断深化。中远海运拥有自保公司。但作为本次运输的承运方中远海运集装箱运输有限公司选择人保财险开展合作。这种合作是航运公司与保险公司之间的合作。合作方分别是航运业和保险业中的龙头企业,可谓强强联合。这种模式可为全球贸易和物流行业提供更加全面、高效的风险保障。

第二,促进了海陆铁分段式保险业务的综合发展。"一单制"保险方案的最大优点是解决了以往海陆铁等分段式投保中保险责任衔接不清晰、国内与国际保险产品融合不足等问题。这一方案把多种保险产品整合在一起并进行创新,不仅扩大了保险责任范围,还降低了保险费用,大幅提升了服务质量和效率。

第三,充分显示了中国数字化供应链和绿色低碳转型升级的发展方向。这一方案充分利用数字技术为集装箱物流提供全程服务保障,促进了中国多式联运高质量发展。

第五节　小　结

近年来,上海航运保险供给能力有了显著提升。一是市场承保能力大幅上升。伴随经营主体数量增加和资本金规模扩大,上海航运保险业的承保能力大幅上升。截至2023年底,上海航运保险可使用的资本规模达500万亿元左右。理论上说,这可以提供2 000万亿元人民币的风险保障。二是经营管理水平有了显著提高。改革开放以来,上海航运保险业经过恢复、起步、发展、提速和提质增效等多个发展阶段,积累了丰富的行业经验。一方面,产品的创新能力得到世界认可;另一方面,风险管理的能力和水平不断提高。这得益于上海航运保险再保险市场的高度国际化和不断提升的风险管理水平,也离不开数字化和智能化技术的应用和赋能。随着上海加快建设国际再保险交易中心和强化航运保险技术,上海航运保险市场的承保能力有望得到进一步提升。三是承保模式的多样化。2011年以来,专业性航运保险运营中心、专业保险公司、航运自保公司和共保体等模式先后出现,共同推动了上海航运保险业蓬勃发展。

与庞大的航运保险需求相比,上海航运保险仍需进一步提高其市场供给能力。面对因严重海事事故占比增加和市场竞争激烈而导致的航运保险综合成本呈上升趋势,部分经营主体的效益不断下滑,许多保险公司在航运保险领域增加科技投入,提升运行效率。同时,航运保险企业通过体制机制改革进一步提升了其经营管理效率。例如,加快提高航运保险人的综合风险管理能力,包括公司治理、声誉风险、操作风险等多个方面。其中,上海航运保险的再保险市场仍亟待加强。再保险市场被欧美市场高度垄断,这是不争的事实。严重海事事故发生概率的提升,加剧了航运保险业对再保险市场需求。当然,进一步提升保险经营利润率才是增加供给的内在动力。

总之,只有不断开创保险业改革开放的新局面,精准把握航运保险的时代发展方向,才能切实提升航运保险业的供给能力,实现航运保险高质量发展。

第九章
上海航运保险发展的市场环境分析

全球航运保险正经历百年未有之大变局。上海航运保险发展的市场环境总体比较优越，为上海航运保险业高质量发展提供了非常有利的条件。与航运保险业发展密切相关的市场环境主要包括整体国际国内经济环境、政策环境、竞争环境、市场结构环境和法律环境等。[①]本研究前文已对保险市场结构环境进行了较详细的分析，下文也将对法律环境展开深入探讨。因此，本章主要关注前三个部分。

第一节　上海航运保险国内外经济环境分析

当今世界正经历着百年未有之大变局，一方面，世界经济增长、国际贸易、国际投资、国际金融及产业结构大调整等经济格局在 20 世纪发展基础

---

① 根据王国军编著的《保险经济学(第三版)》(北京大学出版社 2022 年版，第 60 页)的观点，"保险业市场环境包括整体国际国内经济环境，也包括国家财政对保险业的税收优惠、社会保障制度等政策环境，人口数量与结构、人们的风险意识与保险意识、保险市场声誉等社会环境因素，立法、司法和执法等法律环境因素，当然还包括保险市场本身是否存在垄断结构和垄断行为等市场结构因素，以及保险公估、代理和经纪等保险中介机构发展等竞争环境因素"。本研究认为，社会环境因素对航运保险影响较弱，故简略该因素。

上出现新的变化,如地区分化加剧、地区冲突持续不断、贸易保护主义与贸易限制的叠加,等等。另一方面,科技革命日新月异为经济增长注入新的动能,推动国际经济秩序迈向新规范,世界经济多极化程度不断提高。面对这种百年未有之大变局,中国提出"进一步全面深化改革、推进中国式现代化"的决定。国内外经济环境的改变,将对航运保险的供需产生相当大的影响。

一、分化不断加剧的世界经济

21 世纪以来,世界经济在遭遇金融危机以后,一直处于艰难复苏的状态。随之而来的一些新趋势、新亮点和新挑战,给航运保险产生不可忽视的影响。从上海航运保险发展来看,以下几个方面尤其重要。

(一) 世界经济格局发生巨变

第一,服务业竞争日益加剧。随着全球进入服务经济时代,服务业主导的产业结构变迁与经济转型升级已成为当今世界经济发展的新趋势。世界银行数据显示,过去 30 年全球服务业增加值占国内生产总值(GDP)比重逐年提升,当前的占比已达到六成以上。其中,美国、德国等发达经济体服务业增加值已占到 GDP 的 70％以上,巴西、南非等发展中国家经济体的这一比重也达 60％左右。在服务业快速发展的背景下,全球服务贸易还将进一步增长。联合国贸易和发展会议在《全球贸易最新动态》中指出,2023 年全球贸易总额预计为 30.7 万亿美元,较 2022 年下降 5％。其中,货物贸易预计减少 2 万亿美元,降幅约 8％。但服务贸易增加 5 000 亿美元,增幅约为 7％。

这对上海航运保险业而言,既是机遇也是挑战。第一,全球服务贸易的增长,意味着全球服务业竞争也将更加激烈。航运保险是一种国际化服务业,通常会在全球范围内竞争。上海航运保险业必须提供更加高质量的服务,否则保源流失将会成为不争的事实。第二,全球货物贸易量减少,在某种程度上降低了全球航运保险需求。全球航运保险需求下降可能导致保险人之间的竞争更加激烈。这同样要求上海航运保险业必须提供更加高质量的服务。

第二,新兴经济体不断壮大。21世纪以来,新兴经济体在全球经济复苏中扮演了重要角色。国际货币基金组织(IMF)发布的《亚太地区经济展望报告》显示,2023年亚太地区经济增速达4.6%,对世界经济增长贡献约为三分之二。与此同时,"全球南方"国家不断加强地区合作,为2023年全球经济注入新能量。其中,中国经济保持稳定向上,是世界经济增长的最大引擎。印度经济也多年领跑全球经济增长。

新兴经济体持续发展对上海航运保险业也产生了巨大影响。第一,本土航运保险业需求将继续上升,为上海航运保险业发展注入源源不断的动力。第二,新兴经济体成长及其对外贸易的发展,将给上海航运保险业提供服务全球的机遇。

(二) 全球经济发展不乏新亮点

全球经济也显现出高度韧性的一面。一方面,各国数字化转型与绿色发展,提供了新的产业需求,也给生产注入了新的动力并带来了新变革。另一方面,高新技术水平在世界经济发展中占有越来越重要的地位,以人工智能为代表的高新技术取得重大突破。

高度韧性的全球经济发展,既是技术发展的结果,也是制度调整的方向。人们面对高度不确定的世界,尤其需要提升应对不确定性的工具和思路。航运保险就是这种降低不确定性的有效工具之一。

(三) 全球经济体系依旧面临挑战

随着21世纪的到来,全球经济体系受到了前所未有的挑战。与航运保险密切相关的挑战至少包括以下几个方面。

第一，地缘冲突风险。当今时代，地缘风险此起彼伏。例如，2023 年 12 月，也门胡塞的武装部队在苏伊士运河和红海地区多次发动了针对过往商船的武装袭击，造成了人员伤亡和货物财物的重大损失，致使该地区的海运暂停，导致巨大的贸易损失和经济损失，给人们的正常生产和生活造成重大影响。显然，地缘冲突风险显著增加了该海域的风险。这无疑导致国际贸易及远洋航行的需求下降，成本上升，而且加大了不确定性。

地缘风险对航运保险造成的影响具体表现为：其一，航运保险潜在需求减少。其二，航运保险承保的该地区风险显著增加。理论上，伴随承保风险的增加，费率会相应提升，或者经过该区域的船舶（或者货物）的战争险保障将会按照保单的规定被取消或者对承保的区域做出调整，即承保范围受到限制。无论是哪一种结果都将抑制航运保险的需求。其三，需要适时调整航运保险产品结构，并相应地完善定保、理赔和定损等工作流程。2023 年底，红海及附近海域局势逐渐升温后，货运险做了大量的相关保单批改和保障扩充等工作。

第二，贸易限制措施增加。21 世纪以来，随着全球经济分化加剧和不确定性增加，贸易限制措施被利用的次数较 20 世纪显著增加。例如，经济政策研究中心（Centre for Economic Policy Research，CEPR）撰写的全球贸易预警报告显示，2023 年各国实施了约 3 000 项新的贸易限制，尽管略低于 2022 年的 3 200 项，但仍显著高于 2019 年的 1 100 项。世界贸易组织 2023 年底发布的《贸易监测报告》显示，尽管贸易促进措施的覆盖面仍然高于贸易限制措施的覆盖面，但二者之间的差距在快速缩小。例如，2023 年 5 月至 2023 年 10 月期间，贸易促进措施涉及货物价值大约为 3 188 亿美元，较上一个阶段的 6 919 亿美元出现大幅下降。而贸易限制措施涉及的货物金额,则从上一阶段的 880 亿美元上升到 2 460 亿美元。该报告还指出,二十国集团(G20)国家出台贸易限制措施的月平均数量高达 9.8 项,而出台贸易促进措施的月平均数则仅为 8.8 项。贸易限制措施的快速增长趋势为本就增长乏力的全球贸易进一步蒙上阴影。

贸易限制措施增加对航运保险产生的不利影响至少包括两个方面:第一,减少全球贸易量和海上运输业务量,从而降低了航运保险需求。第二,出现航运保险贸易限制措施。如欧盟曾对俄罗斯采取"保险制裁限令",就是一种极端的服务限制措施之一。第三,全球航运保险人之间的合作面临新的考验。长期以来,国际知名航运保险市场主体在全球范围内构建了一张庞大的服务网络,并与本土航运保险市场主体进行大量的合作和交流。但贸易限制措施给相关合作增加了难度。

二、全面推进中国式现代化建设

(一) 推进高水平对外开放

开放是中国特色社会主义现代化的鲜明标识。中国港口货物吞吐量和集装箱吞吐量连续多年居世界首位,海运船队运力也连续多年居世界第二。作为中国改革开放的前沿阵地,上海航运保险业为国际贸易和海上运输提供服务,是历史赋予的使命和责任,责无旁贷。

2024 年 7 月,《中共中央关于进一步全面深化改革、推进中国式现代化的决定》,再次明确了"坚持对外开放基本国策、坚持以开放促改革",这些都为上海航运保险业的发展提供了巨大的市场空间。

(二) 持续推动绿色发展

近年来,中国聚焦"绿色、低碳、智能"加快推进中国式现代化建设,取得举世瞩目的成就。这些"绿色、低碳、智能"制造,深刻改变了中国航运保险承保标的结构和承保风险,也为上海航运保险业提供了一个前所未有的、追赶国际先进保险市场的机会。

第一,智能港口建设。2023 年,中国港口在智能化和绿色化方面的进展受到国际社会的广泛关注,港口品牌影响力不断提高。《世界一流港口综合评价报告(2024)》显示,在选取的全球 34 个典型样本港口的综合评价结果中,新加坡港、上海港仍处于世界一流港口的领先位置。2024 年 1 月 4 日的《中国航务周刊》显示,上海港集装箱航线网络已覆盖全球 200 多个国家和地区的 700 多个港口,每周进出港班轮超过 320 个。

第二,新能源汽车和双燃料船舶等绿色制造。2023 年 12 月出台的《中共中央国务院关于全面推进美丽中国建设的意见》明确提出“建立绿色制造体系和服务体系”。其中,有几个领域和发展目标是与航运保险业密切相关的。如《意见》明确提出实施目标包括“大力推动经济社会发展绿色化、低碳化,加快能源、工业、交通运输、城乡建设、农业等领域绿色低碳转型……”众所周知,交通运输业领域的绿色低碳转型包括新能源汽车和双燃料船舶制造等。这些绿色制造不仅改变了传统国际贸易产品结构,而且对海上运力产生了巨大影响。例如,新能源汽车的进出口贸易需要使用 LNG 船舶,导致近年来 LNG 船舶保险需求出现明显增加,并使航运保险承保的风险出现单次事故损失显著增加的现象。这种航运保险需求的改变,还进一步导致航运保险供给调整,如再保险的需求上升而供给却下降。

(三) 大力发展新质生产力

因地制宜发展新质生产力,是推进中国式现代化建设的一项重大战略举措。

2025 年上海《政府工作报告》明确提出“紧扣强化创新策源功能这个核

心任务,聚焦发展新质生产力这个战略重点,加快建设具有全球影响力的科技创新中心,积极培育经济发展新动能"。对此,航运保险业也大有可为。一方面,航运保险业需积极服务新质生产力。例如,在绿色船舶、新能源汽车和国产大飞机等高端制造业的生产和贸易方面,航运保险需持续扩大承保范围,优化承保和理赔流程。另一方面,以新质生产力引领航运保险业转型升级。上海在数字化方面取得的技术突破是显著的,为上海航运保险的建设提供了数智技术的支持。例如,部分保险公司已率先启动了保险专用领域的大模型研发,并大力支持智能化产品运营,推进保险业数智化新模式的建设。事实上,上海在金融领域的数字科技技术运用有目共睹。据 2023年 10 月 31 日《新民晚报》报道,2023 年 10 月 27 日,交通银行创新性采用双边模式,成功完成首单油气贸易数字人民币跨境支付业务。交通银行还积极响应粤港澳大湾区、《区域全面经济伙伴关系协定》等重大战略和"一带一路"倡议,将数字人民币结算沿"周边化—区域化—国际化"路径有序扩大试点区域,同时不断扩大数字人民币的应用场景,从传统国际贸易扩展到外贸新业态,为人民币国际化奠定基础。2024 年 4 月 27 日《新民晚报》报道,建行上海市分行与上海数据交易所合作升级"数易贷",完成了全国首笔基于上海数交所场内交易信息的"区块链+数字人民币"贷款,取得了数据资产创新应用上的新突破。

此外,以新质生产力为核心助力"五个中心"融合发展。"五个中心"融合发展是上海的一大发展优势。航运保险作为推动"五个中心"融合发展的重要载体,结合航运市场主体需求,持续改革创新,提升"金融+航运"合力。例如,2025 年 2 月,中国银行和中国人民保险集团股份有限公司签订战略合作协议,围绕"服务航运安全、服务贸易便利化、服务绿色转型"等三方面,加强国有大型金融企业合作,通过"银行+保险",提升"金融＋航运"合力。

三、上海全面建成国际航运中心

上海国际航运中心的建设是国家的重要发展战略,也是上海"五个中心"建设之一。发展航运保险有利于上海国际航运中心的建设和发展,也是提高上海国际航运中心能级和质量的重要保障。

（一）航运服务业结构持续优化

航运保险业是高端航运服务业。上海航运保险业发展能优化上海航运服务业的结构。

2020 年,在国际航运中心的排名中,上海首次跻身世界第三,仅次于伦敦和新加坡。但相对而言,上海国际航运中心的硬件条件比较突出,而航运金融、航运保险和海事仲裁等软件方面的差距明显。2024 年 1 月初,上海市委书记陈吉宁率队赴中远海运科技股份有限公司进行专题调研,强调上海要加快"五个中心"建设,牢牢把握数字化、智能化、绿色化的发展机遇,以科技创新为引领,加快发展航运保险和仲裁、补齐航运科技短板,推动绿色低碳转型,不断提升上海国际航运中心建设能级水平,加快提升航运资源的全球配置能力。

近年来,中国大力促进海运业健康发展。如表 9.1 所示,2014 年以来,相关部门先后出台了 10 多个政策(指导意见)。目前,我国海上运力连续多年居世界第二,不仅拥有居世界第一的船舶制造业,还有世界一流的港口码头和码头群。例如,长三角地区有上海、宁波、舟山和连云港等港口,它们服务于长三角以及长江沿线地区的经济社会发展;在粤港澳大湾区,广州、深圳、珠海和汕头等港口世界闻名,主要服务于华南、西南部分地区,还加强了广东省和内陆地区与港澳地区交流。

表 9.1 近年来中国推动海运力发展的部分政策文件

出台时间	名称	制定部门	内容举要
2014 年	《国务院关于促进海运业健康发展的若干意见》	国务院	60 项措施促海运发展提质增效,为发展航运保险奠定了基础
2015 年	《交通运输部关于加快现代航运服务业发展的意见》	交通运输部	促进传统航运服务业转型升级;创新航运金融保险服务
	《中华人民共和国国际海运条例》和《中华人民共和国国际海运条例实施细则》	国务院	外商可在自贸区设立股比不限的中外合资、合作企业,经营进出中国港口的国际船舶运输业务
2016 年	《关于在自由贸易试验区暂时调整有关行政法规、国务院文件和经国务院批准的部门规章规定的决定》	国务院	允许在上海自贸区设立外商独资航运企业
2017 年	《交通运输部关于建设国际一流中国船级社的意见》	交通运输部	到 2025 年,中国船级社在规模、技术、服务、管理和国际化等五个方面将达到国际领先水平
	《国际海运条例实施细则(修正案)》	交通运输部	企业申请国际船舶运输业务和国际船舶管理业务,须先取得企业法人资格,再以法人形式完成后续申请工作
2018 年	《关于印发适用船舶吨税优惠税率国家(地区)清单的通知》	财政部	涉及 78 个国家
	《关于积极有效利用外资推动经济高质量发展若干措施的通知》	国务院	大幅度放宽市场准入,深化制造业开放,取消或放宽包括船舶在内的制造业领域外资准入限制
	《外商独资船务公司审批管理办法》	交通运输部商务部	独资船务公司根据业务需要,可申请在其他港口城市设立分公司

续表

出台时间	名称	制定部门	内容举要
2019 年	《外商投资准入特别管理措施（负面清单）(2019 年版)》	交通运输部	对外商投资国内船舶代理业务不再限制外资股比例
	《智能航运发展指导意见》	交通运输部等七部委	到 2025 年，基本形成智能航运发展的基础环境，构建以高度自动化和部分智能化为特征的航运新业态；到 2035 年，形成以充分智能化为特征的航运新业态；到 2050 年，形成高质量智能航运体系
2021 年	《国家"十四五"口岸发展规划》	海关总署	重点推进平安、效能、智慧、法治、绿色"五型"口岸建设

资料来源：作者根据网上公开资料整理。

(二) 邮轮经济快速发展

我国拥有 18 000 公里的海岸线，具有丰富的海洋旅游资源。邮轮被誉为"海上流动的度假村"。邮轮经济被誉为"漂浮在黄金水道上的黄金产业"。国际邮轮协会(Cruise Line International Association，CLIA)年度分析报告指出，世界邮轮经济的发展前景十分广阔，邮轮市场的增长潜力巨大，自 20 世纪 80 年代至今，全球邮轮旅游人数以年均 8.2％的速度增长。

上海位于我国沿海中部，居长江入海口，有着非常独特的地理优势，能够最快连接我国南北主要沿海港口城市，距离韩国、日本、俄罗斯以及东南亚等主要邮轮旅游目的地都比较近，具有发展邮轮经济的天然优势。

20 世纪 80 年代，第一艘外国邮轮停靠在上海港，开启了上海邮轮经济发展的新纪元。2004 年的金秋时节，马来西亚的丽星邮轮在北外滩开启了"丽星之夜"的活动后，邮轮很快"闯入"了改革开放的中国。据 2023 年 8 月 23 日《人民日报》报道，2006 年 7 月 3 日，意大利歌诗达邮轮公司的"爱伦歌娜"号邮轮从上海港国际客运中心启航,开启了从上海至日韩和中国沿海的现代邮轮始发港航线,上海成为全国最先启动邮轮经济的城市。2006年是上海邮轮经济的元年,统计数据显示,2007年以来,上海每年接待的国际邮轮航次和游客人数居内地港口首位。在国际豪华邮轮公司中,哥斯达、皇家加勒比国际以及国际首龙都豪斯登堡还开设了以中国港口为母港的定班邮轮。

第一,推动上海邮轮母港建设。邮轮经济以其集聚性、网络性、全球性、娱乐性及多元性等特点,对地区和国家经济发挥着明显的增长促进作用。邮轮经济全产业链是以邮轮旅游为驱动,涵盖邮轮运营、港口服务、邮轮修造、船舶供给、跨境消费等领域的综合产业集群,是现代服务业和先进制造业最具活力的代表,具有规模大、增长稳定、集聚性强的显著特征。邮轮经济的发展也得到了国家政策的大力支持。2008年国家发展改革委下发了《关于促进我国邮轮经济发展的指导意见》;2009年3月25日,国务院常务会议上首次提出要促进和规范邮轮产业发展。2009年,交通运输部与国家发展改革委联合发布了《全国沿海港口布局规划》;2009年10月26日,交通运输部正式发布了《关于外国籍邮轮在华特许开展多点挂靠业务的公告》,为外籍邮轮在华开展多点挂靠业务予以政策支持,为我国邮轮经济发展提供了坚实的政策保障。2010年6月,国家旅游局发布实施亚洲第一个邮轮专业行业标准——《国际邮轮口岸旅游服务规范》。

2011年,上海明确提出要努力建设上海邮轮母港。2013年2月,国务院明确提出支持邮轮游艇码头等旅游休闲基础设施建设。数据显示,2014年起上海邮轮母港接待出入境游客规模大幅提升。2014年一跃成为亚洲第一大邮轮母港,2016年成为全球第四大邮轮母港。嘉年华集团、皇家加勒比集团、诺唯真集团、地中海邮轮、云顶集团等全球前五大邮轮公司先后将全球最大、最新、代表邮轮科技最先进水平的豪华邮轮投入上海运营。

这些成果与各级政府支持、全球邮轮旅游兴起、上海港服务水平提升等密切相关。其中,航运保险也发挥了重要作用。2014年3月18日,国家交通运输部公布的《关于促进我国邮轮运输业持续健康发展的指导意见》指出,"鼓励有条件的省市发展邮轮相关金融、法律、保险、理赔、培训、咨询等业务,拓展邮轮增值服务。完善我国邮轮产业链"。上海航运保险业为邮轮旅游提供了邮轮旅游旅客意外险及邮轮责任险等新产品。

此后,上海进一步加快发展邮轮经济。2018年9月27日,交通运输部等十部委共同发布《关于促进我国邮轮经济发展的若干意见》。同年10月,上海市人民政府办公厅发布了《关于促进本市邮轮经济深化发展的若干意见》,提出把上海建设成国际一流邮轮港口。在战略上布局邮轮经济全产业链,产业布局于虹口北外滩、宝山吴淞口和浦东外高桥三大核心区。时至今日,上海已经形成吴淞口国际邮轮港、上海港国际客运中心以及浦东海通备用码头的"二主一备"的港口格局。2019年5月,吴淞口国际邮轮港已具备大型邮轮"四船同靠"的能力,北外滩上海港国际客运中心拥有3个邮轮泊位和5个游艇泊位,可同时停靠3艘7万吨级邮轮。2019年8月6日,新华社报道,上海的邮轮运营能级已在亚洲处于领先地位。2019年上海正式成为国家级邮轮旅游发展示范区。目前,上海是全国唯一的邮轮旅游示范区和邮轮旅游发展实验区"双区合一"的城市,也是唯一实现邮轮全产业链发展的城市。

第二,推动上海邮轮高质量发展。上海是中国邮轮经济发展基础优势最充足、邮轮要素最齐全、具有率先实现高质量发展的先天优势。

2023年,上海出台了《推进国际邮轮经济高质量发展上海行动方案(2023—2025)》的通知,从做大邮轮总部经济、做强邮轮制造体系、做实港口枢纽功能、做精邮轮配套服务、做优邮轮产业生态五个方面提出 20 条措施，并提出总体目标：到 2025 年，形成由"枢纽港＋总部港＋制造港"构成的邮轮经济发展上海模式，进一步巩固亚太区域邮轮综合枢纽港地位，邮轮总部型经济拉动效应更趋明显，邮轮制造和配套产业体系初步形成。

上海邮轮产业布局在虹口北外滩、宝山吴淞口和浦东外高桥三大核心区域。基于所在区位不同的功能定位和发展优势，三地分别以打造邮轮枢纽港、邮轮制造基地、吸引邮轮企业总部入驻等为着力点，推动上海邮轮产业高质量发展。如表 9.2 所示，虹口、宝山和浦东在上海市出台《推进国际邮轮经济高质量发展上海行动方案（2023—2025）》后先后发布本区邮轮经济发展规划。虹口区与上海工程技术大学联合成立了国际邮轮研究中心，为邮轮产业的研究和培养具有较高水平的国际化应用型高级人才做准备。这些错位发展规划显示上海邮轮经济的综合带动效应已初步显现。

表 9.2　上海出台的若干邮轮经济政策

发布方	规划名称	主要内容
虹口区	《虹口区邮轮经济高质量发展三年行动计划（2023—2025）》	着力打造高端邮轮枢纽港、邮轮企业总部基地、邮轮高端服务环境和国际级消费集聚区。为了推动行动计划落地见效，虹口区还推出配套政策，对在虹口区范围内依法设立或引进的符合相关条件的邮轮企业或功能性机构，给予奖励。比如，对新引进的邮轮总部型企业，一经认定，最高可给予 200 万元的投资奖励。此外，虹口区对新引进的邮（游）轮总部型的高级管理人员，经认定，可给予最高 20 万元的安家费补贴。若上述人员在上海购置自有住房的，经认定，每人给予最高 50 万元的购房补贴。对新引进的邮轮（游）总部型的高级管理人员和专业骨干租借自用住房的，经认定，最高可给予每人最高 3 000 元/月的补贴，补贴年限一般不超过 3 年

续表

发布方	规划名称	主要内容
宝山区	《推进国际邮轮经济高质量发展宝山实施方案(2023—2025年)》	着力打造"一区一港两高地",即上海国际邮轮旅游度假区、亚洲最大邮轮母港,以及邮轮产业集聚高地和中国邮轮生态创新高地。北外滩地区吸引具有国际影响力的航运企业。吴淞口两侧区域重点建设邮轮综合产业集群,打造具有全球影响力的邮轮经济中心
浦东新区	《外高桥地区邮轮产业发展规划》	着力打造"一基地三片区",即外高桥邮轮制造基地和邮轮贸易服务片区、邮轮商务服务片区、邮轮研发服务片区

在此过程中,上海航运保险业除了要为游客提供邮轮旅游意外险外,还要为邮轮制造、枢纽港建设提供相应的保险服务。为了给这些邮轮经济发展提供有效的保险服务,上海航运保险业还根据需求进行体制机制改革,为"爱达·魔都"号建造提供的在建船舶保险服务。这项服务也成为由中国人保上海分公司牵头,太保上海分公司、平安上海分公司等多家公司共保模式创新的项目。

目前,上海是中国唯一实现邮轮研发、建造、运营、港口服务全产业链覆盖的城市,始终以占全国50%以上的市场份额位居首位,成为邮轮经济发展的"全国样板"。

自2011年开始,上海邮轮靠泊次数快速增长,2016年和2017年达到峰值。2023年,受新冠疫情的影响,上海邮轮靠泊次数下降到低谷。但2024年3月起,上海吴淞口国际邮轮港邮轮航班数量明显增加,迎来了"爱达·魔都"号、"地中海荣耀"号、"威斯特丹"号、"翠德丹"号,包括12个母港航次和2个访问港航次。其中荷美邮轮公司旗下的"威斯特丹"号、"翠德丹"号邮轮以上海吴淞口国际邮轮港为访问港,搭载着来自不同国家的外籍游客,从香港出发,来沪观光,为全世界游客到达上海提供了不同的旅行方式。据《澎湃新闻》报道,2024年3月5日清晨,搭载着4 200余人的"爱达·魔都"

号和搭载着 2 000 余人的"威斯特丹"号缓缓抵沪,与"鼓浪屿"号、"蓝梦之星"号邮轮一同靠泊上海吴淞口国际邮轮港,这也是 2018 年亚洲第一邮轮母港硬件升级以来首次实现"四船同靠"的盛景。2025 年 2 月 14 日《解放日报》报道,仅 1 月 16 日至 2 月 28 日间,上海吴淞口国际邮轮港接靠从上海出入境的邮轮将达 90 艘次,且均以上海作为母港,出入境旅客累计 15 万人次。

(三) 国家战略协同发展

上海国际航运中心是一项国家战略。航运保险业发展在推动上海国际航运中心建设的同时,也有力推动上海国际经济中心、国际金融中心、国际贸易中心、科创中心和自贸试验区建设等多项国家战略的协同发展。这些国家战略的协同发展,大多在前文有所分析,在此不再赘述。在此着重分析航运保险在长三角一体化发展战略中的重要作用。

以上海为中心的长三角地区,由于得天独厚的地理位置、适宜的气候环境、丰富的物产资源、良好的交通基础设施、完整的产业结构和高素质的人力资源等因素,逐渐发展成为中国最重要的经济区域。国务院在 2008 年出台《国务院关于进一步推进长江三角洲地区改革开放和经济社会发展的指导意见》(国发〔2008〕30 号),明确了进一步推进长江三角洲地区改革开放和经济社会发展的重要意义、总体要求、主要原则和发展目标。彼时,长江三角洲地区仅包括上海市、江苏省和浙江省的部分城市。2010 年,国务院正式批准实施《长江三角洲地区区域规划》,明确了长江三角洲地区发展的战略定位,即发展成亚太地区重要的国际门户、全球重要的现代服务业和先进制造业中心、具有较强国际竞争力的世界级城市群。2018 年 11 月 5 日,习近平总书记在上海举办的首届中国国际进口博览会上宣布,支持长江三角洲区域一体化发展。至此,长三角一体化发展上升为国家战略。同年 12 月,交通运输部办公厅、上海市人民政府办公厅、江苏省人民政府办公厅、浙江省人民政府办公厅和安徽省人民政府办公厅联合印发了《关于协同推进长三角港航一体化发展六大行动方案》的通知。2019年12月1日,中共中央、国务院印发了《长江三角洲区域一体化发展规划纲要》,明确长三角地区包括上海市、江苏省、浙江省和安徽省。2024年起,伴随沪苏湖高铁、连接西岑华为研究中心的17号线及示范区线等项目取得新进展,长江三角洲地区进入又一个快速发展的阶段。

目前,长三角地区已成为中国经济发展最为活跃、开放程度最高、创新能力最强、基础设施最完善的区域之一。第一,经济总量约占全国的四分之一,见表9.3。

表9.3　长三角GDP占全国GDP的比重(%)

年份	长三角GDP占全国GDP的比重	年份	长三角GDP占全国GDP的比重
1992	20.05	2008	23.90
1993	21.07	2009	24.08
1994	20.80	2010	24.25
1995	21.40	2011	23.98
1996	21.42	2012	23.72
1997	21.74	2013	23.69
1998	22.08	2014	23.72
1999	22.40	2015	24.02
2000	22.59	2016	24.22
2001	22.68	2017	24.14
2002	23.23	2018	24.07
2003	24.24	2019	23.92
2004	24.43	2020	24.12
2005	24.57	2021	24.16
2006	24.45	2022	23.99
2007	24.23	2023	24.20

资料来源:国家统计局官网,stats.gov.cn。

第二,长三角地区具有中国最好的产业基础和产业链,对外经济贸易高度发达。20 世纪 90 年代中后期开始,江浙沪皖三省一市的进出口总额逐年增长。1993 年到 2001 年,长三角地区进出口总额占全国的比重从 16％提高到 29％。2001 年中国加入世贸组织后,长三角地区的进出口总额占全国的比重进一步提升。目前已稳定为三分之一以上,见表 9.4。

表 9.4　长三角地区进出口总额占全国的比重(％)

年份	长三角进出口总额占全国的比重	年份	长三角进出口总额占全国的比重
1993	16.21	2009	37.14
1994	17.06	2010	37.41
1995	19.29	2011	36.19
1996	21.59	2012	34.55
1997	21.54	2013	33.02
1998	23.12	2014	33.34
1999	25.19	2015	35.15
2000	27.73	2016	35.93
2001	29.17	2017	36.50
2002	30.45	2018	36.23
2003	34.47	2019	35.81
2004	36.66	2020	36.81
2005	37.33	2021	36.41
2006	37.65	2022	35.99
2007	37.92	2023	36.32
2008	36.89	2024	36.52

资料来源:国家统计局官网,stats.gov.cn。

第三,长三角地区交通运输网络体系完备。在一体化发展战略驱动下,长三角地区已初步形成沿海、沿江联动协作的港口航运体系。《长江三角洲区域一体化发展规划纲要》明确指出,长三角地区要协同推进港口航道建设,推动港航资源整合,优化港口布局,健全一体化发展机制,增强服务全国的能力,形成合理分工、相互协作的世界级港口群。围绕提升国际竞争力,加强沪浙杭州湾港口的分工合作,以资本为纽带深化沪浙洋山开发合作,做大做强上海国际航运中心集装箱枢纽港。自 20 世纪 90 年代开始,江浙沪皖三省一市的水运货运量呈现快速增长趋势。

总之,长三角地区在国家现代化建设大局和全方位开放格局中占有举足轻重的战略地位。长三角地区在中国经济发展中起到了强有力的带动作用,辐射范围广、引领作用大。

长三角地区成为中国经济发展龙头的同时,上海已成为长三角发展的"龙头"。例如,自 20 世纪 90 年代末,上海水运货运量和水运货物周转量表现出强劲的发展势头。2024 年,上海水运货运量和水运货物周转量分别达 10.3 万万吨和 3.57 万亿吨公里,是 2000 年的 5.92 倍和 5.76 倍,分别占长三角地区水运货运量和水运货物周转量总额的 20.2%和 54%。水运运力的快速发展,确立了上海在长三角地区的水运"龙头"地位,也推动上海更好地发挥在长三角地区的辐射带动作用。见图 9.1 和图 9.2。

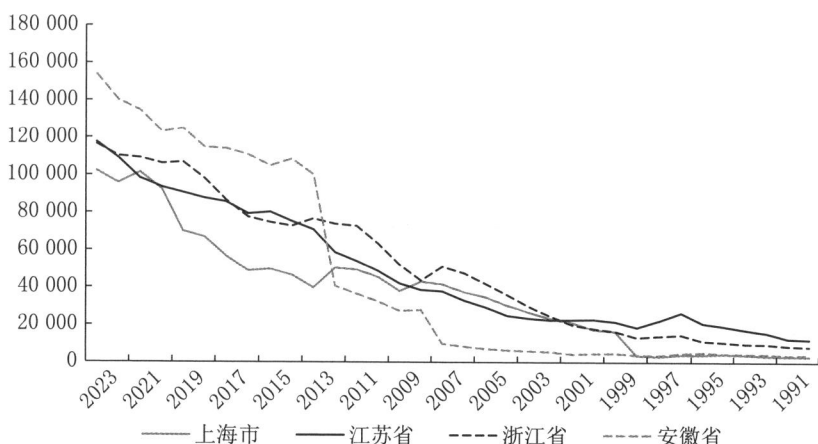

图 9.1 1991—2023 年长三角地区水运货运量(单位:万吨公里)

资料来源:上海市统计局官网,https://tjj.sh.gov.cn/。

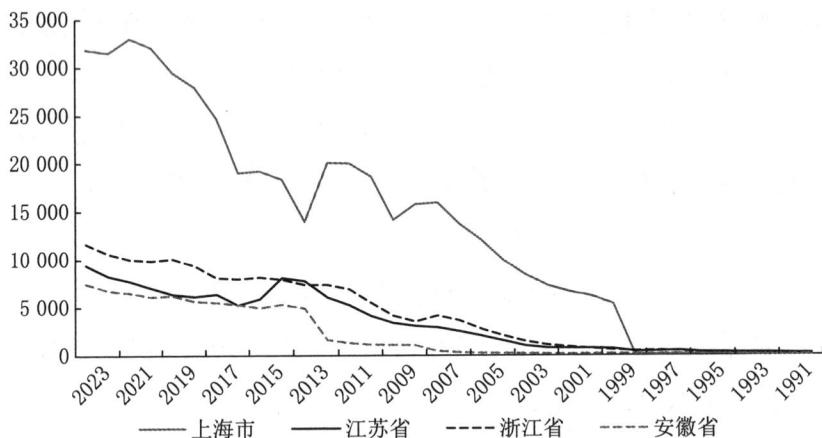

图 9.2 1991—2023 年长三角地区水运货物周转量(单位:亿吨公里)

资料来源:上海市统计局官网,https://tjj.sh.gov.cn/。

　　长三角一体化发展在促进中国经济持续健康发展的同时,必然对物流、外贸以及相应的其他服务业提出更多需求,为上海航运保险业发展带来广阔的发展空间。显然,长江三角洲地区的一体化发展是推动上海国际航运保险中心发展的重要动力之一。上海航运保险业也在服务实体经济过程中实现高质量发展,并进一步优化了上海航运服务业结构。

第二节　上海航运保险政策环境分析

　　近年来,政府大力支持上海加快推进航运保险发展。中央、上海市和区政府等多个层面出台了相关政策,采取了多种措施,合力推动上海航运保险业高质量发展。

一、顶层设计持续加强

上海航运保险业发展离不开各级政府的支持和指导,不断加强并优化的顶层设计就是一个重要体现。

(一)定位明确

2009 年以来,中央和上海市政府曾多次出台相关政策,促进航运保险业发展,如表 9.5 所示。2009 年《国务院关于推进上海加快发展现代服务业和先进制造业建设国际金融中心和国际航运中心的意见》(国发〔2009〕19号)在上海国际航运中心建设的具体任务中,明确提出发展"航运保险业",并从国家战略高度明确上海航运保险业是上海国际航运中心建设不可或缺的一部分。2024 年,国家金融监管总局上海监管局和中共上海市委金融委员会办公室发布《关于推动上海航运保险业高质量发展的指导意见》,进一步明确了航运保险业高质量发展的四个重要目标,并出台了十多项具体举措。

表 9.5 推动航运保险业发展的部分重要政策

发布时间	发布者	文件名称	内容举要
2009 年	国务院	《关于推进上海加快发展现代服务业和先进制造业建设国际金融中心和国际航运中心的意见》	首次提出"航运保险业"
2014 年	国务院	《关于加快发展现代保险服务业的若干意见》	积极发展航运保险
2024 年	国务院	《关于加强监管防范风险推动保险业高质量发展的若干意见》	加快发展海运保险,提高海运保障能力
	国家金融监管总局上海监管局/中共上海市委金融委员会办公室	《关于推动上海航运保险业高质量发展的指导意见》	推动航运保险业高质量发展、全面提升航运保险服务能级

续表

发布时间	发布者	文件名称	内容举要
2024 年	金融监管总局会同上海市人民政府	《关于加快上海国际再保险中心建设的实施意见》	聚焦"走出去"、航空航天、绿色航运、集成电路等重点领域,在临港新片区探索保险共保体等风险分散机制

资料来源:作者根据网上公开资料整理。

(二) 发展思路和具体路径清晰

近年来,上海航运保险发展出现两个重要方向。一是充分利用中国航运保险研发的新产品制定"中国条款"。二是充分利用中国(上海)自由贸易试验区建设提升上海航运保险承保能力。

关于第一个方向。相关管理部门陆续出台了多项促进船舶和邮轮业健康发展的指导意见,拓宽了航运保险业发展的市场需求。例如,2014 年 3 月 18 日交通运输部公布的《关于促进我国邮轮运输业持续健康发展的指导意见》明确提出"鼓励有条件的省市发展邮轮相关金融、法律、保险、理赔、培训、咨询等业务,拓展邮轮增值服务。完善我国邮轮产业链",进一步扩大了航运保险的业务范围。

关于第二个方向。各个层级的相关政策更多。例如,2013 年 9 月 29 日,中国(上海)自由贸易试验区挂牌成立,遵循"中央顶层设计＋地方先行先试"的改革开放路径。之后出台的《国务院关于印发中国(上海)自由贸易试验区总体方案的通知》(国发〔2013〕38 号)明确提出,在中国(上海)自由贸易试验区试点扩大国际船舶运输和国际船舶管理业务外商投资比例,保护投资者合法权益。2023 年 11 月,国务院发布的《全面对接国际高标准经贸规则推进中国(上海)自由贸易试验区高水平制度型开放总体方案》在"优化跨国公司跨境资金集中运营管理政策"部分,再次明确提出"在临港新片区内建设再保险国际板。支持保险资金依托上海自贸试验区内有关交易所试点投资黄金等大宗商品"。2023年12月27日,交通运输部、中国人民银行、国家金融监督管理总局等五部门联合印发的《关于加快推进现代航运服务业高质量发展的指导意见》强调,要强化航运保险服务保障,集聚国内外再保险机构,提升航运再保险服务能级。这些文件的先后出台,为上海航运保险业及再保险市场发展注入了新动能。

(三) 主体框架基本形成

国家相关部门已经为包括航运保险在内的保险业构建了一个主体框架,并发布了一系列相关实施意见加以推行。

2014年12月发布的《国务院关于加快发展现代保险服务业的若干意见》,标志着包括航运保险在内的现代保险服务业主体框架得到构建。2024年9月,《关于推动上海航运保险业高质量发展的指导意见》则进一步明确了上海航运保险业发展框架。这个框架包括四个方面:第一,产品供给不断丰富,航运保险产品注册数量持续增加,航运保险示范条款使用率不断提升,在重要战略新兴领域率先制定航运保险专属产品。第二,承保能力显著增强,保险金额持续扩大,在上海聚合境内航运再保险承保能力,建立多样化的风险分散机制,进一步提升我国航运保险保障力和承载力。第三,全球服务水平持续提升,航运保险标准化单据广泛应用,线上化服务率逐步提升。以航运保险为纽带,进一步增强中国制造"走出去"过程中的海事处理、事故救援、纠纷处置等一揽子服务能力。第四,加快建立具有世界影响力的航运保险中心,紧密围绕上海国际航运中心和上海国际金融中心建设总体目标,利用上海航运保险协会、上海国际再保险登记交易中心和各上海航运保险运营中心所在地优势,立足上海、服务全国、辐射全球,在上海建设具有世界影响力的航运风险集散中心、管理中心和全球交流合作窗口。

二、营商环境持续优化

航运保险营商环境改善的相关政策可以分为两大类:一是普遍适用于各类企业的政策,二是针对保险业的专门政策。

(一) 全面完成营商环境 7.0 版改革

为了进一步优化营商环境,我国各级政府先后出台了许多优化营商环境的政策。这类政策通常没有明确区分行业,也不划分企业规模大小,具有普遍适用性,但在改善整个市场营商环境,尤其是服务贸易体制机制改革方面发挥了重要作用。

例如,《关于部分地方优化营商环境典型做法的通报》《关于聚焦企业关切进一步推动优化营商环境政策落实的通知》《上海口岸深化跨境贸易营商环境改革若干措施》等一系列文件,都对优化营商环境做出了具体部署。这些部署重点表现在四个方面。一是持续放宽市场准入,投资贸易更加宽松便利。民航、铁路等重点领域的开放力度持续加大,部分垄断行业通过混改积极引入民间投资。二是加大监管执法力度,让市场竞争更加公平有序。之后,在强化产权保护方面,甄别纠正了一批涉及产权冤错案件。三是深化"互联网+政务服务",办事创业更加便捷高效。目前,全国一体化的数据共享交换平台体系已基本建成,为全国各级政府部门开通了 1 000 余个数据共享服务接口,已实现数据共享交换量达 360 亿条次。四是建立健全评价机制,营商环境评价更加激励有效。无疑,这些政策也有助于航运保险业优化营商环境。

此外,2019 年 11 月 19 日由中共中央和国务院发布的《关于推进贸易高质量发展的指导意见》对包括航运保险在内的服务贸易营商环境优化提出了具体意见,该意见明确提出"大力发展服务贸易。深化服务贸易领域改革和开放,持续推进服务贸易创新发展试点,完善促进服务贸易发展的管理体制和政策体系"。

2024 年,上海全面完成营商环境 7.0 版 150 项改革举措。这些改革举措对减轻企业负担产生了巨大影响,如 2024 年新增减税降费超过 1 160 亿元。

(二) 保险业营商环境不断完善

保险业监督管理部门(2018 年以前为中国保险监督管理委员会,2022 年以前为中国银保监会,目前是国家金融监督管理总局)为了进一步支持航运保险业发展,先后出台若干优化保险业营商环境的政策。这些政策围绕航运保险机构(包括航运保险营运中心、再保险公司和专业保险中介机构)在准入、险种研发和经营管理等过程中涉及的政务环境、市场环境、法治环境和人文环境等方面提出多项具体改革措施。

在市场准入方面。2014 年 5 月,原中国保监会办公厅发布的《关于进一步简化行政审批支持中国(上海)自由贸易试验区发展的通知》,明确指出"深化保险业行政审批改革"。该通知共有三个要点,其中两个要点是关于航运保险的。其中之一是"取消在沪航运保险营运中心、再保险公司在自贸区内设立分支机构的事前审批,由上海保监局实施备案管理"。2024 年,金融监管总局会同上海市人民政府联合印发《关于加快上海国际再保险中心建设的实施意见》,进一步强调"给予机构准入政策支持",具体包括:支持在临港新片区设立专营再保险业务的保险、再保险、保险经纪法人或分支机构,允许境内再保险公司、外国再保险公司分公司在临港新片区设立再保险运营中心。上海市对入驻机构给予开办、增资等方面奖励扶持政策。对在临港新片区工作且符合条件的人员,加大出入境、租房、购房、落户等方面的保障力度。

在险种研发方面。《关于进一步简化行政审批支持中国(上海)自由贸易试验区发展的通知》明确"允许上海航运保险协会试点开发航运保险协会条款,报备后由会员公司自主使用"。

在经营管理方面。《关于推动上海航运保险业高质量发展的指导意见》提出了不少具体的支持政策。例如"依托上海国际再保险登记交易中心资金跨境便利化政策,推进航运保险跨境业务免审直通结算、本外币资金无因兑换以及 FT 账户资金'外来外用'等"。"推动上海航运保险业加强与海关、海事、港口等进行跨领域数据对接,打通数据壁垒,提升行业风险识别、精准定价和风险减量服务能力,实现数据双向赋能。支持中国(上海)国际贸易单一窗口与上海保险交易所开展数据共享等合作。按照国家航运贸易数字化发展规划,推动航运保险嵌入航运贸易数字化链条"等。

三、优惠政策针对性强

近年来,各级政府出台一系列政策措施,涉及航运保险业税收和人才等方面的优惠。总体而言,中央政府出台的各项政策具有战略性和导向性特点,主要表现在鼓励和支持上海国际航运中心和航运保险发展。上海各级政府发布的意见或规划,具有更强的操作性和可执行性,可由相关部门或单位具体实施。因此,从内容上看,这些政策可以分为两大类,一类是包含在推动上海全面建成国际航运中心的相关文件中,另一类是专门为支持保险业或航运保险业发展而推出的政策文件中,如表 9.6 所示。

表 9.6　促进上海航运保险发展的部分政策文件

发布时间	发布单位	文件名称	内容举要
2009 年	上海市政府	《上海市人民政府贯彻国务院关于推进上海加快发展现代服务业和先进制造业建设国际金融中心和国际航运中心的意见的实施意见》	略
2012 年 5 月	上海市政府	上海市加快国际航运中心建设"十二五"规划	略
2014 年 7 月	原上海保监局	《中国（上海）自贸区保险机构和高级管理人员备案管理办法》	由事前审批制改为备案制管理。自贸试验区内分支机构设立的备案材料由 11 份精简为 7 份，地址变更的备案材料由原有 6 份精简为 4 份，高管人员任职资格的备案材料由原有 9 份精简为 5 份。颁证流程由以往 20 个工作日，缩短到了自收齐备案材料 3 个工作日内
2016 年 6 月	上海市政府	《上海市推进国际航运中心建设条例》	一部国际航运中心建设的框架性法规，基本覆盖了航运中心的各个要素，也是中国第一部关于航运中心建设的地方性法规。条例着重强调政府的引导、扶持作用，鼓励各方面力量共同参与上海国际航运中心建设。2016 年 8 月 1 日起实施
2018 年 7 月	上海市政府	《上海市贯彻落实国家进一步扩大开放重大举措加快建立开放型经济新体制行动方案》	(1) 放开外资保险经纪公司经营范围，允许开展为投保人拟定投保方案、选择保险人、办理投保手续，协助被保险人或者受益人进行索赔，再保险经纪业务，为委托人提供防灾、防损或风险评估、风险管理咨询服务等业务

续表

发布时间	发布单位	文件名称	内容举要
2018 年 7 月	上海市政府	《上海市贯彻落实国家进一步扩大开放重大举措加快建立开放型经济新体制行动方案》	（2）支持外资来沪经营保险代理和公估业务，不设股比限制 （3）降低外资保险公司设立的限制条件，取消外资保险公司设立需开设两年代表处的要求 （4）支持外资设立合资人身险公司，将外资持股比例上限放宽至 51% （5）争取 3 年内，取消人身险公司外资持股比例限制 （6）以区域性再保险中心、国际航运保险中心、保险资金运用中心建设为抓手，加快上海国际保险中心建设 （7）以"一带一路"再保险业务为重点，支持上海保险交易所加快发展 （8）发展离岸保险业务
2021 年 8 月	上海市政府	《上海国际航运中心建设"十四五"规划》	详细列出了"十四五"时期需要建设的 22 项任务。其中航运保险规模位列全球第三
2023 年 6 月	上海市政府	《提升上海航运服务能级助力国际航运中心建设行动方案》	推动航运保险产品创新，探索研究对新能源船舶险、船舶建造险等重点险种的支持政策。建设具备全球服务能力的国际航运保险要素交易平台，支持智能跨境贸易保险平台对接全国国际贸易"单一窗口"，提高产品创新和精准定价能力。依托上海保险交易所打造离岸再保险业务窗口，提升航运保险承保和服务能力。鼓励航运保险机构参与国际海上保险联盟和"海上保险波塞冬原则"各项事务，并加强规则对接

资料来源：作者根据公开资料整理。

第三节　上海航运保险的竞争环境分析

保险中介机构是指专门从事保险业务咨询与销售、价值衡量与评估、定损与理算等中介服务活动，并从中获取佣金或手续费的机构，主要包括保险代理公司、保险经纪公司、保险销售公司与保险公估公司。保险中介机构在保险交易中起着重要的枢纽作用。保险中介市场健康发展不仅能促进保险业更快的发展，有利于形成更加公平、高效的市场环境，也是衡量保险业发展水平的重要指标之一。

相较于国外发达的保险中介市场发展水平以及客户（包括保险人、投保人甚至潜在保险消费者）的期待，包括上海航运保险中介在内的中国保险中介市场仍有较大差距。分析保险中介机构的现状、特点及发展趋势，可以更加深入地了解上海航运保险发展的竞争环境。

一、市场潜力巨大

不同类型的保险中介机构，其功能存在显著差异。例如保险代理机构可以代表客户与保险公司进行协商、沟通，帮助客户根据自身需求和财务状况选择适合的保险产品；保险公估机构因独立于保险人与被保险人，具有天然的公正性和独立性。航运保险保险标的及海损事故的复杂性和专业性，使得航运保险业对中介机构的需求更大、要求更高。

（一）市场主体数量有限

根据《中国保险年鉴》（2024）显示的资料统计，截至 2023 年底，上海共有保险专业中介机构（总部类）23 家。其中，保险专业代理机构（总部类）9 家，分部类 47 家。保险经纪机构(总部类)12 家,分公司 16 家。保险公估机构(总部类)2 家,分公司 3 家。截至 2023 年末,全国共有保险专业中介机构 2 578 家。其中,保险专业代理机构 1 701 家,保险经纪机构 496 家,保险公估机构 376 家。另外,全国共有保险中介集团 5 家。其中,仅泰康在线保险经纪有限公司的总部在上海,其余两家在北京、1 家在福州、1 家在深圳。可见,上海保险专业中介市场主体数量在全国并不占优势。详见表 9.7、表 9.8 和表 9.9。

表 9.7 上海保险专业代理机构(总部)概况

公司名称	成立时间	职工人数 (人)	注册资本金 (百万元)	资产 (百万元)
太平洋保险代理有限公司	2016 年 9 月	36	50	206.65
华瑞保险销售有限公司	2013 年 8 月	191	200	243.06
上海海圳广天保险代理有限公司	2019 年 9 月	15	300	1.68
览海保险代理有限公司	2013 年 7 月	15	50	42.79
星恒保险代理有限责任公司	2016 年 9 月	157	209.25	38.2
华夏保险代理(上海)有限公司	2007 年 5 月	10	300	267.4
上海东方保险代理有限公司	2003 年 6 月	13	50	48.6
上海汽车集团保险销售有限公司	2011 年 5 月	123	140	589.0
日立保险代理(中国)有限公司	2017 年 8 月	7	50	61.21

资料来源:根据《中国保险年鉴》(2024)数据整理。

表 9.8 上海保险经纪机构(总部)概况

公司名称	成立时间	职工人数 (人)	注册资本金 (百万元)	资产 (百万元)
韦莱保险经纪有限公司	2004 年 8 月	326	50	715.59
江泰再保险经纪有限公司	2015 年 7 月	34	50	196.13
上海美世保险经纪有限公司	2005 年 12 月	200	50	172.62

续表

公司名称	成立时间	职工人数 （人）	注册资本金 （百万元）	资产 （百万元）
上海天合保险经纪有限公司	2012 年 9 月	63	50	35.11
隽天保险经纪(上海)有限责任公司	2012 年 4 月	72	225	78.12
上海东大保险经纪有限责任公司	2000 年 7 月	27	52.14	66.94
中怡保险经纪有限责任公司	2003 年 11 月	697	50	1 381.17
招商海达保险经纪有限公司	2005 年 6 月	93	50	330.92
上海环亚保险经纪有限公司	2002 年 3 月	42	50	103.9
上海电气保险经纪有限公司	2004 年 3 月	22	50	96.32
上海旭升保险经纪有限公司	2006 年 10 月	15	70	94.07
上海海宁保险经纪有限公司	2010 年 10 月	6	100	54.26

资料来源:根据《中国保险年鉴》(2024)数据整理。

表 9.9　上海保险公估机构(总部)概况

公司名称	成立时间	职工人数 （人）	注册资本金 （百万元人民币）	资产 （百万元人民币）
上海城市保险公估中心(普通合伙)	2003 年 8 月	45	200	2.15
上海福缇保险公估股份有限公司	2006 年 2 月	50	6	4.27

资料来源:根据《中国保险年鉴》(2024)数据整理。

(二) 市场主体成立时间较早

上海保险中介机构成立的时间大致可分为两个时间段。一是 2002 年前后。这是中国申请加入世界贸易组织(WTO)的时间节点。例如,2002 年前后,在上海新设立的保险经纪机构共达 7 家。3 家上海保险公估机构均在那个时间段成立的。二是 2013 年。这是上海自贸试验区设立的时间节点。例如,仅 2013 年,就有两家保险代理机构落户上海。当然,第一个时期成立的机构数量相对较多。

二、市场竞争相对有序

近年来,中国保险中介市场经历了大发展、严监管和重新定位的发展过程。尤其是 2018 年以来,在防范金融风险的背景下,监管部门对机构注册资本金、高管任职资格和经营规范等方面的要求日益严格。仅 2022 年,全国被注销的保险中介许可证高达 1 000 多家。但相对寿险、财产险类中介市场,航运保险中介市场的竞争还是相对有序的。

(一) 经营相对规范

近年来,国家金融监管总局对保险中介市场进行严格监管,对不能满足监管要求的保险中介代理机构一律依法予以撤销。国家金融监管总局公告通知的信息显示,2023 年 1 月 1 日—2024 年 11 月 30 日,上海监管局已依法注销了 330 家保险中介机构。其中,328 家为保险兼业代理机构、1 家为保险专业代理机构、1 家为保险经纪机构。与北京和深圳等市场相比,上海保险兼业代理机构被注销的数量较多,但专业机构被注销的数量相对较少。进一步分析这些被注销的保险中介机构发现,这些机构经营范围大多为非财产险类,与航运保险业务相关性几乎为零。

可见,航运保险中介机构的经营相对规范,尤其是航运保险专业中介机构经营相对更加规范。如,被注销的保险专业中介机构数量较少。保险公估机构目前并没有出现被注销的案例,见表 9.10。

(二) 规模明显较大

上海保险专业中介机构的市场规模相对较大,不仅有利于提高市场主体的竞争力,也方便企业依法依规经营。

表 9.10　2023 年 1 月 1 日—2024 年 11 月 30 日部分省(市)市场监管处理结果

省(市)	监管部门	专业机构(个)	兼业机构(个)	共计	注
浙江	浙江监管局	1	383	384	318 家为 2022 年底公布的数据
山东	山东监管局	1	2 230	2 231	2 153 家为邮政类保险兼业代理机构
上海	上海监管局	2	328	330	1 家保险经纪机构
深圳	深圳监管局	4	25	29	1 家保险经纪机构
北京	北京银监局	6	58	64	1 家保险经纪机构

资料来源:作者根据国家金融监管总局首页—政务信息—公告通知整理所得。

首先,上海保险专业中介机构注册资本金规模远高于全国水平。根据《中国保险年鉴》(2024)显示的数据计算,2023 年上海保险专业代理机构、保险经纪机构和保险公估机构的注册资本金共计为人民币 1 349.25 百万元、847.14 百万元和 206 百万元,机构平均注册资本金分别为人民币 149.92 百万元、70.6 百万元和 103 百万元。而《中国保险年鉴》(2023)显示,2022 年,全国保险专业中介机构注册资本人民币 705.14 亿元。其中,保险专业代理机构注册资本共计人民币 440.4 亿元,保险经纪机构注册资本人民币 235.11 亿元,保险公估机构注册资本人民币 29.63 亿元。以上三类保险专业中介机构平均的注册资本金,全国市场分别仅为人民币 25.59 百万元、47.59 百万元和 7.86 百万元,见图 9.3。

其次,上海保险专业中介机构资产规模远高于全国平均水平。《中国保险年鉴》(2024)显示,2023 年,全国保险专业代理机构资产总额为人民币 423.71 亿元,保险经纪机构资产总额为人民币 534.33 亿元,保险公估机构资产总额人民币 34.91 亿元。以上三类统计口径的机构平均资产规模分别为人民币 24.9 百万元、107.72 百万元和 9.28 百万元。相对应,上海保险专

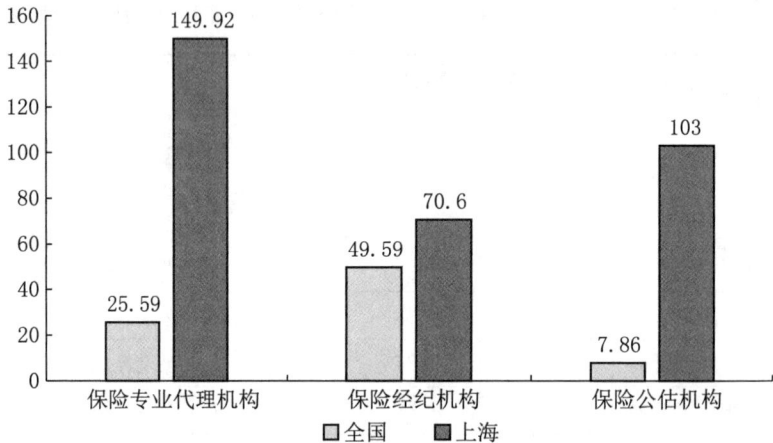

图9.3 保险专业中介机构平均注册资金规模比较(单位:百万元)

资料来源:根据《中国保险年鉴》(2024)数据整理。

业代理机构资产总额为人民币1 798.64百万元,保险经纪机构资产总额为人民币3 325.15百万元,保险公估机构资产总额为人民币6.42百万元。以上三类统计口径的机构平均资产规模分别为人民币166.52百万元、277.1百万元和3.21百万元,见图9.4。

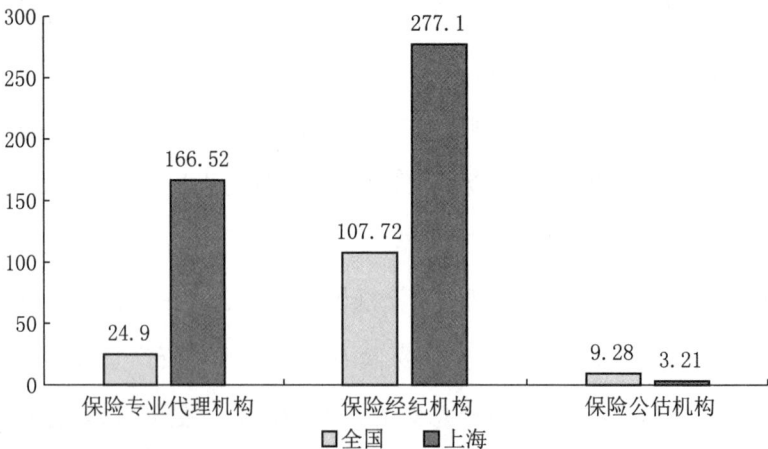

图9.4 2023年保险专业中介机构平均资产规模比较(单位:百万元)

资料来源:根据《中国保险年鉴》(2024)数据整理。

(三) 专业性更强

除了上述保险中介机构外,航运保险市场上还拥有另外一支专业性更强的中介队伍。本研究认为,这是航运保险市场所特有并对航运保险市场影响更加深远的中介力量。

2010 年,上海船舶保险公估有限责任公司正式成立,被誉为国内首家专业从事船舶保险公估的公司。之后,中国船级社上海分社、上海船舶工程质量检测有限公司、上海市船舶检验处,以及数量较多的外资船舶检验机构先后落户上海。这些中介机构的到来,为上海航运保险业在开展承保或理赔业务时,提供了大量且专业的价值衡量与评估、定损与理算等服务,极大地提升了上海航运保险业的专业化水平。

本研究还发现,在 2010 年之前,上海保险市场已存在若干类似船舶公估性质的公司。如表 9.11 所示,上海恒量保险公估有限公司作为上海交通大学投资控股和上海市高校后勤集团出资参股的专业中介机构,依托上海交通大学强大的船舶和海洋相关专业,赢得了广大客户的信赖和支持,现在在国内同行业中排名前四位。

表 9.11　上海市场上部分专业性航运保险中介机构

公司名称	成立时间	经营范围	注册资本金
上海恒量保险公估有限公司	2003 年	承保前的检验、估价及风险评估,保险期间的防灾防损,保险标的出险后的查勘、检验、估损及理算,以及经中国保监会批准的其他业务、价格评估,船舶科技领域内的技术服务、技术咨询等业务	3 500 万
上海平泰保险公估有限公司	2007 年	拥有一批在海事、船舶保险、货物保险、财产保险、机损险和工程保险等方面经验丰富、业务精湛、信誉卓著的公估师和专家	—

公司名称	成立时间	经营范围	注册资本金
上海鼎安保险公估有限公司	2006 年	在全国区域内(港、澳、台除外)保险标的承保前的检验、估价及风险评估;对保险标的出险后的查勘、检验、估损理算及出险保险标的残值处理;风险管理咨询	200 万

资料来源:作者根据公开资料整理。

需要特别指出的是,我国航运保险中介市场仍处于发展初期,部分保险中介业务由保险公司自己的雇员或其代理人在经营。例如,大量的海上保险公估工作由船检局承担。目前,上海拥有不少船舶检验机构。如本研究第五章分析,上海拥有多家中资船检机构。在上海落户的外资船舶检验机构数量也居国内首位。

三、中外资企业竞争趋于激烈

整体而言,上海航运保险中介市场发展并不完善。但部分保险专业中介市场中,中外资企业的竞争已较为激烈,且呈加剧的趋势。

(一)公估市场竞争激烈

如本研究第五章显示,落户上海的外资船舶检验机构数量目前居国内首位,且远高于中资船检机构数量。同时,这些外资船舶检验机构均隶属于世界一流的船级社。例如,有劳氏船级社(中国)有限公司、挪威船级社(中国)有限公司和日本船级社(中国)有限公司等。这些机构拥有较强的船检能力和水平,市场竞争力极强。

(二)外资经纪机构加速进入中国

2023 年,国家金融监管总局相继批准宝马(中国)保险经纪有限公司和安顾方胜保险经纪有限公司开展保险经纪业务。尽管这两家公司均注册在北京,后者还是以健康管理为特色。但它们的成立,对上海保险中介市场产生的影响还是巨大的。第一,这是两家外资机构。一方面,至此次批准2张保险经纪牌照,已时隔5年。另一方面,近年来大量中资保险中介机构清退离场。外资保险经纪机构的加入,一方面表明中国金融业正进一步深化改革开放,进入中国市场的外资保险机构数量仍在增加。这些外资保险机构的到来,将会给中国保险市场带来更多的国际经验和先进管理理念,也促使中国金融制度和政策的透明度不断提高。同时,他们也将加速保险中介市场的竞争。现有的保险中介公司需要提升自身的服务质量和竞争力。第二,这是两家全国性经纪公司。资料显示,这两家公司获准业务范围包括:为投保人拟订投保方案、选择保险公司以及办理投保手续,协助被保险人或受益人进行索赔,再保险经纪业务,为委托人提供防灾、防损或风险评估、风险管理咨询服务,以及金融监管总局规定的与保险经纪有关的其他业务。可见,它们的业务范围覆盖上海地区,包括航运保险在内的保险经纪业务。

　　总之,外资经纪机构的加速进入,既提升了中国保险中介服务水平,也加剧了保险中介市场的竞争态势。

第四节　小　结

　　总体而言,上海航运保险发展的市场环境比较优越。尽管世界经济分化仍在加剧,但产业革命和新兴经济体的发展,都有利于上海航运保险业的发展。一方面,数字化转型与绿色发展,为世界经济提供了新的产业需求的新动力。这些新变化为上海航运保险业提供了发展机遇。另一方面,中国正多措并举推动经济高质量发展,"一带一路"建设在推动形成全面开放新格局中的作用日益显现。在此过程中,上海航运保险业可以贡献更多力量。

上海航运保险业加快自身改革创新、自觉融入中国式现代化建设全局,为经济高质量发展提供更加坚实的风险保障,是时代担当,也是立足之本。航运保险业是上海全面建成国际航运中心的重要内容,也是助力"五个中心"协同发展的重要衔接点。上海航运保险业的发展,不仅有利于优化上海航运服务业结构,还有助于促进上海经济转型、推动国家战略协同发展。当然,上海航运保险业的发展也得到了各级政府的支持。中央和上海市政府不断强化顶层设计,对航运保险发展方向、发展目标、发展思路和发展框架等提出明确意见。各级政府还合力改善营商环境,对人才、机构和产品创新等多个方面给予不同程度的政策优惠。

不可否认,上海航运保险发展也极具挑战。一方面,发达航运保险市场长期累积的承保经验和承保能力,使其在国际航运保险业中拥有极高的垄断地位。上海航运保险业作为后起之秀,不仅需要为不确定性增加的国际货物运输提供更为高效的风险保障,而且需要在发达的世界航运保险市场上有所突破,为世界航运保险业做出中国贡献。当前上海航运保险承保能力仍然有限,中介市场发育也不够充分。这既反映了目前上海航运保险市场供给不足,也折射了上海航运保险市场发展的困境。当然,困境和挑战也给上海航运保险市场带来发展机遇。例如,加快建设航运保险中介市场,不仅将促进航运保险业市场化,而且会推动航运保险市场更加公正和独立,从而更好地满足国际贸易和航运业的发展需求。

第十章
上海航运保险的市场治理分析

海上保险经济关系和法律关系的对立统一性,决定了航运保险市场治理具有重要意义。促进高质量航运保险市场治理是推动上海航运保险业高质量发展的关键举措和重要组成部分。

第一节 航运保险市场监管分析

包括航运保险在内的保险监管是指一个国家对本国保险业的监督管理。一个国家的保险监管制度通常由两大部分构成,一是国家通过制定保险法律法规,对本国保险业进行宏观指导与管理。二是国家专门的保险监管机构依据法律法规或行政授权对保险业进行行政管理,以保证保险法律法规的贯彻执行。显然,航运保险监管制度既有保险监管的共性,也有航运保险监管的特殊性。

一、共性特征明显

(一) 法律依据具有同一性

《中华人民共和国保险法》是全国人大常务委员会制定的法律,在保险领域具有最高法律效力。《中华人民共和国保险法》第三条明确规定：
"在中华人民共和国境内从事保险活动，适用本法。"因此，航运保险市场
准入、公司治理和股权变更、偿付能力等，均受《中华人民共和国保险法》
约束。

例如，《中华人民共和国保险法》第一百零三条规定："保险公司对每一
危险单位，即对一次保险事故可能造成的最大损失范围所承担的责任，不得
超过其实有资本金加公积金总和的百分之十；超过的部分应当办理再保
险。"这种法定再保险规定，在航运保险经营中同样必须遵循。

（二）相关政策规章规范性文件同样具有约束力

为维护保险市场秩序，保护投保人、被保险人和受益人的合法权益，国
家保险监督管理机构依照法律、行政法规制定并发布有关保险业监督管理
的规章、办法，建立健全保险公司偿付能力监管体系。这些规章、办法和监
管体系涉及的内容，如果《中华人民共和国海商法》未规定的，同样适用于航
运保险。部分规章、办法和监管体系甚至对航运保险业务做了进一步明确
规定。

例如，保险公司偿付能力监管规则第 4 号第七条、第九条和第十二条
明确规定了航运保险人开展船货保险产品的偿付能力要求。如第十二条
明确规定"船货保险的基础因子 $RF_0 = 0.232$。对船货特险保费风险最低
资本，根据最近 12 个月的综合成本率 C 船货特险设定特征系数 k_1。根据
最近 12 个月的非比例分保净分出比例 NE 船货特险[（最近 12 个月非比
例分保分出保费－最近 12 个月非比例分保分入保费）/最近 12 个月自留
保费]设定特征系数 k_2"。据不完全统计，2000 年以来，国家保险监督管
理机构制定的相关规章制度中，适用于航运保险业的，不少于 30 部，部分
见表10.1。

表 10.1 航运保险适用的部分政策规章规范性文件

文 件 名 称	出台时间(年)
《保险公司监管评级办法》	2025
保险资产风险分类暂行办法	2024
关于加快上海国际再保险中心建设的实施意见	2024
关于推动绿色保险高质量发展的指导意见	2024
银行保险机构公司治理监管评估办法	2022
关于银行业保险业数字化转型的指导意见	2022
再保险业务管理规定	2021
保险代理人监管规定	2020
中国银保监会现场检查办法(试行)	2019
关于允许境外投资者来华经营保险公估业务的通知	2018
保险经纪人监管规定	2017
保险公估人监管规定	2017
保险公司合规管理办法	2016
财产保险公司保险产品开发指引	2016
再保险业务管理规定(2015 年修订)	2015
保险资产风险五级分类指引	2014
保险公估机构监管规定	2013
《保险公司薪酬管理规范指引(试行)》	2012
《财产保险公司再保险管理规范》	2012
保险公司保险业务转让管理暂行办法	2011
关于贯彻落实《保险机构案件责任追究指导意见》的通知	2010
关于启用偿付能力监管信息系统的通知	2010
保险公司中介业务违法行为处罚办法	2009
保险公司偿付能力管理规定	2008
《保险公司合规管理指引》	2007

文　件　名　称	出台时间(年)
保险公司总精算师管理办法	2007
财产保险公司保险条款和保险费率管理办法	2005
再保险业务管理规定	2005
保险公估机构管理规定	2001
关于报送再保险有关经营数据的通知	2005
关于加强保险公估机构管理的通知	2005
保险兼业代理管理暂行办法	2000

资料来源:根据国家金融监管总局网站整理。

(三) 监管部门相同

1998 年以来,保险业监督管理机构历经中国保险监督管理委员会、中国银保监会和国家金融管理总局变迁。上海保险业也相应接受上述机构的上海监管局直接监管。

国家金融管理总局上海监管局作为上海航运保险业的监管部门,在金融监管总局党委的坚强领导下,一体推进防风险、强监管和促发展各项工作。同样,国家金融管理总局上海监管局对上海航运保险实施强监管的同时,积极推动航运保险服务上海、服务全国,有力地发挥了航运保险在协同推进上海国际金融中心建设中的作用。

二、行业特征突出

《中华人民共和国保险法》第一百八十二条明确规定:"海上保险适用《中华人民共和国海商法》的有关规定;《中华人民共和国海商法》未规定的,适用本法的有关规定。"可见,航运保险首先遵循的是《中华人民共和国海商法》,其法律遵循具有鲜明的行业特征。

（一）海上保险法具有最高法律效力

《中华人民共和国海商法》于1992年由全国人民代表大会常务委员会审议通过，并自1993年7月1日起施行。《中华人民共和国海商法》第十二章"海上保险合同"，对合同的订立、解除和转让，被保险人的义务，保险人的责任、保险标的损失和委付，保险赔偿的支付等内容做了详细的规定。无疑，这些规定对航运保险合同的形成和执行具有最高法律效力。不难发现，从《中华人民共和国海商法》的内容来看，该法主要规范的是合同当事人的权责，较少涉及市场准入、偿付能力等机构要求。

本研究认为，《中华人民共和国海商法》与《中华人民共和国保险法》对航运保险的规范，尽管内容侧重点不同，但具有相等阶位的法律效力。系统性地对待这两部法律，有利于促进航运保险业更加规范发展。前者规范的效力主要通过微观主体行为体现出来，后者规范的效力还包括宏观经济安全、产业健康发展等方面。前者发挥的成效，构成了后者发挥其功能的基础和重要内容，后者则为前者提供了更好的经济生态圈。保险经营管理者只有系统地学习和理解这两部法律，才能更加主动、更加积极地推动上海航运保险高质量发展。

此外，《中华人民共和国海商法》还对"涉外关系的法律适用"做了规定。例如，该法第十四章分别对国际公约适用，合同当事人对适用法的选择权，船舶所有权、抵押权、优先权适用的法律以及共同海损理算、海事赔偿责任限制等适用的法律作了原则性的规定。因此，上海航运保险合同当事人的权利和责任，不仅受《中华人民共和国海商法》的约束，而且还要适用相关国际公约。

（二）专门的政策规章规范性文件数量不少

目前，各级政府或相关部门已先后出台了不少专门针对航运保险业或包括其在内的政策、规章和规范性文件,见表 10.1 所示。这些政策规章,既为上海航运保险业发展提出了具体的发展方向、发展思路、发展路径,也提供了许多针对性的保障举措。它们既起到了引导上海航运保险业发展的作用,也发挥着前述法律法规尚未具体规定的规范性作用。

第二节　航运保险协会自律分析

上海航运保险业不仅在规范中得到发展,同样也在发展中实现规范提升。上海航运保险协会的设立和发展,正是上海航运保险业发展的结果。同时,上海航运保险协会不仅作为政府与市场的重要桥梁,而且正积极推动航运保险业高质量发展。因此,上海航运保险协会在完善航运保险市场治理中发挥着极其重要的作用。

一、立足上海

作为中国航运保险的诞生地和重要承载地,上海不仅有协会治理的历史基因,也有充分发挥航运保险协会自身优势的必要性。上海航运保险协会成立于 2014 年,位于上海市黄浦区。作为贯彻落实中国保监会支持中国(上海)自由贸易试验区建设的八项措施的具体举措之一,上海航运保险协会的成立也是推动上海国际航运中心建设的重要着力点。

（一）适应上海航运保险市场国际化发展

保险业是中国金融业中最早全面对外开放的行业。1992 年,上海保险市场率先开始试点开放。这种政策效应也较早在航运保险市场上得以体现。因为航运保险业具有国际化程度高和专业性强等特点,使外资航运保险的保费在上海市场中的占比一直较高。资料显示,2002 年,上海航运保险市场上的外资保费规模占比高达 23.6%。2009 年,这一数据进一步提高到 39.9%。2007 年该统计数据甚至一度高达 44.5%。

高度国际化的上海航运保险业,需要对标国际海上保险业先进的管理模式和服务水平。组建上海航运保险协会就充分体现了中国航运保险业顺应国际上普遍适用的自律管理形式。

(二) 推动上海航运保险业更好地服务实体经济发展

伴随航运保险机构在上海快速集聚,上海船舶险业务和货运险业务保费在全国市场的占比得到大幅度提升。2011 年,上海航运保险保费规模在全国航运保险市场上的占比高达 25%。但不可否认的是,该阶段中国航运保险业与中国快速增长的国际贸易和海上运力地位并不相符。例如,2012 年起,中国拥有的船舶数量超过日本,位居世界第一。但 2014 年上海航运保险保费仅为 24.16 亿元人民币。

为了推动上海航运保险业更好地服务实体经济,2009 年起中国航运保险业加快专业化经营改革。而航运保险专业化经营需要专业化管理。航运保险协会应运而生。

(三) 抓住中国(上海)自由贸易试验区建设的历史机遇

"拥有大舞台的小险种"航运保险业,在中国曾经辉煌过,也有过低谷。如何在快速发展的中国保险业市场中,突破"规模至上"的保险理念,重新焕发生机,一直是上海航运保险人努力的目标。中国(上海)自由贸易试验区的设立和建设,给上海航运保险业带来了历史机遇。

2011 年,在上海保监局支持下,上海航运保险协会筹建工作开始,并在中国(上海)自由贸易试验区挂牌不久后正式获批。上海航运保险协会成立之初,会员单位就包括国内主要的中资直保公司、再保险公司、保险中介机构,也有东京海上、美亚等国际知名航运保险业者,还有中怡、韦莱等国内外知名的保险经纪公司。应该说,上海航运保险协会不仅是国家监管部门力推的一项重要举措,也是一个被业内上下期待、承载着中国保险业高质量发展的重要行业平台。

二、服务全国、辐射世界

上海航运保险业是中国唯一的专业性航运保险社团组织,它落户上海,但服务全国、面向世界。

(一) 积极致力于航运产品创新

产品注册制属于保险产品监管制度改革的重大创新实践之一。上海航运保险协会在这项创新中发挥着举足轻重的作用。

2014年5月,原中国保监会办公厅发布了《关于进一步简化行政审批支持中国(上海)自由贸易试验区发展的通知》,明确允许"上海航运保险协会试点开发航运保险协会条款,报备后由会员公司自主使用"。

2015年7月1日,上海航运协会在全国范围内率先实施航运保险产品注册制改革。通过搭建注册管理平台,采用国际化产品注册标准,首次将航运保险产品由保险监管部门审核备案改革为在航运保险协会注册,并实现7×24小时不间断注册服务。同时,建立全方位信息披露和注册督查机制,加强事中事后管理,确保改革风险可测可控。截至2021年6月30日,共有6 313个航运保险产品完成有效注册,持续激发市场自主创新活力,航运保险产品的国际化水平和市场化程度显著提升。

(二) 主动服务国家重大战略

首先,推动上海航运保险业服务中国重点产业发展。梳理现有资料发现,上海航运保险协会已在以下领域开展了大量工作:第一,上海航运保险协会在进行大量的行业调研基础上,制定了《大型邮轮风险防控指南》,为保险人提供大型邮轮运营风险、防灾防损及事故处理建议、保险理赔流程、邮轮配套保险方案、邮轮行业应遵守的国际公约等服务支持。这种以协会牵头、组织并撰写的综合性风险防控服务手册,不仅进一步完善了航运保险新产品的风险管理体系,而且能促进航运保险人更加经济、完整地实现风险管理目标。第二,上海航运保险协会(2024)大力提倡航运保险业为新能源汽车贸易和运输保驾护航,减缓国际海上保险业对新能源汽车贸易和运输减少服务而导致的负面影响。

其次,深度服务"一带一路"建设和上海国际航运中心建设。2017 年,原中国保监会发布《关于保险业服务"一带一路"建设的指导意见》,"鼓励保险机构大力发展跨境保险服务,根据'一带一路'沿线国家和地区的风险特点,有针对性地开发机动车出境保险、航运保险、雇主责任保险等跨境保险业务",并提出"组建行业战略联盟,探索建立保险业'一带一路'国际保险再保险共同体和投资共同体,打造国内外保险行业资源共享和发展平台,提升整体承保和服务能力"。在此背景下,上海航运保险协会大力推进航运保险战略联盟建设并取得重大突破。如多式联运货物运输一揽子保险产品面世,"一带一路"沿线保险服务网络进一步完善,资本实力雄厚、经营管理丰富的保险机构在"一带一路"沿线的重点区域铺设的机构网点进一步增加。

在此过程中,航运保险市场也得到培育壮大。首先,扩大了保源。航运保险业偿付能力和业务发展是相辅相成的。新产品开发和新模式运用等实践,在更好地满足实体经济的风险保障需求的同时,也为吸引更多的航运保险保源提供了可能性,有利于提升保费规模。其次,构建全球服务网络。"一带一路"沿线保险服务网络的进一步完善,为上海航运保险业提升全球服务能力提供了基础条件。目前,上海航运保险机构正与"一带一路"沿线国家的中资金融机构开展广泛合作，以提高航运保险的核保、核赔及其他类型的服务水平。

（三）促进国际交流合作

拥有包括定价权在内的国际话语权，是一国（地区）航运保险业拥有综合高端服务能力的最佳体现，也是提升一国（地区）全球航运保险资源配置效率的最佳途径。但国际话语权并不是天上掉下来的，是需要一国（地区）航运保险业努力争取的。上海航运保险协会对此做了大量工作。

2015年9月，上海航运保险协会经过中国外交部批准、国际海上保险联盟（IUMI）投票通过，正式加入IUMI，成为IUMI会员。2024年5月，上海航运保险协会成功举办"开放、合作与未来——SIMI暨IUMI合作交流会"。与此同时，上海航运保险协会积极鼓励和支持中国航运保险人才走向世界。国际海上保险联盟网站显示，现已有7名中国籍航运保险业资深人士在IUMI的6个专业委员会中担任专家。

当然，上海航运保险协会和上海航运保险机构需要更加积极地参与国际事务，进一步加强对外交流合作和规则对接。例如，在IUMI的专业委员会中担任专家的中国籍航运保险业资深人士数量仍然有限，仅占4%，且目前尚没有中国籍航运保险业资深人士成为各专委会主席团要员（见表10.2）。

三、面向未来

上海航运保险协会任重道远，在推动上海航运保险业高质量发展中必将被赋予更大使命担当。

（一）推动航运保险标准体系建设

推动航运保险标准体系建设，不仅有利于中国航运保险业更好地实现行业自律，维护市场良好秩序，而且是中国航运保险业整体走向世界的重要途径。

上海航运保险业可在梳理规范现有航运保险产品基础上，针对重点领域制定出具有示范性作用的上海航运保险协会条款。如结合中国航运保险在 LNG 船、甲醇船、纯电池船等绿色能源船舶保险和多式联运、跨境电商和"中国制造"出口等产品的货物运输保险积累的经验，针对智能化船舶领域和物流贸易领域，进一步开发专业化、定制化的保险产品，并逐步探索率先建立行业标准和规范。还可制定上海航运保险协会航运保险承保、理赔、追偿等系列操作指引；制定上海航运保险协会标准投保单、出险通知书、索赔通知书和代位追偿权益转让书等航运保险标准化单据模板；规范航运保险服务标准和流程，等等。

（二）更加积极地参与国际事务

经过 10 多年的努力，上海航运保险协会已成为中国在国际海上保险联盟的代表。但作为具有 150 年历史的国际海上保险联盟一员，上海航运保险协会所能发挥的作用更大。一方面，上海航运保险协会可以鼓励更多的行业人才加入 IUMI 各专业委员会，并大力支持他们遵守相关国际会议安排，积极履职。另一方面，结合中国航运保险机构已加入"海上保险波塞冬原则"，并作为为数不多的成员机构之一这样的优势，提升参与国际事务的协同性，以便更高效地发出中国声音，更快提升中国在国际航运保险规则制定中的影响力。

第三节　全球航运保险市场治理分析

用国际公约来规范和统一国际海上运输合同的各方权利与义务，已成为一种国际惯例和通用准则。基于这些国际公约形成的航运保险各类条款,既反映了双方当事人的权责范围,而且也在很大程度上对当事人进行了约束,推动全球航运保险业发展。

一、主动适应国际公约

目前,国际上广泛使用的调整海上运输合同的法则主要有《海牙法则》(Hague Rules)、《维斯比规则》(Visby Rules)和《汉堡规则》(Hamburg Rules)。

这些公约至少体现了以下两个特点:第一,航运保险国际惯例和通用准则的形成和制定,尽管是各国协商协调、博弈的产物,但主要由英美发达国家主导。例如《海牙法则》的产生背景是为了维护以美国为代表的货主国商人利益。《海牙法则》产生之前,海上运输合同主要参照英国相关法律法规。但英国法律允许承运人按照合同自由原则,在提单上列入各种免责条款来解脱他们在海上运输过程中对货损的责任。到 19 世纪,承运人在提单上的免责条款多达六七十条。为了保护本国商人利益,美国于 1893 年颁布了《哈特法》,规定承运人对其掌管的货物应妥善装载、积载、保管、照料和交付,以及以谨慎态度提供适航性的船舶,凡是免除这些责任的提单条款,美国法院均宣告无效。之后,加拿大、澳大利亚、新西兰等国在制定国内法时,仿效美国的形式。为此,国际法协会所属的海上法委员会于 1921 年在海牙召开会议,吸收《哈特法》的基本原则,几经修改后通过了《海牙规则》。1977 年和 1992 年先后生效的《维斯比规则》和《汉堡规则》同样主要由这些英美发达国家主导。第二,公约制定方的利益得到更多的保护。与《海牙法则》相比,《汉堡规则》在维护货主利益和代表第三世界发展中国家意愿方面已大有改进。但必须指出的是,《汉堡规则》的主体部分仍与《海牙法则》一脉相承,保护了承运人利益。因此,为了减少他国制定倾向于本国利益的规则规范的情况,确保规则规范的公正,发展中国家(地区)必须积极参与国际规则的协调、协商和制定。伴随航运保险在一国(地区)国际贸易、远洋运输等领域重要性越来越突出,参与国际规则制定权的意义也日益显现。

1972 年以前,中国使用的航运保险条款是英国劳合社的船舶货物标准保险单和伦敦协会船舶保险条款及其外国条款。1992 年,中国制定了自己的船舶保险条款。现行的船舶保险条款既体现了中国船舶保险的特点,又适应了中国远洋航运事业发展的需求,符合国际保险市场的惯例。

二、积极参与国际性行业组织

当前,包括中国在内的许多发展中国家,尽管航运保险保费规模等要素在国际市场上占比越来越大,但在国际航运保险市场上的话语权分量却很低。随着国际贸易规模的扩大及地缘冲突的时有发生,参与航运保险国际规则的制定对一国经济发展和安全越来越重要。与国际规则制定权密切相关的是国际话语权。在某种意义上,公平、公正地拥有和使用国际话语权是国际规则制定权的基础。反之,积极参与国际规则制定又能显著提升国际话语权。无疑,积极参与国际性行业组织是发展中国家积极参与国际事务的重要途径。研究发现,上海航运保险业与航运保险业知名的国际性行业协会的关系可以分为三种类型。

(一) 积极参与型

上海航运保险业积极参与以国际海上保险联盟为代表的国际性行业组织。研究发现,包括中国在内的非西方国家的航运保险业界,在国际海上保险联盟八个委员会的委员代表人数,近些年虽然在增长,但占比仍然很小,更鲜少有居于主席团关键执行岗位的。如表 10.2、表 10.3 和表 10.4 所示,国际海上保险联盟共设置了9个委员会,成员(包括观察员)共计149位,主席团成员共计26位。其中,主席团成员主要来自英国、美国和法国等6个国家,英美法成员数量分别占7席、6席和3席,共计50%。委员会成员主要来自20个国家(地区),但数量居前五个国家(英国、美国、德国、荷兰和日本),合计占比达46%。来自美欧的代表占据了绝大多数决策岗位和关键执行岗位,其结果显然是较少听到发展中国家的声音。

表10.2 国际海上保险联盟各委员会主席团成员分布(一)

国别(地区)	主席(包括副主席)(单位)	秘书长(位)	共计(位)	位次
英国	4	3	7	1
美国	5	1	6	2
法国	3	0	3	3
瑞士	2	0	2	4
南非	2	0	2	4
德国	1	1	2	4
挪威	1	1	2	4
荷兰	0	1	1	5
瑞典	0	1	1	5
共计(位)	18	8	26	—

表10.3 国际海上保险联盟各委员会主席团成员分布(二)

国别(地区)	成员(位)	占比(%)	位次
共计	149	—	—
英国	26	17.5	1
美国	20	13.4	2
德国	11	7.4	3
荷兰	9	6	4

续表

国别(地区)	成员(位)	占比(%)	位次
日本	8	5.4	5
法国	7	4.7	6
中国	7	4.7	6
挪威	7	4.7	6
埃及	6	4	9
印度	6	4	9
新加坡	6	4	9
中国香港地区	5	3.4	12
瑞典	5	3.4	12
瑞士	4	2.7	14
比利时	4	2.7	14
加拿大	4	2.7	14
西班牙	3	2	17
意大利	3	2	17
南非	2	1.3	19
澳大利亚	2	1.3	19
阿联酋	2	1.3	19
丹麦	2	1.3	19

表 10.4　国际海上保险联盟各委员会成员分布(三)

委员会名称	委员代表的国家(地区)分布	主席团成员
执行委员会(The Executive Committee)	共9位,法国1,美国1,英国1,加拿大1,挪威1,德国2,荷兰1,日本1	主席(法)、副主席(美)、秘书长(德)
货运委员会(The Cargo Committee)	共22位,南非1,英国1,瑞典2,西班牙1,比利时1,德国2,埃及1,日本1,加拿大1,澳大利亚1,中国2,印度2,法国1,美国1,意大利1,新加坡1,挪威1,比利时1	主席(南非)、副主席(英)、秘书长(瑞典)

续表

委员会名称	委员代表的国家(地区)分布	主席团成员
数据委员会(The Facts & Figures Committee)	共22位,英国4,法国1,挪威1,西班牙1,瑞士1,美国4,新加坡1,德国2,中国2(其中1位来自中国香港地区),日本1,荷兰1,埃及1,印度1,比利时1	主席(英)、副主席(法1挪1)、秘书长(英)
内河船舶、渔船和游艇委员会(The Inland Hull, Fishing Vessels and Yachts Committee)	共16位,南非1,美国2,荷兰3,阿联酋1,加拿大1,西班牙1,瑞典1,埃及2,英国1,比利时1,中国2(其中1位来自中国香港地区)	主席(南非)、副主席(美)、秘书长(荷兰)
法律/责任委员会(The Legal and Liability Committee)	共17位,英国6,美国2,法国1,瑞典1,德国1,日本1,埃及1,土耳其1,印度1,加拿大1,新加坡1	主席(英)、副主席(美)、秘书长(英)
防损委员会(The Loss Prevention Committee)	共21位,法国1,德国3,美国3,丹麦1,法国2,埃及1,瑞士1,日本2,比利时1,中国2(其中1位来自中国香港地区),印度1,瑞典1,意大利1,荷兰1	主席(法)、副主席(德)、秘书长(美)
提名委员会(The Nominating Committee)	共7位,瑞士1,法国1,新加坡1,中国1(来自中国香港地区),挪威1,美国1,英国1	主席(瑞士)
远洋船舶委员会(Ocean Hull Committee)	共19位,美国2,英国5,荷兰3,新加坡2,韩国1,中国2(其中1位来自中国香港地区),法国1,意大利1,丹麦1,日本1	主席(美)、副主席(美)、秘书长(英)
离岸能源委员会(Offshore Energy Committee)	共16位,英国4,瑞士1,挪威3,日本1,美国2,中国1,德国1,澳大利亚1,阿联酋1,印度1	主席(英)、副主席(瑞士)、秘书长(挪威)

资料来源:作者根据国际海上保险联盟(IUMU)官方网站 https://iumi.com/committees/inland-hull-fishing-yachts-committee(时间,2024年8月12日)数据整理而得。

一个国家(地区)航运保险业的实力和运用实力的能力是拥有国际话语权的主要因素。英国悠久的海上保险历史及其在海商法领域的成就,提升了其在航运保险国际市场上的话语权。反过来,分量较重的国际话语权又巩固了英国在航运保险市场国际规则制定权,并共同助力航运保险业在国际上处于顶级地位。上表中大多数西方发达国家的航运保险国际话语权和国际规则制定权,还与该国国民受教育程度、国家的组织动员能力、在国际层面的意识形态号召力、制造思想及将思想转化为规则的能力、有影响力的话语权平台和媒介等有关。这些因素共同促进了这些国家航运保险业的发展。

对于发展中国家而言,如何积极参与国际规则形成与制定、改变国际话语权的软弱局面,不仅是一个经济问题,还涉及国际社会治理。发展中国家是在现有国际规则下根据其既有规则提升国际地位,还是积极参与现有国际规则的修订,这是两种不同的发展路径。这两种发展路径面临的机遇和挑战也不相同。但不管是哪条路径,发展中国家必然会受到体系内"既得利益者"的阻挠。对此,切实提升本国航运保险实力应该是一种最佳应对方式。

(二) 保持密切关系型

上海航运保险业与以国际保赔集团为代表的国际性行业组织保持密切联系。

1984 年,经国务院批准,中国船东互保协会成立。2017 年中国船东互保协会经营总部由北京迁至上海。目前,该协会已搭建起一个高效、快捷的全球性通信代理服务网络。在 143 个国家和地区拥有 451 家通信代理,可以为会员提供承保、理赔、防损和合规等专业服务。协会会员包括中国远洋海运集团、东方海外、招商局集团、山东海运、福建国航、新加坡太平、新加坡万邦、法国达飞等 193 家国内外大型知名航运和金融租赁企业,是国际性保赔协会的会员。如前所述,保赔协会与航运保险是竞争合作又可互为补充关系。中国船东互保协会的成立和选址上海,无疑加剧了上海航运保险市场的竞争,也加速其国际化进程。但中国船东互保协会目前尚没有加入国际保赔集团(IG)。

加入国际保赔集团(IG)的国际性保赔协会,目前主要包括英国保赔协会、伦敦保赔协会(London P&I)、布列塔尼亚保赔协会(Britannia P&I)、标准保赔协会(Standard P&I)、西英保赔协会(West of England P&I)、北英保赔协会(North of England P&I)、嘉德保赔协会(Gard P&I)、汽船保赔协会(The Steamship P&I)、SKULD 保赔协会(SKULD P&I)、瑞典保赔协会(Swedish P&I)、船东保赔协会(Shipowners P&I)、美国保赔协会(American P&I)和日本保赔协会(Japan P&I)等 13 个协会。它们不仅对船舶保赔保险发展有着关键性作用,而且还与各国国际性保赔协会保持紧密联系,影响全球航运保险市场的发展。

(三) 成为重要成员之一

上海航运保险机构参与全球航运保险市场治理的第三种方式是成为其重要成员。

"海上保险波塞冬原则"(PPMI)于 2021 年 12 月由 6 家世界领先的海上保险公司发起的环保倡议,旨在建立相同的数据要求和信息流,以供签署方及其客户遵循。目前,"海上保险波塞冬原则"的正式成员现在包括 Swiss Re Corporate Solutions、Gard、Hellenic Hull Management、SCOR、Victor Insurance、Norwegian Hull Club、Fidelis Insurance、Navium Marine、AXA XL。

2022 年 9 月 23 日,中远海运集团旗下的中远海运财产保险自保有限公司宣布以附属会员的身份加入"海上保险波塞冬原则",成为中国内地第一家,同时也是继新加坡的 EF Marine 和香港的 CTX Special Risks 之后,亚洲第三家签署该原则的机构。目前,"海上保险波塞冬原则"的附属会员包括：Willis Towers Watson、Cefor、EF Marine、Cambiaso Risso、Lockton、CTX Special Risks、Lochain Patrick Insurance Brokers、Gallagher Specialty 和中远海运自保。"海上保险波塞冬原则"还有 1 家支持合作伙伴：国际海洋运输保险协会（International Union of Marine Insurance，IUMI）。

可见，上海航运保险机构以加入近期成立的国际行业组织为途径正积极参与国际事务。

第四节　小　结

国家监管机构依法对上海航运保险业进行市场准入、偿付能力、公司治理和股权变更等方面的监管，同时也大力支持上海航运保险业参与全球航运保险治理。

与其他类型的保险业务一样，航运保险业的经营管理是在《中华人民共和国保险法》规范、约束下进行的。国家金融监督管理总局及有关分局出台的相关政策、规章和规范性文件，同样也对航运保险具有约束效果。不同的是，航运保险合同的订立、履行、解除及合同当事人权利义务，还必须符合《中华人民共和国海商法》的相关规定。该法属于航运保险业的基本法律。因海上保险高度国际化，航运保险须通过参与航运保险全球监管合规框架和合作来提升自身的服务能力。

作为中国航运保险业重镇和新时代中国航运保险业发展的先行者和引领者，上海航运保险业不断加强改革创新，积极推动中国航运保险业发展。2011 年成立的上海航运保险协会，不仅是上海的航运保险协会，也是中国的航运保险协会。它立足上海、服务全国、辐射世界。从上海层面来看，上海航运保险协会积极推动并牵头航运保险机构开发新产品，协力提升风险管理能力和水平，助力上海"五个中心"建设；从全国层面来看，上海航运保险协会代表中国积极参与国际事务，并主动推动中国航运保险标准体系建设、构建中国条款，以提升中国在国际航运保险规则制定中的影响力；从世界层面来看，上海航运保险协会促进中国航运保险业发展的同时，也推动了全球航运保险业的发展。上海航运保险协会积极支持上海航运保险业服务"一带一路"倡议，推荐多位中国专家担任国际海上保险联盟专业委员会委员，鼓励上海航运保险机构服务绿色航运、智能航运等，既提升了中国在全球航运保险领域的影响力，又有力地推动了全球航运保险业的创新发展，促进了全球航运保险市场治理水平的提升。

第十一章
展　望

航运保险与国际货物贸易、航运业发展已形成相互赋能、相互促进的密切关系。在纷繁复杂的国际形势下,航运保险在国家战略竞争中的作用更加突出。

2024年7月,党的二十届三中全会明确提出"提高航运保险承保能力和全球服务水平"。同年9月,国家金融监督管理总局和上海市人民政府出台推进航运保险业高质量发展的意见,明确了全面提升航运保险服务能级的部署和要求。服务中国式现代化,上海航运保险业迎来高质量发展新机遇。船舶大型化、应对全球气候变化及地缘冲突增多等因素叠加,使航运保险所承保的"移位"风险更加复杂。单次海运损失金额上升及海运事故次数减少,既增加了航运保险供给成本,又降低了航运保险购买需求。此外,航运业数字化、智能化和绿色化,给航运保险提供了机遇,也带来了挑战。

首先,上海航运保险业发展定位更明确。上海航运保险业发展水平代表着中国航运保险业的发展水平和服务能力,肩负进一步提升保险维护国家航运安全、为国家战略实施和安全保驾护航的历史使命。上海航运保险业高质量发展,将助力上海"五个中心"协同发展,推动上海更好地打造国内大循环的中心节点和国内国际双循环的战略链接。此外,上海航运保险机构(包括协会)还代表中国参与国际事务。

其次,上海航运保险业战略目标更精准。 不断丰富航运保险产品供给,尤其是在重要战略新兴领域率先制定中国航运保险条款。迫切需要在资本规模约束的情况下,进一步完善风险分担机制,更有效动员境内航运保险承载力,显著增强航运保险承保能力。面向世界、持续提升全球服务水平,更好地服务好中国制造"走出去"战略。加快建立具有世界影响力的航运保险中心,建设具有世界影响力的航运风险集散中心、管理中心和全球交流合作窗口。

再次,上海航运保险业发展路径更清晰。 上海航运保险业将紧紧围绕"提高航运保险承保能力和全球服务水平"这一战略目标,进一步全面深化改革,谋划更为清晰、迫切和可行的发展路径。一是加快建立多样化风险分散机制,包括充分发挥再保险在全球范围内分担风险的优势,推动中国航运保险自保、互保及共保模式创新发展,适当提高中国航运保险业风险自留份额,推动航运保险数字化基础设施建设、降低单次损失金额和损失发生率的离散程度。二是充分利用"一带一路"建设和中国制造"走出去"战略的历史机遇,积极探索核保和核赔的全球网络布点、人才培育,增强海事处理、事故救援和纠纷处置等一揽子服务能力,提升全球服务水平。

最后,上海航运保险业发展动力更强劲。 近二十年,上海航运保险业紧紧抓住中国经济高速发展、各级政府的大力支持,以及第四代科技革命等历史机遇,取得了一系列成果。展望未来,以下两个方面将给上海航运保险业注入更加强劲的动力。一是发展合力。作为深化推进上海国际航运中心与上海国际金融中心联动发展的重要载体,航运保险将切实做实合力发展的基础。例如,在上海聚合境内航运再保险承保能力,进一步创新航运保险合同双方的共保机制,进一步加强"一带一路"沿线重点区域内经纪机构、代理机构、公估和海损理算机构、保险通信代理、海商海事律师事务所等网络的共建机制,航运保险业加强与船舶出租人、船舶管理人、船舶承租人的深度合作,进一步完善"多式联运"风险保障方案等。二是技术。数字化、智能化技术是上海航运保险业面临的时代机遇。例如,运用区块链等技术,促进货运险电子保单等电子单证的使用推广,逐步提升"一带一路"沿线保险需求的线上服务效率。积极参与航运贸易数字化公共基础设施建设,协同打造统一数字身份认证、数据共享服务能力,加快建设上海国际再保险登记交易中心等。在此基础上,推动航运保险标准体系建设。

展望未来,上海航运保险业将把握全球航运业发展趋势,进一步全面深化改革,贯彻新发展理念,立足国家战略需要,实现高质量发展。在此过程中,上海航运保险需高度重视下述三个方面。

一是迎接数字化、智能化航运业发展带来的时代挑战。数字化、智能化技术提升航运保险企业经营管理效率、完善经营管理模式、推动经营管理体制改革创新,也将推动航运业数字化、智能化发展。航运业数字化、智能化发展造成海上运输风险类型和损失分布的改变,对海上保险产品需求、保险价格都有较大的影响。这种趋势意味着巨额损失的产生和扩大,需要创新风险管理模式,提高预防、转移和减少巨灾风险的能力。在全球数字化浪潮中,中国充分利用已有的航运、船舶制造优势,正积极推动智能港口和智能船舶建设,促进区块链技术在集装箱运输中运用,并取得了举世瞩目的成就。航运业数字化、智能化转型过程中提出的巨额风险管理需求,无疑对上海航运保险业提出了新的要求和新的挑战。

本研究提出三条中国航运保险业的主要发展路径。路径一,进一步提升技术水平。如前所述,保险业数字化、智能化对核保、核赔的效果是明显的。航运保险业提升相关技术水平,仍将是提升经营管理效率的重要路径。

经营管理效率的提升必将有助于保险公司降低综合成本。路径二,加快创新共保模式。中国航运保险的共保模式目前已在不断创新过程中,且取得了较好的风险管理效果。中国需要这种共保模式实现风险管理的应用场景还有很多。展望未来,上海在探索航运保险共保模式的道路上,可以走得更远,甚至可以向世界航运保险业提供经验借鉴。路径三,进一步扩大开放,推动再保险业发展。上海再保险业市场发展,不仅是中国航运保险业融入世界的桥头堡,也是中国与世界航运保险业连接的桥梁。再保险对上海航运保险业发展是至关重要的。

二是抓住绿色化转型带来的历史机遇。绿色化转型是可持续发展的重要内容。改革开放四十多年来,中国坚持实行环境保护和节约资源的基本国策,并取得了显著成效。但我国可持续发展面临的风险和挑战不容忽视,全球可持续发展面临的现状仍不容乐观。本研究认为,国际上围绕绿色低碳技术和产业的竞争日趋激烈,对中国绿色科技创新、产业转型和国家经济技术安全形成的压力仍将存在。对此,绿色转型相关的远洋货物运输,也可能面临运输路线、价格、规则等方面的新考验,需要上海航运保险业提供更多的产品创新,提升风险承保能力。这是上海航运保险业服务国家战略的重要使命,也是上海航运保险业促进世界航运保险业发展的历史契机。

三是积极应对全球化的新变化、新趋势。经济全球化是不可逆转的历史大趋势。但我们也要积极面对经济全球化面临的新变化、新趋势。短时间内,国内贸易、区域贸易、公平贸易、安全贸易的重要性仍将被各国政府关注甚至得到进一步加强,全球供应链重组仍将继续。因此,航运保险服务对象和服务范围必须随之进行进一步调整。本研究认为,上海航运保险业需关注以下两个趋势:一是国内货物运输增加将产生更多的保险需求。这种货物运输保险需求不仅指国内水运增加产生的,还包括多式联运产生的风险保障需求。伴随集装箱货物运输技术的提升,多式联运发挥的作用将越来越大,如何为分段式的风险提供高效保障将是航运保险高质量发展的一个重要方向。二是"一带一路"沿线国家之间货物贸易和中国对外投资增加,需要更多的保险服务。许多"一带一路"沿线国家的保险服务能力有限。这是中国保险企业走出的历史机遇,也是中国保险企业服务"一带一路"的历史使命。充分利用中国企业在"一带一路"沿线国家已开展的经贸投资活动,积极布局保险服务网点,将有力提升上海航运保险业的全球服务能力。

参考文献

一、英文

Beenstock, M., Khajuria, S., 1986, "The determination of marine insurance premiums: An international analysis, 1963—1981", *Maritime Policy & Management*, 13(1), pp.45—52.

Crothers, A. G., 2004, "Commercial risk and capital formation in early America: Virginia merchants and the rise of American marine insurance, 1750—1815", *Business History Review*, 78(4), pp.607—609.

De Roover, F. E., 1945, "Early examples of marine insurance", *The Journal of Economic History*, 5(2), pp.172—200.

Kingston, C., 2007, "Marine insurance in Britain and America, 1720—1844: a comparative institutional analysis", *The Journal of Economic History*, 67(2), pp.379—409.

Kingston, C., 2014, "Governance and institutional change in marine insurance, 1350—1850", *European Review of Economic History*, 18(1), pp.1—18.

Leonard, B., 2016, *Marine insurance: origins and institutions, 1300—1850*, Palgrave Macmillan, pp.248—268.

MacDonald Eggers, P., & Picken, S., 2017, Good Faith and Insurance Contracts(4th ed.), Informa Law from Routledge.

二、中文

布桑德林等:《殿堂:经济学大师的思想》,李黎力等译,北京:社会科学文献出版社 2014 年版。

陈继红、真虹、宗蓓华:《上海市现代航运服务业发展对策》,《水运管理》2008 年第 12 期,第 26—27＋34 页。

陈新光、夏禹铖:《加快上海邮轮经济发展的思考》,《中国国情国力》2011 年第 12 期,第 55—56 页。

杜金琦、杨海超:《论外资政策对外资保险公司准入监管的影响》,《内蒙古财经学院学报》2006 年第 1 期,第 76—79 页。

方阁、初北平:《海事网络安全风险保险的法律治理研究》,《江西社会科学》2020 年第 5 期,第 179—191 页。

冯朵:《现代航运金融服务体系与强化国际航运中心地位研究》,天津师范大学 2012 年博士论文。

甘爱平:《"一带一路"建设与航运保险风险的防范》,《航海》2016 年第 4 期,第 70—71 页。

葛琪等:《浅谈新能源汽车运输船安全》,《上海航运协会期刊》2024 年第 2 期,第 24 页。

郭颂平、袁建平:《海上保险学》,北京:中国金融出版社 2014 年版。

胡萌:《发达国家行业组织比较研究》,《管理现代化》2003 年第 3 期,第 61—64 页。

蒋丰、田吉生:《进出口货运险发展现状及对策探析——以浙江省绍兴市为例》,《中国保险》2013 年第 2 期,第 60—61 页。

卡尔·H. 博尔奇:《保险经济学》,北京:商务印书馆 1999 年版。

李丹琳:《2024 年上半年险企偿付能力透视 12 家险企偿付能力不达标》,《金融时报》2024 年 8 月 15 日。

李鸿敏、庹国柱:《日本保险行业协会的发展模式及其启示》,《保险研究》2009 年第 10 期,第 109—117 页。

刘茂山:《保险发展研究》,《保险研究》2000 年第 11 期,第 609 页。

孙祁祥、郑伟:《保险监管思路演进的经济学思考——兼论〈保险法〉的修改》,《经济评论》2004 年第 3 期,第 111—114 页。

汤鹰:《保险经济学》,哈尔滨:哈尔滨船舶工程学院出版社 1991 年版。

王国军:《保险经济学》(第三版),北京:北京大学出版社 2022 年版。

王健刚:《几种海上货物保险方式》,《航海》1983 年第 3 期,第 36—37 页。

王欣、初北平:《研发试验阶段的无人船舶所面临的法律障碍及应对》,《中国海商法研究》2017 年第 28 卷第 3 期,第 59—67 页。

王学锋、李理、朱墨:《发挥上海国际航运中心航运保险服务功能》,《水运管理》

2009 年第 3 期,第 8 页。

魏华林、冯占军:《世界保险产业与经济协调发展的比较》,《保险研究》2005 年第 5 期,第 50—53 页。

魏华林、朱铭来、田玲主编:《保险经济学》,北京:高等教育出版社 2011 年版。

魏迎宁:《把人保建成国有商业性保险公司》,《中国保险》1994 年第 10 期,第 1 页。

乌日乐、森田浩一郎、马芸:《日本航运保险的独特做法》,《中国保险》2015 年第 6 期,第 18—22 页。

辛元欧:《15 世纪中、欧造船与航海技术之比较研究》,《哈尔滨工业大学学报》2001 年第 12 期,第 29—35 页。

颜鹏飞等编:《中国保险史志》,上海:上海社会科学院出版社 1989 年版。

余方平、匡海波等:《提高航运保险承保能力和全球服务水平》,《中国银行保险报》2024 年 10 月 10 日。

袁晓春:《马可·波罗对海上丝绸之路中国造船技术的记载与传播》,《南海学刊》2016 年第 1 期,第 108—112 页。

詹姆斯·S. 特里斯曼(美)等:《风险管理与保险》(第十一版),裴平主译,大连:东北财经大学出版社 2002 年版。

詹姆斯·麦克唐纳(英):《债务与国家的崛起——西方民主制度的金融起源》,北京:社会科学文献出版社 2021 年版。

张文斌:《上海航运保险发展现状及建议》,《中国水运》2014 年第 5 期,第 43—44 页。

周洲、安家瑶、施懿宸:《绿色保险助力绿色船舶发展浅析》,中央财经大学绿色金融国际研究院网站,2024 年。

卓志:《保险监管的政治经济理论及其启示》,《金融研究》2001 年第 5 期,第 111—118 页。

后　记

　　历经十五载,这个研究终于以书稿形式得以完成。回望这段漫长而充实的学术之路,感慨万千！人们常说"十年磨一剑",但我用了十五年来完成这个研究。心里充满忐忑,也满怀感激。

　　2010年起,我开始从事航运保险领域的研究。本研究得到上海市哲学社会科学规划课题《上海航运保险发展动力及机制研究》(中青班专项,课题批准号:2010FJB001)资助。但由于各种原因,相关的研究时断时续。在2020年,当得知自己还有机会继续这项研究时,我毫不犹豫地选择了"继续"。那时的我,已经在《社会科学报》工作了近五年。继续进行这项研究,意味着我要利用假期或者平时休息时间去做一项"额外"的工作。现在想想,我对航运保险是感兴趣的。但这更是不敢轻言放弃"科研"的结果。对此,特别感谢时任上海市社会科学界联合会党组书记权衡研究员和上海社会科学院副院长张兆安研究员对我的勉励和鞭策,他们鼓励我"做宣传,研究不能丢""做报刊,研究可以做得更好"。我不敢说多年的媒体工作,是否提升了我的科研能力,但从事多年媒体工作,我仍在坚持做科研。这一点,我做到了。

　　开展本研究之初,我的博士同学刘桂荣副教授和学生孙斯远、姚一旸成了我最直接的支持者。他们一起参加了前期讨论、实地调研和部分资料的收集。特别感谢刘桂荣副教授为第七章和第九章提供的真知灼见和许多与航运保险需求相关的资料,同时也要感谢孙斯远同学认真整理了来自《中国保险年鉴》和国际航运保险联盟的部分数据。在研究后期,学生程鑫云也做了不少数据整理和图表完善的工作。

值得庆幸的是,近年来航运保险业在推动经济高质量发展和维护国家航运安全中的重要作用得到高度关注和认可。中国航运保险业也实现了前所未有的发展和变化。这些进展为本研究提供了宝贵的实务素材,也为本研究呈现了最新的实践问题。研究期间,上海航运保险协会顾珺秘书长和江永青主任,中国人民财产保险股份有限公司沈宇女士和高彦平先生,中国大地财产保险股份有限公司张存荣先生、何龙先生和康甲峰先生,先后多次接待了我们的调研,并提供了许多宝贵的中国实践经验。在此,一并表示衷心感谢!

需要感谢的人很多。研究初期,我还是上海社会科学院经济研究所一名青年科研人员,时任经济所副所长沈开艳研究员给予了我许多关心和帮助;研究后期,有幸再次能与攻读硕士研究生时期的张道根老师和顾光青老师多次交流。他们的言传身教,让我能更加珍惜"研究初心",也较好地处理了"家庭和工作"关系。在此,一并向他们表示诚挚的感谢! 我也要感谢上海社会科学院社会学研究所副所长包蕾萍研究员,她多年来一直给予我鼓励和帮助,并为我的研究提供了社会学视角。还要感谢上海人民出版社责任编辑王琪先生的辛勤付出,他的修改意见为书稿质量提供了重要保障。

最后,我想谢谢我的爱人郑磊先生和我的孩子郑嘉乐同学。郑磊为我减轻了许多家务压力,也在我有懈怠或疲惫时及时给予鼓励和督促。感谢他在我尚未获得出版资助前说:"你放心写,我负责出版经费!"写本书稿时,郑嘉乐同学正处于紧张学习阶段,感谢她的自律精神和不懈努力,并对她与我分享她的快乐时光由衷地感到欣慰。她的笑脸是我完成本书稿的最重要源动力!

图书在版编目(CIP)数据

上海航运保险业高质量发展的经济学分析 / 徐美芳
著. -- 上海 : 上海人民出版社,2025. -- (上海社会科
学院重要学术成果丛书). -- ISBN 978-7-208-19680-3

Ⅰ. F842.751

中国国家版本馆 CIP 数据核字第 2025GY3227 号

责任编辑 王 琪
封面设计 路 静

上海社会科学院重要学术成果丛书·专著

上海航运保险业高质量发展的经济学分析

徐美芳 著

出 版 上海人民出版社
　　　　(201101 上海市闵行区号景路 159 弄 C 座)
发 行 上海人民出版社发行中心
印 刷 上海商务联西印刷有限公司
开 本 720×1000 1/16
印 张 19
插 页 2
字 数 226,000
版 次 2025 年 8 月第 1 版
印 次 2025 年 8 月第 1 次印刷
ISBN 978 - 7 - 208 - 19680 - 3/F·2921
定 价 88.00 元